교과세특
탐구주제 바이블
공학계열편

CampusMentor 캠퍼스멘토 × 모야 Make Objects You Ask

저자 소개

한승배
양평전자과학고등학교 진로전담교사 재직중

▌'10대를 위한 직업백과', '미리 알아보는 미래 유망직업',
 '학과바이블', '홀랜드 유형별 유망 직업 사전' 등 단행본 다수 집필
▌'2009·2015 개정 교육과정 중학교 및 고등학교 진로와 직업'
 교과서 집필, '드림온 스토리텔링' 및 '원하는 진로를 잡아라' 보드게임 개발

강서희
안양여자상업고등학교 진로전담교사 재직중

▌'홀랜드 유형별 유망 직업 사전', '페이스메이커',
 '미디어 활용 진로 탐색 워크북' 집필
▌'원하는 진로를 잡아라' 및 '드림온 스토리텔링' 보드게임 개발,
 고등학교 '진로와 직업' 2015 개정 교육과정 인정도서 심의위원

근장현
대지중학교 진로전담교사 재직중

▌'대한민국 미래교육 콘서트' 집필
▌경기도교육청 정책실행연구회 회장, 경기도 진로진학상담교사협의회
 부회장, 네이버 지식인 학교생활 컨설턴트, 중학교 '진로와 직업'
 2015 개정 교육과정 인정도서 심의위원

김강석
숭신여자고등학교 진로전담교사 재직중

▌'학과바이블', '나만의 진로 가이드북', '진로 포트폴리오
 하이라이트(고등학교)' 등 단행본 및 교과서 다수 집필
▌경기도 진로진학상담교사협의회 부회장, 2009·2015 개정 교육과정 및
 성취기준 연구, 방송통신중 교육 콘텐츠 개발 참여

김미영
수지고등학교 화학과 교사 재직중

▌'2015 개정 교육과정 화학 교과 STEAM' 자료개발 및 교사 연수 강사,
 '블렌디드 러닝 화학교과' 성장 중심 자료개발 참여
▌경기도 화학교육연구회 및 경기도 신과수교육연구회 연구위원,
 교과 연계 민주시민교육실천 교사연구회 연구위원,
 중등 1급 정교사 자격연수(화학) 멘토링

김수영
죽전고등학교 수학과 교사 재직중

▌경기도 수업비평교육연구회 및 경기도 수학교육연구회 연구위원

김준희
죽전고등학교 진로전담교사 재직중

▌'경기도 진로교육생태계' 집필
▌교육부 네이버지식iN 학교생활컨설턴트, 경기도 진로교육 실천사례연구대회
 심사위원, 고등학교 '진로와 직업' 2015 개정 교육과정 인정도서 심의위원

김호범
호원중학교 수석교사 재직중

▌'전통교육에 기초한 단비교육', '2030년에 삶이 살아 숨 쉬는 수학수업',
 '단비 수학선생님' 집필
▌전 자카르타한국국제학교 교감

노동기
상현고등학교 체육과 교사 재직중

▌'체대입시 따라잡기 정시전략편', '체대입시 따라잡기 수시전략편' 집필
▌내일교육 '체대입시 칼럼' 기고

배수연
늘푸른고등학교 지리과 교사 재직중

▌전국연합출제위원, 도단위 NTTP 교과연구회 연구위원
▌경기혁신교육모니터단

신경섭

수일고등학교 진로전담교사 재직중

▌경희대학교 입학사정관 교사위원, 안산교육청 진로진학지원단
▌전국연합학력 출제위원, 고입검정고시 출제위원, 고입자기주도학습 전형위원

안병무

여강중학교 진로전담교사 재직중

▌'우리는 체인지메이커' 집필
▌고등학교 '진로와 직업' 2015 개정 교육과정 인정도서 심의위원, 경기중등진로진학상담교육 연구회 분과장, 학생 진로교육 사이버 인증 시스템 개발위원, 정부 부처 연계진로체험 사업 자문위원, APEC 국제교육협력단 파견(AIV)

위정의

충현중학교 진로전담교사 재직중

▌'교과 연계 독서토론 워크북', '두근두근 미래직업체험 워크북' 집필
▌경기도교육청 독서교육 지원단, 경기도교육청 자격연수 논술평가 출제 및 검토위원, 중등 1급 정교사 국어과 자격연수 강사, 경기도중등진로교육연구회 연구위원

유현종

성남외국어고등학교 영어과 교사 재직중

▌'심화영어' 집필, '심화영어회화' 검토
▌중·고등학생 영어듣기평가 검토위원, 경기도 전국연합학력평가 문항검토위원, 2012년 경기도교육청 인정도서심의회 심의위원, 2015 개정 교육과정 영어과 교육과정 보고서, 경기도교육청 외고·국제고 교육과정운영 지원단

이남설

수원외국어고등학교 진로전담교사 재직중

▌'진로 포트폴리오 하이라이트(고등학교)' 집필, '교과세특 및 진로기반 학생부 프로그램' 개발
▌고3 전국연합학력평가 출제 및 검토위원, 주요 대학 교사 자문위원

이남순

동백고등학교 진로전담교사 재직중

▌'기업가정신으로 플레이하자', '꿈틀꿈틀 기업가정신 워크북', '서술형평가 ROADVIEW', '고3 담임 매뉴얼' 집필
▌경기도중등진로교육연구회 연구위원, 경기도중국어교육연구회 연구위원, 전국연합학력평가 출제위원, 경기도진학지도지원단, 대교협 대표강사

최미경

서현고등학교 윤리과 교사 재직중

▌2020 전국현장교육연구대회 1등급 수상
▌단국대학교 논술고사 검토위원, 학교생활기록부 컨설팅 지원단

하희

구리여자중학교 진로전담교사 재직중

▌'학과바이블', '나만의 진로가이드북', '진로 포트폴리오 스포트라이트(중학교)', '두근두근 미래직업 체험 워크북', '똑똑 기업가정신', '블렌디드 수업에 기업가정신을 담다' 집필
▌경기도 진로교육연구회 연구위원

서문

대학입학제도 개편방안과 대입공정성 강화방안, 그리고 2023 서울대학교 입시 예고안이 발표되었습니다. 이에 따르면 교과 활동 중 과목별 세부능력 및 특기사항(교과세특)에 기록된 내용이 학생부종합전형의 평가에서 가장 중요한 영역이 될 것으로 보입니다. 따라서 수업과정 중의 활동이나, 연계된 다양한 활동은 대학에서 가장 중요하게 평가하는 요소로 자리매김할 것입니다. 바로 여기에 탐구주제 활동의 중요성이 있습니다. 교과 수업과 관련하여 자신이 더 알고 싶거나 궁금한 탐구주제에 대해 자기주도적인 연구 활동이나 발표, 보고서, 토론 활동 내용들이 과목별 세부능력 및 특기사항란에 기록되기 때문입니다.

이 책에는 그 중요성이 더욱 커지고 있는 교과세특의 필수 요소인 탐구 주제에 관한 모든 것을 담았습니다.

하지만 자신의 전공분야에 대해 호기심을 가지고 교과별, 전공별 탐구 주제를 선정하는 것은 매우 힘든 부분입니다. 어렵게 탐구 주제를 선택하였다고 할지라도 주제가 너무 쉽거나 흔하다든지 또는 고등학교 수준에서 접근하기 어려운 주제라 이를 탐구하는 과정에 너무 많은 시간과 에너지를 소비하게 되는 문제가 발생합니다.

이 책에는 학생들이 가장 어려워하는 탐구주제 선정 문제 해결을 위해 다양하고 구체적인 내용의 탐구 주제를 담았습니다. 먼저, 대학의 학과를 7개 계열(인문계열, 사회계열, 자연계열, 공학계열, 의학계열, 예체능계열, 교육계열) 등으로 나누고, 2015 개정 고등학교 교육과정의 핵심 과목인 '국어과, 사회과, 도덕과, 수학과, 과학과, 영어과' 등의 일반 선택과목과 진로선택 과목을 선정하였습니다. 그리고 제시된 모든 교과에서 성취기준을 분석하여 7개 계열과 계열별 대표학과에 적합한 탐구 주제를 제시하고 있습니다. 이 책에 제시된 다양한 교과별 탐구 주제를 참고하여, 학생들 스스로 더욱 확장되거나 심화된 주제를 찾아서 연구해 본다면 더욱 좋을 것입니다. 평소에 무심코 지나쳤던 것들에 대해 관심과 의문을 가지고 주제를 찾아보고, 탐구를 통해 질문의 답을 찾아가는 과정은 대학에서 요구하는 가장 중요한 핵심 역량이기도 합니다.

입시 정책은 항상 변화합니다. 변화에 주저하고, 혼란스러워하면 자신에게 주어진 시간을 낭비하는 것입니다. 상황을 분명하게 인식하고 정확한 내용을 파악하여 발 빠르게 대처한다면 누구나 좋은 결과를 얻을 수 있습니다. 이 책에 제시된 탐구할 주제들은 예시 자료입니다. 학생 개개인의 적성과 진로, 흥미를 고려하여 자신에게 적합한 주제를 정해서 열심히 탐구한다면 여러분에게 많은 도움이 될 것입니다. 지금 이 시간에도 자신의 진로를 찾기 위해 열심히 노력하고 있을 대한민국의 모든 고등학생들을 진심으로 응원합니다.

이 책의 활용상 유의점

1.

이 책은 2015 개정 고등학교 교육과정 보통교과군(국어/사회(도덕, 역사 포함)/영어/과학/수학)과 예능 계열의 경우 보통교과군 외 예술체육 교과군(체육/음악/미술)의 일반 선택 및 진로 과목의 성취기준 분석을 바탕으로 약 4,000여개의 탐구 주제를 추출하였습니다.

2.

이 책은 교과별 구분 이외에 인문, 사회, 자연, 공학, 의약, 예체능, 교육 등 7개 계열과 해당 계열별 핵심 학과별로 구분하여 탐구 주제를 제시하였으므로 자신의 희망 진로에 맞는 탐구 주제를 활용할 수 있습니다.

3.

학생들은 교과의 단원, 성취기준을 학습하는데 발생하는 호기심을 기반으로 심화된 내용에 대해 탐구하고자 하는 주제를 선택하고 자신의 희망 전공에 맞게 내용을 응용 및 재구성, 심화하여 사용하는 것을 권장합니다.

4.

자신의 진로 분야에 맞는 내용만 활용하기 보다는 다른 분야의 같은 단원, 성취기준 내용의 탐구 주제 내용을 참고하여 2~3개의 주제를 통합하여 주제를 선정하는 것을 권장합니다.

5.

같은 주제라고 할지라도 접근하는 방법 및 과정에 따라, 그리고 결과물을 통해 배우고 느낀점에 따라 학교생활기록부의 교과별 세부능력특기사항에 입력되는 내용이 달라질 수 있습니다. 그러므로 탐구 결과뿐만 아니라 과정에 대한 구체적인 기록이 필요합니다.

6.

이 책에서 제시한 탐구 주제는 하나의 예시 자료이며, 해당학과의 탐구 주제를 대변하는 절대적인 주제가 아니므로 학생들은 학교& 학생의 상황 및 시대적인 이슈에 맞게 주제를 융통성 있게 변형하여 사용하는 것을 추천합니다.

이 책의 구성 🔍

교과군

상단의 타이틀을 통해 교과군의 이름을 확인할 수 있습니다.
보통 교과군(국어과·사회과·수학과·과학과·영과)으로 구성되어 있습니다.

세부 과목명과 핵심 키워드

교과군 내 세부과목과 해당 과목 탐구주제의 핵심 키워드를 미리 살펴봅니다. 그리고 체크박스를 활용하여 관련 키워드를 알고 있는지 여부를 체크해볼 수 있습니다.

영역과 성취기준

영역은 해당 과목의 단원에 해당합니다. 각 영역별 성취기준을 정리하였으며, 성취기준을 기반으로 폭넓게 생각해볼 수 있는 탐구주제를 제시하였습니다.

국어과

1

국어

핵심키워드

□ 사회적 이슈 □ 글쓰기 □ 세계대회 중계 □ 중립성 □ 애국주의적 관점 □ 음악 분야의 활동 인물
□ 음악계열 진로설계 □ 2018 자카르타-팔렘방 아시안게임 □ 야구 대표팀 □ 운동선수 병역특례법

영역 읽기

성취기준

[10국02-02] 매체에 드러난 필자의 관점이나 표현 방법의 적절성을 평가하며 읽는다.

▶ 읽기가 독자의 머릿속에서 자신만의 독창적인 의미를 구성하는 것이 아니라 독자가 속한 구체적인 상황과 사회·문화적인 맥락 속에서 다른 구성원들과 상호 작용하며 의미를 만들어 가는 과정임을 이해하고, 글을 읽는 자세를 기르기 위해 설정하였다.

[10국02-05] 자신의 진로나 관심사와 관련된 글을 자발적으로 찾아 읽는 태도를 지닌다.

탐구주제

1.국어 — 읽기

① 사회적 이슈(난민문제, 청소년 범죄, 과잉진압, 아동학대, 사회적 거리두기 등)에 관한 글을 읽고 자신의 구체적 상황이나 사회·문화 및 역사적 배경을 고려하여 그 문제에 대한 자신의 생각을 글로 작성해 보자. 작성한 글을 참고하여 자신의 생각을 발표하는 영상을 촬영해 보자.

관련학과
만화애니메이션학과, 미디어영상학과, 사진학과

② 올림픽이나 아시안게임, 월드컵 등 세계대회 중계의 일부분을 발췌하여 읽어 보자. 그 내용 중에서 중립성을 지키지 못하고 애국주의적인 관점에서 해설한 부분을 찾고, 본인의 생각을 정리해 발표해 보자.

관련학과
경호학과, 공연예술학과, 무용학과, 체육학과, 사회체육학과, 스포츠경영학과, 스포츠건강관리학과, 스포츠과학과, 한국무용전공, 현대무용전공, 발레전공, 태권도학과

12

탐구주제

③ 음악 분야(작곡가, 뮤지컬가수, 음악감독, 지휘자, 무대행사 음악기획자, 피아니스트 등)에서 활동하는 인물의 인터뷰를 읽어보거나 영상을 시청해 보자. 그리고 관련 분야의 진로를 준비하려면 필요한 것이 무엇인지 조사하여 토론해 보자.

관련학과
국악과, 기악과, 만화애니메이션학과, 미디어영상학과, 성악과, 실용음악과, 음악학과, 작곡과

🔆 탐구주제와 관련학과

교과세특 탐구주제와 함께 관련학과를 제시함으로써, 학생들이 자신의 희망 전공과 관련한 탐구주제인지 확인할 수 있도록 돕습니다.

영역
쓰기

성취기준

[10국03-01] 쓰기는 의미를 구성하여 소통하는 사회적 상호 작용임을 이해하고 글을 쓴다.

▶ 쓰기가 의미를 구성하는 과정이라는 점과 구성한 의미를 독자와 소통하는 사회적 상호 작용이라는 점을 이해하고 글을 쓰는 자세를 기르기 위해 설정하였다. 필자는 쓰기 맥락을 고려하는 가운데 자신이 가지고 있는 배경지식과 다양한 자료에서 얻은 내용을 과정에 따라 종합하고 조직하고 표현하면서 의미를 구성한다.

탐구주제

① 지난 2018 자카르타-팔렘방 아시안게임 야구 국가대표팀의 선발과정이 논란에 휩싸였었다. 관련 기사를 찾아서 읽어 본 후 우리나라 운동선수와 관련된 병역특례법을 이해하고 문제점과 해결 방안에 대한 본인의 생각을 정리하여 발표해 보자.

관련학과
경호학과, 체육학과, 사회체육학과, 생활체육학과, 스포츠경영학과, 스포츠건강관리학과, 스포츠과학과, 태권도학과

활용 자료의 유의점

① 본인의 생각을 표현할 수 있는 일러스트레이션이나 영상을 제작
① 본인이 관심 있는 인물의 인터뷰나 영상을 수업 전에 조사해오는 것을 권장
① 평소에 관심을 가지고 있거나 체육수업시간에 했던 스포츠 종목을 바탕으로 소재 탐색

📎 활용 자료의 유의점

해당 과목의 탐구주제 활용 시에 참고해야 할 점을 제시하였습니다.

 MEMO

✏️ MEMO

탐구주제와 관련된 내용을 메모란에 자유롭게 적어보세요.

교과세특
탐구주제바이블
공학계열편

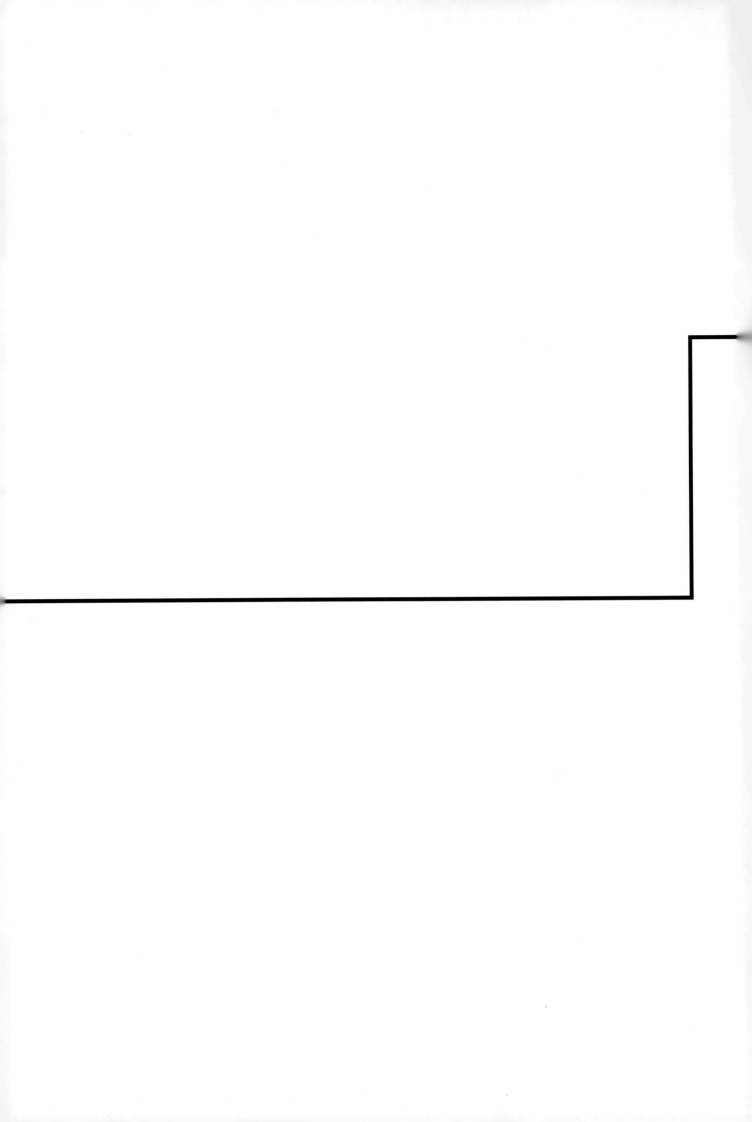

공학계열편

국어과 교과과정

국어

핵심키워드

☐ 논제 ☐ 쟁점별 논증 ☐ 토론 ☐ 문제의 해결 가능성 ☐ 소통 ☐ 사회적 상호 작용 ☐ 직관과 깨달음
☐ 저작권 ☐ 동물실험 ☐ 살처분 ☐ 스마트폰 ☐ 4차 산업혁명 ☐ 저작권 침해

영역 듣기·말하기

성취기준

[10국01-03] 논제에 따라 쟁점별로 논증을 구성하여 토론에 참여한다.

▶ 정책 논제의 필수 쟁점별로 논증을 구성하여 입론 단계를 수행하는 데 중점을 두도록 한다. 정책 논제의 필수 쟁점으로는 문제의 심각성, 제시된 방안의 문제 해결 가능성 및 실행 가능성, 방안의 실행에 따른 효과 및 개선 이익 등을 들 수 있다.

탐구주제

1. 국어 — 듣기·말하기

(1) 최근 화장품이나 의약품 개발을 위한 동물실험의 금지 여부를 놓고 다양한 의견이 표출되고 있다. 중국에서만 최근 10년 동안 수입 화장품과 관련한 동물실험을 위해 5만~12만 마리의 토끼를 사용했다는 발표가 있다. 한국인 10명 가운데 7명은 화장품 동물실험 금지에 찬성한다는 여론조사 결과도 있지만 화장품 동물실험을 두고 동물 보호단체와 화장품 업계의 입장은 엇갈린다. 동물실험 문제의 심각성과 해결 가능성에 대하여 토의해 보자.

관련학과
화학공학과, 환경공학과, 생명공학과

(2) 최근 구제역으로 인한 동물들의 살처분 기사를 자주 접한다. 전염병에 걸린 가축을 방치하는 경우 많은 문제가 발생하기 때문에 인근의 가축들을 죽여서라도 전염병을 예방한다는 내용들이다. 하지만 구제역의 경우 죽음에 이르는 치사율은 1% 미만으로 면역력만 건강하다면 대부분은 회복되는 전염병이다. 평상시 공장식 도축환경에서 돼지의 폐사율은 11% 정도이다. 가축 전염병이 발생할 때마다 가축을 대량으로 살처분하는 것에 대한 문제의 심각성을 바탕으로 근본적인 문제의 해결 방법과 개선 방법에 대해 토의해 보자.

관련학과
환경공학과, 생명공학과, 화학공학과

성취기준

[10국02-01] 읽기는 읽기를 통해 서로 영향을 주고받으며 소통하는 사회적 상호 작용임을 이해하고 글을 읽는다.

▶ 사회적 이슈에 관한 글을 읽고 자신의 구체적 상황이나 사회·문화 및 역사적 배경을 고려하여 그 문제에 대한 자신의 생각을 형성하고, 이를 다른 사람과 공유하거나, 나아가 여론을 형성하기도 한다.

[10국02-03] 삶의 문제에 대한 해결 방안이나 필자의 생각에 대한 대안을 찾으며 읽는다.

▶ 독서를 통해 삶의 문제를 해결할 수 있는 실마리를 발견하거나 문제를 해결할 수 있는 직관과 깨달음을 얻는 경우가 많다. 또한 글을 읽으면서 필자의 생각이나 주장을 비판하고, 이를 보완하거나 대체할 수 있는 창의적인 방안을 발견하기도 한다.

[10국02-05] 자신의 진로나 관심사와 관련된 글을 자발적으로 찾아 읽는 태도를 지닌다.

▶ 자신의 진로나 관심사와 관련된 글을 자발적으로 찾아 읽는 태도를 지도할 때에는 토의 활동과 도서관 활동을 계획할 수 있다. 진로나 관심사가 비슷한 친구들과 이야기를 나누고, 관련되는 글이나 책을 읽고 정보를 공유하기 위한 활동을 하도록 지도한다.

탐구주제

1. 국어 — 읽기

① 최근 스마트폰 사용인구가 증가하면서 다양한 문제들이 나타나고 있다. 특히 초등학생들의 스마트폰 사용에 대한 여러 논의가 진행되고 있다. 최근 조사에 의하면 초등학생들이 스마트폰을 사용하는 이유는 부모님과의 연락, 놀이나 게임 등의 오락, 친구들의 사용 순으로 나타났다. 이처럼 과학기술 및 정보통신기술의 발전과 관련한 사회·문화적 현상을 자신의 경험과 상황을 바탕으로 생각을 정리하여 블로그나 SNS를 통해 다른 사람들과 공유해 보자.

관련학과
정보통신공학과

② 최근 갈릴레이의 종교 재판, 에디슨의 발명 에피소드 등 과학자와 관련한 재미있는 이야기들을 소재로 출간된 책들을 볼 수 있다. 간혹 책의 내용 중에는 전기와 자기, 로봇 공학의 현주소, 원자와 분자, 코로나 백신의 개발 등 다소 딱딱하게 느껴지는 과학 분야도 있다. 그러나 우리는 독서를 통해 삶의 문제를 해결할 수 있는 실마리를 발견하거나 문제 해결에 필요한 직관과 깨달음을 얻는 경우가 많다. 독서를 통해 진로를 찾아가거나 새로운 영감을 얻어 창의적인 발명품을 만든 사례를 조사하여 발표해 보자.

관련학과
전 공학계열

③ 최근 전기자동차, 드론, 인공지능 로봇 등과 같은 4차 산업혁명을 포함한 글을 자신의 진로나 관심사와 연계하여 자발적으로 찾아 읽은 사례를 발표해 보자. 또 진로나 관심사가 비슷한 친구들에게 자신이 읽었던 책의 정보를 공유하고 관련 도서를 이용해 서로의 생각을 나누어 보자.

관련학과
전 공학계열

| 영역 | **문학** |

성취기준

[10국03-05] 글이 독자와 사회에 끼치는 영향을 고려하여 책임감 있게 글을 쓰는 태도를 지닌다.

▶ 사실이 아닌 내용을 쓰거나 과장하여 표현함으로써 다른 사람에게 피해를 준 사례나, 저작권을 침해하여 발생한 문제 등에 대한 사례를 다양하게 수집하고 이를 학습자 자신의 삶과 연결해 보도록 할 수 있다.

탐구주제

1. 국어 — 문학

① 최근 정보통신기술의 발달과 유튜브 등 다양한 개인 미디어의 확산으로 정보의 홍수 시대를 맞이하고 있다. 따라서 정보는 많아졌지만, 사실이 아닌 내용을 표현하거나 과장함으로써 또 다른 사회문제가 야기되고 있다. 뿐만 아니라, 영상을 비롯하여 글에서도 이렇게 다른 사람들에게 피해를 주거나 저작권을 침해한 사례들이 존재한다. 이러한 예를 조사하면서 자신의 삶 속에서 그러한 부분이 있었는지 점검해 보고, 이 부작용을 최소화할 방안을 토의해 보자.

관련학과
정보통신공학과

② 양자컴퓨터, 인공지능, 딥러닝 등 과학기술 분야의 최신 논문들이 다양하게 생산되고 있다. 이러한 논문들은 비전문가인 일반 독자들에게 다소 어렵게 느껴질 수 있다. 이를 대중의 언어와 삶의 문맥으로 풀어낸 것이 과학 관련 소설이나 도서이다. 과학을 인문학의 언어로 풀어내기 위해서는 해당 분야의 전문성과 책임감이 중요한데 이를 지켜낼 수 있는 방안에 대해 토의해 보자.

관련학과
전 공학계열

활용 자료의 유의점

ⓘ 다양한 쟁점을 구성할 수 있는 토론 주제 활용
ⓘ 지역 사회 문제나 시사적인 쟁점에 대한 토론, 논설문, 인터넷 게시판이나 사회 관계망 서비스의 글 활용 권장
ⓘ 각자의 입장 및 요구의 차이에서 생긴 문제를 해결하기 위한 협상 관련 글 활용 권장
ⓘ 다양한 매체에서 찾은 정보를 활용하여 개인적 관심사를 설명한 글이 중요

화법과 작문

☐ 논리적 타당성 ☐ 논증의 신뢰성 ☐ 타당성 ☐ 공정성 ☐ 시사 현안 ☐ 탐구 주제 ☐ 대체 에너지원
☐ 지구온난화 ☐ 온실효과 ☐ 일회용품 ☐ 플라스틱 전면 금지 ☐ 태양광 ☐ 에너지

영역 ## 화법의 원리

성취기준

[12화작02-03] 상대측 입론과 반론의 논리적 타당성에 대해 반대 신문하며 토론한다.

▶ 상대측 발언을 단순히 확인하는 수준에 머물지 않고 상대측 논증의 신뢰성, 타당성, 공정성을 비판적으로 검토하는 질의·응답으로 반대 신문 단계를 운영한다.

탐구주제

2.화법과 작문 ― 화법의 원리

① 최근 우리는 석탄 석유 등의 화석 에너지 자원의 고갈과 환경오염에 대한 대안으로 새로운 에너지원을 찾기 위해 노력하고 있다. 친구들과 함께 자신이 생각하는 미래 사회에 가장 적합한 대체 에너지원에 대하여 조사하고 토의해 보자. 친구의 발언을 확인하는 수준을 넘어 논증의 신뢰성, 타당성, 공정성을 비판적으로 검토하는 질의 응답으로 반대 신문하며 토론해 보자.

관련학과
화학공학과, 환경공학과, 생명공학과, 산업공학과, 에너지공학과

---

② 과학의 발전으로 이산화 탄소의 배출량이 늘어난 것이 온실효과를 일으켜 지구온난화의 주원인이 되고 있다. 지구온난화로 인해 해수면 상승과 각종 기상이변 현상들이 나타나고 있다는 주장이 주류를 이루고 있다. 지구의 연평균 기온의 상승 원인에 대하여 친구들과 함께 조사하고, 이의 해결 방안에 대하여 논할 때 입론과 반론의 논리적 타당성을 바탕으로 반대 의견을 제시하며 토론해 보자.

관련학과
화학공학과, 환경공학과, 생명공학과

작문의 원리

[12화작03-03] 탐구 주제를 조사하여 절차와 결과가 잘 드러나게 보고하는 글을 쓴다.

[12화작03-05] 시사적인 현안이나 쟁점에 대해 자신의 관점을 수립하여 비평하는 글을 쓴다.

▶ 시사 현안이나 쟁점을 다양한 관점에서 충분히 분석한 후 자신의 관점을 정하고, 그 관점에 따라 의견이나 주장, 견해가 명료하게 드러나도록 글을 쓰게 한다.

탐구주제

2.화법과 작문 — 작문의 원리

① 최근 음식점이나 카페 등에서 흔히 볼 수 있는 일회용품 사용에 대한 논의가 분분하다. 일회용 플라스틱 사용을 줄이는 방안으로 머그컵과 종이 빨대를 사용하는 사람들도 증가하고 있다. 그러나 머그컵을 제대로 세척하지 못해서 비위생적이라는 등 플라스틱 제품 사용 규제를 반대하는 또 다른 목소리가 나오고 있다. 플라스틱 전면 금지에 찬성하는 관점과 플라스틱 전면 금지에 반대하는 관점에 대한 충분한 분석을 통해 자신의 생각을 정하고, 그 관점에 따라 자신의 의사가 명료하게 드러나도록 글을 쓰고 발표해 보자.

관련학과

화학공학과, 환경공학과, 생명공학과

② 화석 연료를 기반으로 하는 현재의 에너지 기조가 지속될 수 없음을 알기에 세계는 새로운 대체 에너지 개발에 많은 노력을 하고 있다. 최근 일본의 대표적인 반도체 기업이었던 도시바가 반도체를 포기하고 태양광 에너지에 투자하는 것도 대표적인 예이다. 대체 에너지 가운데 주목을 받고 있는 태양광을 이용한 발전은 2040년에 세계 전기 수요의 1/4 이상을 대체할 것이라는 예측도 등장하고 있다. 화석연료 시대 이후의 에너지 위기를 극복할 방법을 다양한 관점에서 충분히 분석하여 자신의 생각을 논리적으로 기록해 보자.

관련학과

화학공학과, 환경공학과, 에너지공학과, 원자력공학과, 반도체공학과, 생명공학과

활용 자료의 유의점

① 다양한 영상 자료를 활용하고 듣는 사람을 고려한 내용을 구성하여 발표하는 것을 권장

① 드라마나 영화 등 다양한 영상을 활용한 표현 전략을 통해 메시지를 전달할 것을 요구

① 책, 사전, 신문, 방송, 인터넷 등 다양한 자료를 활용하여 풍부하고 정확한 정보를 수집 활용

① 현안이나 쟁점에 대한 찬반양론 중 취사 선택 보다는 다양한 관점에서 비판적으로 분석한 후에 관점을 정하도록 하는 것이 중요

국어과

3

독서

핵심키워드

☐ 정보의 객관성   ☐ 논거의 입증 과정과 타당성   ☐ 과학적 원리의 응용과 한계   ☐ 비판적으로 이해
☐ 주체적   ☐ 비판적   ☐ 유인 우주선   ☐ 화성 이주 계획
☐ GMO 식품   ☐ 식품안정성   ☐ 과학기술 발달의 양면성

영역

독서의 분야

성취기준

[12독서03-03]   과학·기술 분야의 글을 읽으며 제재에 담긴 지식과 정보의 객관성, 논거의 입증 과정과 타당성, 과학적 원리의 응용과 한계 등을 비판적으로 이해한다.

[12독서03-06]   매체의 유형과 특성을 고려하여 글의 수용과 생산 과정을 이해하고 다양한 매체 자료를 주체적이고 비판적으로 읽는다.

▶ 다양한 정보가 빠르게 생산되고 유통되는 현대 사회의 특성을 고려하여 글이나 정보를 인터넷이나 신문, 잡지 등의 매체를 통해 능동적으로 수집하고 활용한다.

탐구주제

3.독서 — 독서의 분야

① 미국의 일론 머스크는 민간 기업으로는 처음으로 유인 우주선 발사에 성공하며 우주 관광 상품을 판매해 우주여행을 현실화시키고 있다. 딜과 화성 여행을 계획히고 있으머 미래에 인구 100만이 거주하는 도시를 화성에 조성하겠다는 원대한 야심을 발표했다. 이러한 머스크의 화성 이주 계획에 대한 과학적 원리와 응용 한계 등을 비판적으로 이해하고 실현 가능성에 대해 친구들과 토의해 보자.

관련학과
화학공학과, 환경공학과, 생명공학과, 항공우주공학과, 항공정비학과

② 최근 유전자 변형 농산물인 GMO 식품 사용에 대한 여러 의견이 다양한 매체를 통해 전파되고 있다. GMO 식품을 찬성하는 쪽은 식품의 대량생산으로 인류의 식량부족 문제를 해결하고, 농약의 사용량과 이산화 탄소 배출량을 줄여 환경을 보호하는 유익한 기술임을 강조한다. 반대쪽은 식품의 안전성은 오랜 시간에 걸쳐 나타나기 때문에 아직 검증할 수 없고, 유전자의 인위적 변형으로 인해 생태계가 교란됨을 이유로 위험성을 말한다. 이처럼 다양한 자료를 주체적이고 비판적으로 수용하여 GMO 식품에 대한 자신의 의견을 정리하고 발표해 보자.

관련학과
생명공학과, 유전공학과

③ 과학기술의 발달은 인간 생활의 편리성을 제공하는 동시에 새로운 사회문제를 일으킨다는 점에서 긍정적 측면과 부정적 측면을 함께 갖는다. 우리가 자주 사용하는 스마트폰을 예를 들어 과학기술의 이러한 두 가지 측면을 토의하고, 바람직한 활용을 위한 방안들을 제시해 보자.

관련학과
소프트웨어공학과, 정보통신공학과, 정보보안학과

활용 자료의 유의점

- ! 과학·기술 분야의 글을 읽을 때에는 내용을 이해하는 데 적절하고 효과적인 독서 방법 권장
- ! 글에 포함된 그림이나 표 등 시각 자료도 활용
- ! 큰 성취를 이룬 사람들의 자서전, 사회 저명인사들의 독서 경험을 다룬 글 등을 독서하는 것이 도움
- ! 공학 분야의 독서를 경험하여 비판적이고 창의적이며 통합적인 독서 능력을 키우는 것이 필요

💬 **MEMO**

국어과
4

언어와 매체

☐ 소통 현상　☐ 매체 언어의 특성　☐ 의사소통 매개체　☐ 존중과 배려의 태도　☐ 인간관계　☐ 사회생활
☐ 홀로그램　☐ 홀로그래피　☐ 정보통신매체　☐ 스마트폰

영역 ## 언어와 매체의 본질

성취기준

[12언매01-04]　현대 사회의 소통 현상과 관련하여 매체 언어의 특성을 이해한다.

> ▶ 오늘날 의사소통 매개체로 활용되는 다양한 매체들은 소리, 음성, 이미지, 문자, 동영상 등이 복합적으로 이뤄진 양식임을 이해한다.

탐구주제

4.언어와 매체 — 언어와 매체의 본질

① 대중매체는 신문, 잡지, 영화, 텔레비전 등과 같이 많은 사람에게 대량으로 정보와 사상을 전달하는 역할을 한다. 현대 사회는 소리, 음성, 이미지, 문자, 동영상 등이 복합적으로 이뤄진 다양한 매체들로 의사소통이 이루어지고 있다. 다양한 매체 언어의 특징을 정리하여 분류하고, 정보통신기술 및 스마트 기기의 발달로 인해 미래 사회에서 주로 사용될 매체들의 특성에 대해 토의하고, 발표해 보자.

관련학과
컴퓨터공학과, 소프트웨어공학과, 정보통신공학과, 정보보안학과

---

② 최근 통신기술의 발달로 홀로그램을 이용한 의사소통 시대를 말하는 기사들을 자주 접한다. 홀로그램은 홀로그래피에 의해 생성된 3차원의 사진을 얇고 투명한 금속 물체에 투영해 마치 허공에 떠 있는 듯한 영상을 만들어주는 기술이다. 이를 활용한 미래 의사소통 방식의 변화와 그 영향에 대해 토의해 보자.

관련학과
금속공학과, 신소재공학과, 재료공학과, 컴퓨터공학과, 소프트웨어공학과, 정보통신공학과

영역

매체 언어의 탐구와 활용

성취기준

[12언매03-01]   매체의 특성에 따라 정보가 구성되고 유통되는 방식을 알고 이를 의사소통에 활용한다.

▶ 책, 신문, 라디오, 텔레비전, 인터넷 등 매체별 장점과 단점에 대해 비교 분석을 한다.

[12언매03-05]   매체 언어가 인간관계와 사회생활에 미치는 영향을 탐구한다.

▶ 인터넷, 휴대전화가 개인적·사회적 의사소통과 인간관계에 미치는 영향과 다른 사람과의 의사소통에서 존중과 배려의 태도를 기르도록 한다.

탐구주제

4.언어와 매체 ― 매체 언어의 탐구와 활용

1 현대 문명의 가장 확실한 특징 중의 하나는 정보통신 매체의 혁신이다. 얼마 전까지만 해도 정보 매체는 주로 책과 신문으로 대표되는 인쇄물이었고, 정보 표현 수단인 문자의 해독이라는 양식이 주를 이루었다. 그러나 오늘날에는 책으로 대표되는 인쇄 매체를 TV, 인터넷 등과 같은 전자 매체가 대신하게 되었고, 정보 교환은 문자적 기호의 해석을 넘어 영상적 이미지의 감각적 접촉이라는 양식으로 발전하였다. 이러한 추세는 앞으로 더욱 가속화될 것이란 예측이 우세하다. 책, 신문, TV, 인터넷 등 매체별 장점과 단점을 비교 분석하여 발표해 보자.

관련학과
컴퓨터공학과, 소프트웨어공학과, 정보통신공학과, 정보보안학과

2 최근 스마트폰의 급격한 보급으로 인해 손 안에서 많은 일을 처리 할 수 있는 세상으로 변화하고 있다. 정보통신기술은 급속도로 발전하고 있으며 점점 더 스마트해진 기기들이 계속 세상의 변화를 촉진시키고 있다. 초고속 인터넷, 휴대전화 사용이 개인적·사회적 의사소통과 인간관계에 미치는 영향을 조사하여 발표해 보자.

관련학과
소프트웨어공학과, 정보통신공학과, 정보보안학과

활용 자료의 유의점

ⓘ 정보와 지식을 비판적으로 수용하고 생산하는 능력을 기르도록 하는 데 중점
ⓘ 대중문화의 소재나 주제, 대중문화에 대한 비평 등을 소재로 한 토의, 토론, 글쓰기, 발표 활동을 추천
ⓘ 퀴즈, 매체 제작 활동, 관찰 보고서, 프로젝트 발표 자료를 활용하는 것을 권장

국어과

5

실용 국어

핵심키워드

☐ 신뢰성 ☐ 타당성 ☐ 공정성의 기준 적용 ☐ 비판적으로 평가 ☐ 독서와 글쓰기 ☐ 자기 성찰
☐ 교양 함양 ☐ 독서 계획 ☐ 인공지능 로봇 ☐ 미세먼지 ☐ 허위 광고 ☐ 융합적 사고

영역 ## 정보의 해석과 조직

성취기준

[12실국02-02] 정보에 담긴 의도를 추론하고 내용을 비판적으로 평가한다.

> ▶ 제시된 정보가 참인지 거짓인지, 사실인지 의견인지, 내용 선정에 편향성이 없는지, 적절한 가치를 내
> 세우고 있는지 등 화자나 필자의 의도가 말과 글에 실현된 양상을 이해하고 신뢰성, 타당성, 공정성의
> 기준을 적용하여 비판적으로 평가하도록 한다.

탐구주제

5.실용 국어 — 정보의 해석과 조직

① 바둑에서 인간을 이긴 알파고를 비롯한 인공지능 로봇은 최근 다양한 비즈니스 영역에 사용되기 시작했다. 인공지능
로봇은 의사의 진단을 도울 수 있고, 복잡한 조건을 모두 검토하여 바람직한 치료 방향의 결정을 돕는다. 하지만 일부
의 매체들은 이를 과장하여 인공지능이 의사의 모든 업무를 대체하고 의사가 당장이라도 사라질 것 같은 정보를 생산
한다. 최근 접한 인공지능 관련 기사를 분석하여 적절한 가치가 있는 내용인가를 점검한 후 타당성, 신뢰성, 공정성의
기준을 적용하여 비판적으로 평가하고 그 결과를 발표해 보자.

관련학과
기계공학과, 로봇공학과, 전자공학과, 제어계측공학과, 컴퓨터공학과, 소프트웨어공학과, 정보통신공학과

② 최근 미세먼지로 인한 일상생활의 불편함이 늘어나자, 정부와 기업에서 미세먼지 저감장치의 개발을 추진 중이다.
실제 미세먼지를 막기 위한 다양한 제품들도 판매되고 있는데, 이러한 제품들의 광고 내용을 분석해 보자. 그 결과 허
위 과장된 내용은 없는지 과학적인 타당성과 합리성은 있는지를 조사하여 발표해 보자.

관련학과
화학공학과, 환경공학과, 생명공학과

영역 | 문화와 교양

성취기준

[12실국05-02] 독서와 글쓰기를 통하여 자기를 성찰하고 교양을 함양한다.

▶ 공학 분야의 다양한 장르나 주제의 책을 읽고 독서 계획을 세우도록 한다.

탐구주제

5.실용 국어 — 문화와 교양

① 융합이란 다른 종류의 것들이 녹아서 구별이 없게 하나로 합쳐지는 현상을 말한다. 최근 학제간 융합 연구 및 융합적 사고의 필요성이 높아지고 있다. 공학적 사고에 인문학이 영감을 준 다양한 사례가 있으며 그 대표적인 예가 스마트폰이다. 공학 분야의 다양한 장르나 주제의 책을 읽고, 그 내용을 자신의 언어로 글쓰기를 해 보자.

관련학과
전 공학계열

② 현대 사회는 과학자와 공학자들에게 전문지식뿐만 아니라 정부 관료, 시민, CEO 등과 대화하고 설득할 수 있는 의사소통능력을 요구하고 있다. 또 가장 기본적인 것을 정확하고, 명쾌하고, 간결하게 과학과 기술의 문서를 쓸 수 있는 공학 글쓰기 능력을 요구하고 있다. 과학과 공학에 관련된 다양한 주제의 독서를 하고 그 내용을 친구들과 함께 토의해 보자.

관련학과
전 공학계열

활용 자료의 유의점

! 문헌 자료나 인터넷 자료 등에서 정보를 다양하게 활용하는 지혜가 필요

! 공학 분야 진로와 관련된 분야의 글 자료를 활용하는 것을 추천

! 공학 분야의 정보를 수집한 후 보고서의 개요를 작성하고 발표하는 것을 권장

! 자신의 자서전이나 미래 자신의 모습 등 자신의 삶을 성찰하는 글을 작성하는 것이 좋음

! 논술형, 연구 보고서, 포트폴리오, 관찰 활동지, 컴퓨터 활용 자료 제작 등의 방법을 활용

심화 국어

핵심키워드

☐ 쓰기 윤리의 중요성 ☐ 책임감 ☐ 표절 안 하기 ☐ 사실에 근거하여 기술 ☐ 연구 윤리 ☐ 논문 표절

영역 ## 윤리적 사고와 학문 활동

성취기준

[12심국04-01] 쓰기 윤리의 중요성을 인식하고 책임감 있는 태도로 글을 쓴다.

▶ 쓰기 윤리를 위반하는 기준, 다른 사람이 생산한 자료를 표절하지 않고 올바르게 인용하기, 연구 결과를 과장하거나 왜곡하지 않고 사실에 근거하여 기술하기 등에 중점을 둔다.

탐구주제

6.심화 국어 — 윤리적 사고와 학문 활동

1 공학자와 연구자에게 필요한 연구 윤리란 연구 수행 중 지켜야 할 원칙이나 행동 양식이다. 연구 윤리의 시작점은 정보를 정직하게 전달하고 약속을 지키는 정직성에서 출발한다. 연구 결과를 정확하게 기록하고 오차를 줄이는데 최선을 다하는 정확성과 사실을 명확하게 밝히고 부당한 편견을 피하는 객관성이 중요하다. '연구 윤리'의 기본이 되는 '쓰기 윤리'의 중요성을 인식하여 사실을 과장하거나 왜곡하지 않고 결과에 근거하여 기술하는 글쓰기를 실천해 보자.

관련학과
전 공학계열

2 최근 청문회 등에서 인사 검증을 할 때 자주 등장하는 용어가 '논문 표절'이란 단어이다. 과거에는 주로 학자, 교육자의 도덕성 검증 차원에서 이뤄졌던 논문 표절 문제가 공직자의 도덕성 검증 차원으로 부각된 것은 국민들이 그만큼 높은 윤리 의식을 요구하기 때문이다. 다른 사람이 생산한 자료를 인용할 때에는 반드시 출처를 밝히고 기록해야 하는데 그 기본이 되는 '쓰기 윤리'를 지키지 않아 어려움을 겪었던 사례를 조사하여 발표해 보자.

관련학과
전 공학계열

활용 자료의 유의점

- ⚠ 저작권의 개념, 표절의 기준, 인용 방법의 준수 등에 대해 명확히 알고 글을 쓰도록 노력
- ⚠ 공학 영역에 관한 언어 자료, 연구 문제 목록, 연구 동향 웹사이트, 뉴스 및 공학 분야 전공자의 대담 영상 등을 활용
- ⚠ 쓰기 윤리 위반을 판단하는 기준, 다양한 형태의 쓰기 윤리 위반 사례를 활용한 발표를 권장

💬 MEMO

고전 읽기

핵심키워드

☐ 균형 있게 읽기   ☐ 진로 관련 고전   ☐ 관심 분야 확대   ☐ 의미 재해석   ☐ 가치 새롭게 인식   ☐ 자연관

영역 **고전의 수용**

성취기준

[12고전02-01] 인문·예술, 사회·문화, 과학·기술, 문학 등 다양한 분야의 고전을 균형 있게 읽는다.

▶ 자신의 진로와 관련된 분야의 고전부터 선정한 후 점차 관심 분야를 확대해 나가도록 한다.

[12고전02-03] 현대 사회의 맥락을 고려하여 고전을 재해석하고 고전의 가치를 주체적으로 평가한다.

▶ 고전을 읽으면서 현시대에서 그 의미를 다시 해석하고 가치를 새롭게 인식하도록 한다.

탐구주제

7.고전 읽기 — 고전의 수용

① 공학과 과학은 사회와 지속적으로 영향을 주고 받으면서 변화하고 있으며, 그러한 변화의 바탕에는 사람들이 자연을 바라보는 시선인 자연관이 자리하고 있다. 과학 세계에 대한 전체적인 이해를 돕고, 고대부터 현대까지 과학사의 전환기를 아우르는 고전을 선정해 읽어 보자. 자신의 진로와 관련된 분야의 고전부터 선정한 후 점차 관심 분야를 확대하여 넓은 시야를 가질 수 있도록 계획을 세워 공유해 보자.

관련학과
전 공학계열

---

② 자신에게 영향을 주었던 책은 여러번 읽게 되는 경우가 많다. 왜냐하면 읽으면 읽을수록 책의 가치가 새롭게 적용되기 때문일 것이다. 우리는 고전을 다시 읽으면서 현 상황에서 내용을 재해석하고 책 속의 의미와 가치를 새롭게 인식한다. 고전에 나타난 리더십의 덕목과 삶의 지혜를 재해석하고, 다양한 사례를 통해 깊은 통찰력을 얻었던 사례를 찾아 발표해 보자.

관련학과
전 공학계열

활용 자료의 유의점

- ! 관심 있는 공학 분야의 고전을 충분한 시간을 두고 깊이 있게 읽는 것을 추천
- ! 고전이 쓰인 당시의 시대적 특성을 이해한 후 자신과 현대 사회에 대한 이해를 확장하도록 노력
- ! 고전을 읽은 후 인상 깊은 부분 기록하기, 고전의 내용과 연관이 있는 자신의 경험 정리하기, 고전에 대해 이야기하거나 글 쓰는 활동 등을 권장

💬 MEMO

사회과 교과과정

핵심키워드

☐ 고분 ☐ 건축 ☐ 대장경 ☐ 목판 인쇄술 ☐ 금속 활자 ☐ 화약 무기 ☐ 거중기 ☐ 경제 개발 5개년 계획
☐ 도시화 ☐ 수출 제일주의 정책 ☐ 중화학 공업화 정책 ☐ 중동 건설 ☐ OECD 가입 ☐ 신자유주의 정책

영역 **전근대 한국사의 이해**

성취기준

[10한사01-01] 고대 국가의 성립·발전 과정을 파악하고, 지배 체제의 성격을 이해한다.

▶ 연맹체적 성격의 초기 국가와 중앙 집권적 지배 체제를 갖춘 이후 영역 국가의 발전 단계 차이를 이해
할 수 있게 한다.

[10한사01-04] 다원적인 사회 구조와 다양한 사상적 기반 위에 고려 사회가 운영되었음을 이해한다.

[10한사01-05] 조선 시대 세계관의 변화를 국내 정치 운영과 국제 질서의 변동 속에서 탐구한다.

[10한사01-06] 조선 시대 신분의 구성과 특성을 살펴보고, 양난 이후 상품 화폐 경제가 발달하면서 신분제에 변동
이 나타났음을 이해한다.

탐구주제

1.한국사 — 전근대 한국사의 이해

(1) 청동기시대의 대표적인 무덤인 고인돌에서 무거운 덮개돌을 옮길 때 이용된 굴림 막대로부터 바퀴의 원리를 찾아볼
수 있다. 또 고인돌을 만드는 과정에서 지렛대의 원리와 무게를 견디어 내기 위해서 사용되었던 역학법칙을 찾아볼
수 있다. 이러한 기술들이 오늘날 과학기술의 기초기술이 되었는데 이와 같이 청동기 시대에 사용된 기술들이 현대
과학의 원천이 된 사례를 찾아 발표해 보자.

관련학과
건축학과, 건축공학과, 토목공학과

탐구주제

2 고대사의 많은 유물 중에 청동기 시대를 대표하는 유물인 비파형동검은 다른 나라의 유물들과 비교해 훨씬 선진화된 제작기법으로 만들어졌다고 한다. 우리 조상은 청동제 물건들을 만들 때 구리에 아연을 첨가해 청동의 색채를 아름답게 하고 주조물의 성질도 탁월하게 만들었다. 이것은 우리 조상들이 아연의 특성을 잘 알고, 이를 실용화하는 높은 수준의 기술을 갖고 있었다고 해석할 수 있다. 이렇게 우리 선조들이 세계보다 앞선 기술로 발전을 주도했던 사례들을 조사하여 다양한 방법으로 공유해 보자.

관련학과
전 공학계열

---

3 문화적 다양성을 탐구하고 개방적인 사회로 나아갔던 고려의 과학기술을 대표하는 것으로는 화약제조기술, 인쇄술, 상감기술, 천문학 등을 이야기할 수 있다. 최무선은 중국에서 화약제조기술을 들여와서 연구하였고 국내로 전파하는 핵심적인 활동을 하였다. 고려 최무선의 역할을 현대의 시각으로 조명하여 발표해 보자.

관련학과
전 공학계열

---

4 고려 시대 과학기술에서 가장 우수한 것은 인쇄술의 발달이었다. 현재 남아 있는 각종 인쇄물 및 인쇄 장치는 신라 때부터 발달했던 목판 인쇄술이 고려 시대에 최고 수준이었음을 말해 주고 있다. 이 시기 목판 인쇄술이 발달하여 금속활자 인쇄술로 발전하였고, 대표적인 인쇄물인 상정고금예문은 서양의 구텐베르크의 인쇄술 보다 200년 정도 앞서는 것이었다. 고려 시대 상정고금예문처럼 세계보다 앞선 기술의 사례를 찾아 발표해 보자.

관련학과
화학공학과, 기계공학과, 금속공학과, 반도체공학과

---

5 조선 후기는 근대 사회를 향한 새로운 움직임이 나타났고, 서양의 새로운 문물이 조선에 유입되었다. 특히 천문학과 역학에 많은 관심이 집중되었는데, 17세기 후반에 천체 관측 기구인 혼천의와 서양식 자명종을 결합한 혼천 시계가 만들어진 것도 이러한 교류의 결과를 잘 보여준다. 정약용이 거중기를 만든 것도 서양 문물의 유입과 관련이 있다. 이러한 근대 지향적인 조선 후기의 움직임을 경제·기술적 측면에서 조사하여 발표해 보자.

관련학과
항공우주공학과, 기계공학과, 에너지공학과

---

6 새로운 사상과 종교의 등장 등 사회 변동 상황이 활발하던 조선 후기 의학 분야에서는 광해군 때 허준이 동의보감을 저술하여 의학 발전에 기여하였고, 정약용은 마마를 연구하여 「마과회통」을 저술하고, 종두법을 처음으로 실험하였다. 또 이제마는 동의수세보원을 저술하여 체질에 맞는 진료법인 사상의설을 전파하였다. 이 같은 조선 후기 의학과 과학기술 및 서민 문화의 발달 사례를 탐구해 보자.

관련학과
생명공학과, 유전공학과

I. 한국사
사회탐구
III 도덕과
IV 수학과
V 과학과
VI 영어과

대한민국의 발전

성취기준

[10한사04-05] 경제 성장의 성과와 문제점을 살펴보고, 이에 따른 사회·문화의 변화를 파악한다.

탐구주제

1.한국사 — 대한민국의 발전

① 우리나라는 일제 식민지와 6·25전쟁 등 어렵고 험난한 역사를 지녔으나 절대 빈국에서 기술 강국으로 탈바꿈하는 엄청난 기적을 만들었다. 선진국이 수백 년에 걸쳐 이루어 낸 산업혁명에 버금가는 고도성장을 불과 60년 만에 이루었다. 이러한 고속 성장을 이룬 원동력은 과학기술이다. 경제적인 성장 과정에서 나타난 사회·문화의 변화 내용을 조사하여 발표해 보자.

관련학과
전 공학계열

② 우리나라의 경제 성장은 세계에서 그 유래를 찾아보기 힘들 정도의 대단함을 인정받고 있으며, 많은 과학기술 발달은 인류 문명의 발전을 선도하고 있다. 생명공학의 발달은 식량 부족 문제를 해결하고, 새로운 치료법으로 질병 치료의 획기적인 혁신을 가져와 건강을 유지하며 노화를 늦춘다. 이러한 과학기술의 발달 및 급속한 경제 성장은 반드시 긍정의 결과만을 제공하지 않는다. 우리의 급속한 경제 성장의 명암을 조사하여 토의해 보자.

관련학과
전 공학계열

활용 자료의 유의점

(!) 학습 내용에 따라 개념, 사료, 주제, 인물, 탐구, 토론, 정보통신기술 활용
(!) 협동 학습, 문제 중심 학습, 프로젝트 학습 등 다양한 교수·학습 모형을 활용
(!) 역사 연구의 기본 자료인 사료뿐만 아니라 지도, 연표, 그림, 도표, 사진 등 시각 자료를 적극 활용
(!) 신문, 인터넷, 영화 등의 자료 활용뿐만 아니라 이러닝, 블렌디드 러닝 등 다양한 수업 방법을 활용

💬 **MEMO**

사회과

2

통합사회

핵심키워드

☐ 기후 변화 ☐ 환경 보전 ☐ 환경지표 ☐ 생태중심주의 ☐ 에너지 절약 ☐ 자연환경과 인간 생활
☐ 도시화 ☐ 산업화 ☐ 정보화 ☐ 지속 가능한 발전 ☐ 자원문제
☐ 열섬현상 ☐ 신재생 에너지 ☐ 전자감시시스템 ☐ 언택트

영역 | **인간, 사회, 환경과 행복**

성취기준

[10통사01-01] 시간적, 공간적, 사회적, 윤리적 관점의 특징을 이해하고, 이를 바탕으로 인간, 사회, 환경의 탐구에 통합적 관점이 요청되는 이유를 파악한다.

▶ 인간의 삶을 이해하기 위한 '통합적 관점'은 하나의 사회현상에 대한 시대적 배경과 맥락, 장소와 영역 및 네트워크 등의 공간 정보, 사회 구조 및 제도의 영향력, 규범적 방향성과 가치 등을 고려하여 통합적으로 살펴보는 것을 의미한다.

탐구주제

2.통합사회 — 인간, 사회, 환경과 행복

(1) 사람의 삶을 이해하기 위한 '통합적 관점'은 하나의 사회현상에 대한 시대적 배경과 맥락, 장소와 영역 및 네트워크 등의 공간 정보, 사회 구조 및 제도의 영향력, 규범적 방향성과 가치 등을 고려하여 통합적으로 살펴보는 것이다. 최근 이산화 탄소 배출량의 증가로 인한 지구 온실효과와 기온상승으로 지구 공동체가 기상이변 등의 어려움을 겪고 있다. 이를 해결하기 위한 방안을 통합적 관점에서 찾아 토의해 보자.

관련학과
산업공학과, 산업시스템공학과, 화학공학과, 환경공학과, 생명공학과

(2) 최근 코로나바이러스로 인해 전 세계가 어려움을 겪고 있다. 코로나바이러스라는 문제를 해결하기 위해서는 다양한 관점에서 해결 방안을 모색할 필요가 있다. 과거 발생했던 바이러스를 연구하는 시간적 관점, 어느 지역에서 유래되고 어떤 경로를 통해 전파되었는지를 연구하는 공간적 관점, 각 국가별 대응 방법과 질병 대책 및 의료시스템을 연구하는 사회적 관점 등이 있다. 코로나바이러스를 해결하기 위한 방법을 통합적 관점에서 탐구하고, 이를 다양한 방법을 통해 발표해 보자.

관련학과
화학공학과, 환경공학과, 생명공학과, 유전공학과

3 지구촌의 당면 문제인 기후 변화의 원인을 분석하고 피해 지역과 사례를 조사해 보자. 기후 변화 문제를 해결하기 위한 대책을 모둠별로 토의한 후 의견을 발표해 보자.

관련학과

건축공학과, 건설환경공학과, 교통공학과, 도시공학과, 원자력공학과, 에너지공학과, 토목공학과, 환경공학과 등

4 다양한 통계 자료(GDP, 환경 지표, 부패지수 등)를 조사하여 경제 발전 정도, 환경 보전 여부, 투명성 등과 삶의 질의 관계에 대한 자신의 견해를 발표해 보자.

관련학과

환경공학과, 에너지공학과, 토목공학과

영역 자연환경과 인간

성취기준

[10통사02-01] 자연환경이 인간의 생활에 미치는 영향에 관한 과거와 현재의 사례를 조사하여 분석하고, 안전하고 쾌적한 환경 속에서 살아갈 시민의 권리에 대해 파악한다.

▶ 기후와 지형 등 자연환경에 따른 생활양식의 차이를 다루고, 자연환경의 영향으로 인해 인간의 삶이 위협받는 사례를 조사하고, 이와 관련하여 시민에게 보장된 권리를 파악한다.

[10통사02-02] 자연에 대한 인간의 다양한 관점을 사례를 통해 설명하고, 인간과 자연의 바람직한 관계에 대해 제안한다.

▶ 자연에 대한 인간의 다양한 관점은 인간 중심주의와 생태 중심주의를 중심으로 다루되 구체적인 사례를 통해 학습하도록 한다. 그리고 자연 생태계와 인간의 삶은 유기적으로 연계되어 있음을 고려하면서 인간과 자연의 바람직한 관계를 다루도록 한다.

[10통사02-03] 환경 문제 해결을 위한 정부, 시민사회, 기업 등 각계의 다양한 노력을 조사하고, 개인적 차원의 실천 방안을 모색한다.

▶ 국내외적으로 발생하는 환경 문제 해결을 위한 정부의 제도적 노력이나 시민단체들의 시민운동 및 캠페인, 기업 차원에서의 시설 정비 및 기술 개발 등 다양한 실제 사례들을 조사하고, 개인적 차원에서 할 수 있는 분리수거, 에너지 절약 등의 실천 방안을 탐색할 수 있도록 한다.

탐구주제

1 사우디아라비아 등 폭염이 작열하는 뜨거운 사막 기후 지역 사람들은 짧은 옷을 입지 않고 온몸을 가리는 긴 옷을 입는다. 그것은 그 지역의 기후 특성과 관련이 있는데 사막은 직사광선이 내리쬐는 곳은 뜨겁지만 그늘진 곳은 서늘하기 때문이다. 기후가 건조하다 보니 땀도 쉽게 증발해서 우리나라 여름처럼 습도가 높지 않다. 덥다고 짧은 옷을 입으면 오히려 강렬한 햇살에 화상을 입을 수도 있다. 이 지역 기후 특성에 가장 적합한 의상을 디자인하여 발표해 보자.

관련학과
화학공학과, 환경공학과, 섬유공학과, 신소재공학과, 재료공학과

2 최근 설악산에 케이블카를 설치하는 문제로 찬성측과 반대측의 다양한 의견이 제시되고 있다. 찬성측은 케이블카는 관광이 불편한 노약자, 장애인 등에게도 아름다운 경관을 제시할 수 있고, 등산로도 덜 훼손되기 때문에 주변 생태계를 보호할 수 있으며, 관광 활성화로 지역 경제에도 도움이 된다고 주장한다. 이를 반박하는 반대측의 의견을 조사하여 토의해 보자. 토의 결과를 바탕으로 생태계와 인간의 삶이 유기적으로 연결되어 있음을 구체적 사례를 들어 발표해 보자.

관련학과
조경학과, 토목공학과, 도시공학과, 환경공학과, 생명공학과, 교통공학과

3 환경 영향 평가는 고속도로, 비행장 등과 같은 대규모 시설의 개발 사업이 자연환경에 어떠한 영향을 미치는가에 대해 사전 조사하고 평가하여 환경 영향을 최소화하고 환경 파괴 방지책을 마련하는 제도이다. 주요 선진국에서는 개발 사업에 앞서 반드시 환경 영향 평가를 실시하도록 법률로 규정하고 있고, 우리나라에서도 환경의 중요성에 대한 인식이 증대되면서 환경 영향 평가법을 별도로 제정하여 시행하고 있다. 환경 영향 평가로 인해 중단된 사업을 조사하고 그 이유의 타당성을 친구들과 토의해 보자.

관련학과
환경공학과, 생명공학과, 건축학과, 건축공학과, 조경학과, 토목공학과, 도시공학과

4 쌀, 밀, 커피 중 하나를 골라 생산량이 많은 지역을 세계지도에 표시하고, 자연 환경과 관련지어 재배 조건을 조사하고, 해당 작물이 그 지역의 주민 생활과 경제에 미친 영향을 구체적 사례를 들어 발표해 보자.

관련학과
환경공학과, 생명공학과, 신소재공학과, 재료공학과

5 세계 각국의 자연재해(미국의 허리케인, 일본의 지진 쓰나미, 인도네시아 쓰나미 등)에 대한 사례를 조사하여 정부와 시민사회의 대응 방식 등을 비교해 보자.

관련학과
환경공학과, 산업공학과, 산업경영공학과, 산업시스템공학과

6 어떤 지역을 개발할 때 경제적 이익을 중시하는 측과 환경 보전을 중시하는 측이 대립하는 경우가 많다. 대립하는 두 입장의 주장을 비판적으로 수용하면서 자신의 의견을 발표해 보자.

관련학과
산업공학과, 산업경영공학과, 산업시스템공학과, 원자력공학과

(7) 인간과 자연환경과의 관계가 어떻게 변해 왔는지 살펴보고, 자연환경에 대한 인간의 다양한 관점을 통해 둘 사이의 바람직한 관계가 무엇인지 친구들과 토의해 보자.

관련학과
전 공학계열

(8) 최근에는 도시를 계획하는 과정에서 생태 환경의 중요성이 크게 강조되고 있다. 생태 도시는 사람과 자연 혹은 환경이 조화롭게 공생할 수 있는 체계를 갖추고 있는 도시다. 세계 생태 도시의 모범적인 사례를 조사하고 이를 우리나라에 적용시킬 수 있는 방안을 탐구해 보자.

관련학과
건축학과, 건축공학과, 조경학과, 토목공학과, 환경공학과, 도시공학과, 교통공학과

영역

생활공간과 사회

성취기준

[10통사03-01] 산업화, 도시화로 인해 나타난 생활공간과 생활양식의 변화 양상을 조사하고, 이에 따른 문제점을 해결하기 위한 방안을 제안한다.

> ▶ 산업화와 도시화로 인해 나타난 생활공간의 변화 양상으로는 거주 공간, 생태 환경 등의 변화를 다루며, 생활양식의 변화 양상은 도시성의 확산, 직업의 분화, 개인주의 가치관의 확산 등에 초점을 둔다. 아울러 산업화와 도시화로 인한 문제를 해결하기 위한 방안은 개인적 차원과 사회적 차원으로 나누어 제시할 수 있다.

[10통사03-02] 교통·통신의 발달과 정보화로 인해 나타난 생활공간과 생활양식의 변화 양상을 조사하고, 이에 따른 문제점을 해결하기 위한 방안을 제안한다.

> ▶ 교통·통신의 발달과 정보화로 인해 나타난 생활공간의 확대 및 격차, 생태 환경의 변화, 생활양식의 변화 등을 다루며, 이 과정에서 사생활 침해, 사이버 범죄, 정보 격차 등 새로운 사회문제가 발생하고 있음을 다룬다. 더불어 새롭게 등장한 문제를 해결하기 위해 실제 우리 사회에서 시행하고 있는 제도적 방안을 평가하도록 한다.

탐구주제

2.통합사회 — 생활공간과 사회

(1) 열섬 현상은 도심의 온도가 대기오염이나 인공열 등의 영향으로 주변지역보다 높게 나타나는 현상이다. 열섬 현상은 대도시에서 잘 나타나며, 낮보다는 새벽에, 여름보다는 겨울에, 날씨가 맑고 바람이 없는 날에 뚜렷하게 나타나는 경향이 있다. 그 이유를 과학적인 원리를 이용하여 설명해 보자.

관련학과
도시공학과, 환경공학과, 생명공학과

2 도시 문제가 발생하는 근본 원인은 도시가 수용할 수 있는 규모 이상으로 많은 사람들이 모여 살기 때문이다. 특히 수도권 지역은 인구와 산업의 약 50%, 첨단 산업의 약 70%가 집중되어 있어 환경 오염 , 지가 상승, 교통 체증 등 각종 집적 불이익이 발생하고 있다. 이러한 문제를 해결하기 위한 구체적 방안을 모둠별로 토의해 보자.

관련학과
전 공학계열

---

3 최근 정보통신기술의 발달로 많은 전자 감시 시스템이 개발되고 있다. 이러한 시스템의 특징은 감시의 은밀성이 높고, 원격 감시가 가능하다는 깃이다. 또 짧은 시간에 대량 감시가 가능하고, 감시의 정밀성이 높아 보편적 감시를 할 수 있다. 대표적인 사례로 침입자 감시를 위한 보안용으로 많이 사용되고 있는 CCTV를 들 수 있는데 개인 사생활 침해의 문제가 제기되기도 한다. 이러한 문제를 해결하기 위한 제도적 장치에 대해 조사하고 그 결과를 공유해 보자.

관련학과
전기공학과, 전자공학과, 제어계측공학과, 광학공학과, 정보통신공학과, 정보보안학과, 환경공학과

---

4 '○○도시의 하루'라는 제목으로 도시인의 삶을 그려 보고, 각종 통계 자료, 신문 기사, 방송 자료 등을 토대로 50년 전 도시인의 삶을 조사하여 오늘날과 비교해 보자.

관련학과
환경공학과 , 조경학과, 토목공학과, 도시공학과

---

5 우리나라는 전 세계에서 유례를 찾을 수 없을 정도로 초고속의 경제 성장과 도시 건축을 이루었다. 현대 사회의 '속도 지향적 특성'을 비판하고, 이러한 문제를 해결하는 방안으로 제시되고 있는 느림의 가치에 대한 자신의 생각을 발표해 보자.

관련학과
환경공학과, 도시공학과, 산업공학과

---

6 고속도로와 고속철도 건설로 인해 나타난 지역의 변화를 살펴보고, 이러한 변화가 지역 주민의 삶에 미친 긍정적·부정적 영향에 대해 토론해 보자.

관련학과
환경공학과, 도시공학과, 교통공학과, 생명공학과

---

7 코로나19로 인하여 '언택트'라는 신조어가 만들어졌다. 가상공간(인터넷)에서의 인간관계와 현실공간에서의 직접적인 인간관계가 어떻게 다른지 비교하고, 가상공간에서의 인간관계가 증가할 때 발생할 수 있는 장점과 단점을 발표해 보자.

관련힉과
소프트웨어공학과, 정보통신공학과, 산업공학과, 환경공학과, 생명공학과

---

8 자신이 거주하는 지역을 사례로 더 나은 지역을 만들기 위해 해결해야 할 과제(공간 이용, 환경, 지역경제 발전 등)를 찾아 대안을 제시해 보자.

관련학과
전 공학계열

성취기준

[10통사08-01] 세계화 양상을 다양한 측면에서 파악하고, 세계화 시대에 나타나는 문제를 조사하여 이를 해결하기 위한 방안을 제안한다.

▶ 세계화와 지역화의 관계 파악, 세계도시의 형성과 다국적 기업의 등장에 따른 공간적·경제적 변화 등을 통해 세계화의 양상을 알아보고, 문화의 획일화와 소멸, 빈부 격차의 심화, 보편 윤리와 특수 윤리 간 갈등 등 세계화가 초래할 수 있는 문제점에 대한 해결 방안을 제안하도록 한다.

탐구주제

2.통합사회 — 세계화와 평화

① 전남 보성의 녹차는 독특한 자연환경과 재배 방식으로 맛과 품질이 뛰어나다. 보성은 연평균 기온이 약 13℃, 연 강수량이 약 1,400mm로 차나무가 자라기에 최적의 조건을 가지고 있다. 보성 녹차는 환경친화적으로 재배되고, 소비자의 기호에 맞게 가공되어 독특한 맛과 향을 지닌다. 이렇듯 생산 지역의 적합한 자연환경과 생산 기술로 품질을 인정받은 지역 특산물의 사례를 조사하여 발표해 보자.

관련학과
전 공학계열

② 남극 조약은 남극 지역을 평화적 목적에 이용하고, 과학 연구의 자유와 협력을 약속하기 위한 것이다. 주요 내용은 남극의 평화적 이용, 과학적 탐사의 자유, 영유권의 동결, 핵실험 금지 등이다. 이를 위하여 자연 보호 지역을 설치하는 등 자연 보호를 위해 노력함과 동시에 남극 월동대를 파견하여 과학 관측을 계속하는 한편 인류 활동이 남극에 미치는 영향 등에 대해서도 감시를 행하고 있다. 남극을 지구 공동체가 함께 이용하기 위한 새로운 조약을 만들어 발표해 보자.

관련학과
전 공학계열

③ 세계화로 인해 자본, 노동, 각종 재화, 문화 등의 교류가 활발해지고 있다. 이러한 변화가 세계 각국 정치, 경제, 사회, 문화에 어떤 영향을 끼쳤는지 개발도상국과 선진국의 사례를 중심으로 비교 설명해 보자.

관련학과
전 공학계열

④ 세계 각 지역별 분쟁과 갈등 양상을 유형화하여 세계지도에 표시한 후, 이러한 분쟁과 갈등이 원만하게 해결된 사례를 조사하고, 세계 평화를 정착시키기 위해 필요한 것은 무엇인지 방안을 제시해 보자.

관련학과
전 공학계열

미래와 지속 가능한 삶

성취기준

[10통사09-02] 지구적 차원에서 사용 가능한 자원의 분포와 소비 실태를 파악하고, 지속 가능한 발전을 위한 개인적 노력과 제도적 방안을 탐구한다.

▶ 지구적 차원에서 사용 가능한 자원의 분포와 소비 실태는 석유, 석탄, 천연가스 등을 중심으로 다룬다. 그리고 지속 가능한 발전은 경제, 환경뿐만 아니라 사회가 균형 있게 성장하는 포괄적이고 총체적인 성장에 있음을 고려하면서 개인적 노력과 제도적 방안을 다루도록 한다.

탐구주제

2.통합사회 ─ 미래와 지속 가능한 삶

① 우리가 많이 사용하는 석탄은 주로 고생대의 지층에 매장되어 있으며, 비교적 넓은 지역에 분포한다. 석탄은 생산지에서 소비하는 경우가 많아 국제적 이동이 많지 않다. 석유는 주로 신생대 제3기 배사 구조의 지층에 매장되어 분포한다. 매장량의 절반이 중동지역의 페르시아만에 분포하며, 석유를 주로 소비하는 국가는 산업이 발달한 선진국이어서 국제적인 이동량이 많다. 석탄, 석유 등의 화석 연료의 매장량이 고갈된 이후 에너지 자원에 대하여 조사하고 토의해 보자.

관련학과
에너지공학과, 환경공학과, 제어계측공학과, 생명공학과

② 최근 우리나라에서의 신재생 에너지는 기존의 화석 연료를 변환시켜 이용하거나 햇빛, 물, 지열, 강수, 생물 유기체 등을 포함하는 재생 가능한 에너지를 변환시켜 이용하는 에너지로 각 항목의 어느 하나에 해당하는 것이다. 신재생 에너지에는 태양 에너지, 바이오 에너지, 풍력, 수력, 연료 전지, 석탄 액화 가스 에너지, 해양 에너지, 폐기물 에너지, 지열 에너지, 수소 에너지 등이 있다. 이러한 신재생 에너지의 장점과 사용에 대하여 조사하고 발표해 보자.

관련학과
에너지공학과, 신소재공학과, 재료공학과

③ 자원의 분포지와 소비지의 불일치로 인해 지구촌에서 일어나는 갈등은 무엇인지 탐구해 보고, 이에 대한 해결 방안은 무엇인지 조사하여 발표해 보자.

관련학과
전 공학계열

활용 자료의 유의점

- ⚠ 뉴스, 다큐멘터리, 영화, 광고, 문학 작품, 인터넷 등을 활용
- ⚠ 자연환경이 인간의 생활양식에 미치는 영향, 자연환경이 인간의 삶을 위협한 사례 등을 모둠별로 조사하여 발표하는 활동
- ⚠ 일상생활에 나타나는 다양한 사회적 현상과 그와 관련된 가치·태도를 통합적으로 연계
- ⚠ 현장 답사와 체험 학습, 사례 조사 학습, 토론과 토의 학습, 프로젝트 학습 등 다양한 교수·학습 방법과 전략을 활용
- ⚠ 지도, 도표, 영화, 슬라이드, 통계, 연표, 사료, 연감, 신문, 방송, 사진, 기록물, 여행기, 탐험기 등 다양한 교수·학습 자료를 활용

3

동아시아사

□ 사회 진화론   □ 과학기술   □ 교통   □ 도시   □ 국가간 분쟁   □ 서양 문물 수용
□ 불평등조약   □ 역사 현안   □ 미세먼지   □ 갈등 해결

영역 **동아시아의 근대화 운동과 반제국주의 민족 운동**

성취기준

[12동사04-03] 동아시아 각국에서 서양 문물의 수용으로 나타난 사회·문화·사상적 변화 사례를 비교한다.

▶ 동아시아 각국은 개항을 전후한 시기에 본격적으로 서양 문물을 수용하면서 사회 전반에 걸쳐 커다란 변동을 겪었다. 문물 수용의 시기와 변동의 정도는 나라별로 차이를 보이는데 여기서는 1800년대 ~1910년대를 대상으로 한다. 수용과 변화의 양상을 나라별로 나열해 서술하는 방식을 지양하고 만국 공법, 사회 진화론, 과학기술, 신문과 학교, 시간과 교통, 도시, 여성, 청년 등의 주제를 중심으로 다루고, 가능할 경우 각국 간의 연관성을 부각시켜 제시하도록 한다.

탐구주제

3.동아시아사 ― 동아시아의 근대화 운동과 반제국주의 민족 운동

① 1800년대~1910년대 동아시아 각국은 개항을 전후한 시기에 본격적으로 서양 문물을 수용하면서 사회 전반에 걸쳐 커다란 변동을 겪었다. 외부 문물 수용의 시기와 변동의 정도는 나라별로 차이가 있는데, 이 시기 우리나라 과학기술의 수용과 그로 인한 사회·문화적 변화를 조사하여 발표해 보자.

관련학과
전 공학계열

② 서양 열강의 침략과 진출로 동아시아 국가들은 불평등 조약을 체결하여 강제적인 개항을 하기도 했다. 이때 서양 문물을 수용했던 것으로 만국 공법, 사회 진화론, 근대도시문화, 태양력, 철도, 여성교육 등이 있었다. 당시의 상황을 재현하여 소개할 수 있는 역사신문을 만들어 보자.

관련학과
전 공학계열

오늘날의 동아시아

[12동사05-03] 오늘날 동아시아 국가 간의 갈등과 분쟁 사례를 살펴보고, 그 해결을 위해 노력하는 자세를 갖는다.

▶ 동아시아에는 과거사 정리, 영토 분쟁, 역사 왜곡 등의 문제를 놓고 한·중·일 간, 일본과 러시아 간, 중국과 동남아시아 국가 간에 '역사 현안'이 존재하고 있고 이러한 '역사 현안'이 국가 간의 외교 문제로 비화되기도 한다. 동아시아의 평화를 위협하고 긴장을 고조시키는 한·중·일 및 중국과 동남아시아 국가 간 '역사 현안'을 일본군 '위안부' 문제, 일본의 독도에 대한 부당한 영유권 주장, 중국의 고구려사 등 고대사 왜곡 문제, 중국과 동남아시아 국가 간 영토 분쟁 등을 사례로 들어 각각의 구체적인 쟁점을 중심으로 이해할 수 있도록 한다. 또한 이러한 '역사 현안'의 해결을 위해 각국의 노력과 평화와 공동 번영을 모색하는 국제적 차원의 활동 등에 관한 사례를 조사하여 화해 추구를 위한 다양한 방법을 탐구하도록 한다.

탐구주제

3.동아시아사 — 오늘날의 동아시아

(1) 최근 동아시아에는 과거사 정리, 영토 분쟁, 역사 왜곡 등의 문제를 놓고 한·중·일 간, 일본과 러시아 간, 중국과 동남아시아 국가 간에 '역사 현안'이 존재하고 있고 이러한 '역사 현안'이 국가 간의 외교 문제로 비화되기도 한다. 최근 위안부 문제로 촉발된 우리나라와 일본이 갈등하고 있는 '반도체와 OLED 패널 생산 필수 소재의 한국 수출규제' 문제의 해결 방법을 제시해 보자.

관련학과
반도체공학과, 전기공학과, 전자공학과, 광학공학과

(2) 동아시아의 평화를 위협하고 긴장을 고조시키는 한·중·일 국가 간 역사 현안을 일본의 독도에 대한 부당한 영유권 주장, 중국의 고구려사와 고대사 왜곡 등 각각의 구체적인 쟁점을 중심으로 조사해 보자. 또 미세먼지 발생 문제, 일본의 수출 규제 등 새롭게 발생한 갈등 해결을 위한 각국의 노력과 평화와 공동 번영을 모색하는 국제적 차원의 활동 등에 관한 사례를 조사하고 화해 추구를 위한 다양한 방법을 탐구하여 발표해 보자.

관련학과
전 공학계열

활용 자료의 유의점

- ⓘ 다양한 사료, 도표, 통계 자료, 각종 멀티미디어 자료 등 다양한 매체를 활용
- ⓘ 독서 활동, 동아리 활동, 극화 학습, 협동 학습, 인물 학습, 사료 학습, 문화재 학습, 프로젝트 학습 등 다양한 교수·학습 방법을 활용
- ⓘ 컴퓨터를 기반으로 하는 역사 학습을 적극적으로 활용

사회과
4

세계사

핵심키워드

☐ 문명   ☐ 세계 4대 문명   ☐ 문자 발명   ☐ 신항로   ☐ 항해술   ☐ 과학 혁명   ☐ 산업 혁명   ☐ 세계화
☐ 과학기술   ☐ 현대 사회 갈등   ☐ 피라미드   ☐ 미국 혁명   ☐ 영국 혁명   ☐ 기후 변화 협약

영역 ## 인류의 출현과 문명의 발생

성취기준

[12세사01-03]   여러 지역에서 탄생한 문명의 내용을 조사하여 공통점과 차이점을 설명한다.

▶ 청동기의 사용, 문자의 발명, 계급의 발생, 도시와 국가의 형성 등이 문명의 발생으로 이어졌음을 이해
한다. 중국, 인도, 메소포타미아, 이집트 등지에서 발생한 문명이 다양하게 발전해 나가는 모습을 탐구
하도록 한다.

탐구주제

4.세계사 — 인류의 출현과 문명의 발생

(1) 세계 4대 문명 발생의 공통적인 요소를 보면 청동기의 사용, 문자의 발명, 계급의 발생, 도시와 국가의 형성 등 문명
의 발생으로 이어졌음을 알 수 있다. 중국, 인도, 메소포타미아, 이집트 등지에서 발생한 문명이 다양하게 발전해 나가
는 모습을 조사하고, 각 문명의 특징을 마인드맵으로 정리해 보자. 또 4대 문명 관광지도를 그려보고, 문명 탄생의 배
경을 공학적 관점에서 재구성하여 자신만의 문명을 건설해 보자.

관련학과
전 공학계열

(2) 헤로도토스의 「역사」에 따르면 이집트 카이로 기자지구의 피라미드는 10만 명이 3개월씩 교대로 20년 동안 노동을
통해 완성하였다고 한다. 피라미드 건설에 측량사, 제도공, 공학자, 목수, 채석공, 설계사, 시공자 등 많은 사람의 노력
이 있었다. 파라오의 피라미드 건축에 대해 탐구해 보고, 피라미드 홍보 포스터를 만들어 공유해 보자. 또 당시의 지도
자를 인터뷰하는 기사를 작성해 보자.

관련학과
건축학과, 건축공학과, 조경학과, 토목공학과, 도시공학과

③ 중국, 인도, 메소포타미아, 이집트 등지에서 발생한 세계 4대 문명을 지도에 표시하여 지리적인 공통점을 찾아보고, 다양한 자료를 활용하여 각 문명의 특징적인 요소들을 설명해 보자.

관련학과
전 공학계열

영역
유럽·아메리카 지역의 역사

성취기준

[12세사04-03] 신항로 개척이 가져온 유럽의 부흥기와 절대 왕정의 등장에 대해 탐구하여 유럽 사회의 변화된 모습을 파악한다.

[12세사04-04] 시민 혁명과 국민 국가의 형성 과정을 이해하고, 산업 혁명의 세계사적 의미를 해석한다.

탐구주제

4.세계사 ─ 유럽·아메리카 지역의 역사

① 유럽의 절대 왕정 시절 신항로 개척에 따른 교역망의 확장으로 나타난 새로운 시장은 유럽의 상인과 제조업자들에게 큰 기회를 제공하여 유럽 경제는 비약적으로 발전하였다. 이를 바탕으로 유럽 상인 입장에서 다양한 운송 수단을 이용한 무역 회사 창업 계획서를 만들어 발표해 보자.

관련학과
전 공학계열

② 절대 왕정 시기의 에스파냐, 영국, 프랑스, 프로이센, 오스트리아의 절대 왕정과 중상주의 정책이라는 주제에 대해 탐구하며 비주얼씽킹으로 그림을 통해 각국의 시민 혁명을 탐구해 보자. 또 모둠별로 시민 혁명 당시의 사회 모습을 재연하는 역할극을 만들어 발표해 보자.

관련학과
전 공학계열

③ 영국 혁명과 미국 혁명의 전개 과정을 영화와 사료 등 다양한 자료를 통해 조사하고, 영국 혁명과 미국 혁명에서 있었던 주요 사건을 중심으로 카드뉴스를 제작하여 발표해 보자. 또 계몽사상이 절대 왕정 시대의 군주들에게 끼친 영향을 조사하고, 국민 국가 형성 과정에서 나타난 주요 사건들을 간략히 설명해 보자.

관련학과
전 공학계열

탐구주제

(4) 산업혁명은 농업과 수공업 위주의 경제에서 공업과 기계를 사용하는 제조업 위주의 경제로 변화하는 과정을 말한다. 이러한 기술적 변화는 천연자원의 사용을 엄청나게 증가시켰으며 기계를 이용한 상품의 대량생산을 가능하게 했다. 이처럼 산업 혁명이 미친 긍정적·부정적인 영향을 조사하여 세계사적 의미에서 재해석하여 발표해 보자.

관련학과
전 공학계열

영역 # 현대 세계의 변화

성취기준

[12세사06-02]　세계화와 과학·기술 혁명이 가져온 현대 사회의 변화를 파악하고, 지구촌의 갈등과 분쟁을 해결하려는 태도를 기른다.

탐구주제

(1) 우리는 과학기술의 발달과 기술혁신에 따른 생산성의 급격한 성장과 소비의 편리, 질병과 굶주림에 대한 해결, 인간의 수명 연장 등 보다 풍요로운 삶의 혜택을 누리고 있다. 그러나 한편으로는 무분별한 개발을 통한 환경 파괴나 환경 오염의 증가, 대량 살상무기를 통한 인류 위협, 부도덕한 생명 공학 기술을 통한 인간 복제 시도 등 현대 과학기술에 대한 우려도 함께 존재한다. 미래 세상을 바꿀 기술에 대한 카드뉴스를 만들어 발표해 보자.

관련학과
전 공학계열

---

(2) 최근 과학기술의 발달로 생활의 편리함은 증가했지만 여러 가지 부작용이 나타나고 있다. 특히 이산화 탄소 사용 량의 증가로 인해 지구 온실효과가 생기고 지구온난화로 인한 기상이변과 자연재해가 발생한다. 이러한 문제는 한 국가만의 문제가 아니고 지구 공동체가 함께 풀어야 할 문제이기 때문에, 세계 각국은 온실가스 배출 규제를 위한 '기후변화 협약'을 만들어 문제 해결을 위해 노력하고 있다. 이처럼 지구촌의 다양한 문제를 해결하기 위한 국제 사회의 노력을 구체적 사례를 제시하여 발표해 보자.

관련학과
건설환경공학과, 대기공학과, 에너지공학과, 환경공학과

활용 자료의 유의점

- ⚠ 세계화, 지구촌 사회 등을 주제로 한 신문 기사 스크랩, 글쓰기 등의 활동
- ⚠ 산업 혁명과 관련된 영화, 음악, 미술 등 다양한 매체를 활용한 수업
- ⚠ 인구, 식량, 자원, 환경 등 오늘날 세계적으로 나타나는 다양한 문제들의 원인과 해결 방안 관련 주제 활용 권장
- ⚠ 독서 활동, 현장 체험 학습, 협동 학습, 인물 학습, 사료 학습, 문화재 학습, 프로젝트 학습 등 다양한 교수·학습 방법을 활용

경제

핵심키워드

☐ 시장 경제   ☐ 공정 경쟁   ☐ 노동 시장   ☐ 공공재   ☐ 공유 경제   ☐ 정보의 비대칭성   ☐ 수정 자본주의
☐ 불공정 거래   ☐ 사유재산권   ☐ 전통시장   ☐ 가격 상한제   ☐ 무역 의존도

영역 **경제생활과 경제문제**

성취기준

[12경제01-03] 경제 문제를 해결하는 다양한 방식의 장단점을 비교하고, 시장경제의 기본 원리와 이를 뒷받침하는 사회 제도를 파악한다.

▶ 기본적인 경제 문제를 해결하는 방식으로써 전통 경제, 계획경제, 시장경제의 특성을 간단히 비교한 후 시장경제는 경제 주체의 자유와 경쟁을 바탕으로 가격 기구를 통해 경제 문제를 해결하려고 한다는 점을 강조한다. 또한 이러한 시장경제를 뒷받침하기 위해서는 사유 재산권, 경제활동의 자유, 공정한 경쟁 등이 보장되어야 한다는 점을 이해한다.

탐구주제

5.경제 ― 경제생활과 경제문제

(1) 생산 과잉으로 인해 세계 대공황이 발생했을 때 경제학자 케인스는 공공사업이나 사회 보장을 통해 정부가 시장에 개입함으로써 고용을 창출하여 새로운 수요를 만들어낼 수 있는 '수정 자본주의'를 주장하였고 복지국가의 근간을 이루었다. 우리나라의 정책 중 수정 자본주의에 해당하는 정책을 조사하여 그 장·단점을 발표해 보자.

관련학과
전 공학계열

(2) 담합이란 사업자가 상호 간의 경쟁을 회피하기 위하여 다른 사업자와 공동으로 가격을 결정하거나 인상하기도 하고, 시장을 인위적으로 나누기도 하며, 거래량을 조절하는 등 부당하게 경쟁을 제한하는 행위를 말한다. 최근 신문 기사, 뉴스 등에서 기업의 담합에 관한 불공정한 거래 행위 사례를 조사하고, 구체적 사례를 들어 발표해 보자. 또 불공정 경쟁 행위를 예방하고 공정한 경쟁을 촉진하기 위해 정부가 어떤 정책을 마련하고 있는지 조사해 보자.

관련학과
전 공학계열

탐구주제

③ 현재 우리나라 시장 경제에서는 개인의 이익 추구가 경쟁을 전제로 이루어지고 있고, 가계와 기업 간 경쟁이 미치는 긍정적 영향도 있다. 사유 재산권의 보장이 시장 경제의 기초가 되는 이유와 우리나라 헌법에서 사유 재산권을 보장하는 조항을 찾아 발표해 보자. 또 사유 재산권을 보장하는 경우와 그렇지 않은 경우에 사람들의 경제 활동이 어떻게 달라질지 비교해서 발표해 보자.

관련학과
전 공학계열

영역 # 시장과 경제 활동

성취기준

[12경제02-01] 시장 가격의 결정과 변동 원리를 이해하고, 수요와 공급의 원리를 노동 시장과 금융 시장 등에 적용한다.

▶ 시장 가격의 결정과 변동 원리를 학습한 후, 노동 시장과 금융 시장을 사례로 수요와 공급의 원리를 복습한다. 예를 들어, 노동의 수요와 공급에 의해 균형 임금이 결정되며, 노동의 수요와 공급이 변하면 이에 따라 임금이 변한다는 점을 학습한다. 노동 시장과 금융 시장의 사례는 학생들의 탐구 활동으로 다룰 수도 있다.

[12경제02-03] 경쟁의 제한, 외부 효과, 공공재와 공유 자원, 정보의 비대칭성 등 시장 실패가 나타나는 요인을 파악한다.

[12경제02-04] 시장 실패 현상을 개선하기 위한 정부의 시장 개입과 그로 인해 나타날 수 있는 문제점을 이해하고 이를 보완할 수 있는 방안을 모색한다.

▶ 시장 실패와 이를 개선하기 위한 정부 개입, 정부 실패와 정부 실패에 대한 대책을 균형 있게 학습한다.

탐구주제

① 시장이라고 하면 흔히 재래시장을 떠올리지만, 경제학적으로 시장이란 '사려는 사람과 팔려는 사람이 재화와 서비스를 거래하기 위해 서로 협상하는 모임'이다. 동네 슈퍼마켓, 대형마트처럼 눈에 보이는 상품을 거래하는 시장뿐만 아니라 증권 시장, 외환 시장, 자본 시장처럼 눈에 보이지 않는 생산 요소를 거래하는 시장도 있고, 인터넷 상거래 시장도 있다. 이런 시장의 경제적 역할과 앞으로 새롭게 등장할 시장을 조사하고, 전자 상거래를 통해 얻을 수 있는 장·단점을 찾아 발표해 보자.

관련학과
컴퓨터공학과, 소프트웨어공학과, 정보통신공학과, 정보보안학과

(2) 시장은 사회의 자원을 낭비 없이 효율적으로 쓰도록 하는 기능이 있다. 희소한 자원을 바탕으로 가장 필요한 재화와 서비스를 가장 저렴한 비용으로 생산하고 이것을 가장 필요로 하는 소비자에게 연결해주기 때문이다. 남대문 시장과 동대문 시장의 사례를 통해 전통 시장이 어떻게 변화하고 있는지를 조사하여 발표해 보자. 또 다양한 종류의 시장의 특징을 분석하여 발전 가능성을 발표해 보자.

관련학과

전 공학계열

(3) 가격 상한제는 정부가 수요자 보호를 목적으로 가격이 일징 수준 이상으로 올라가는 것을 금지하는 것을 말한다. 정부가 설정한 가격 상한이 시장 균형 가격보다 낮으면 시장 가격이 가격 상한보다 더 높아질 수 없기 때문에 실효성이 있는 가격 상한제가 된다. 가격 상한제 정책 시행 사례를 찾아 조사해 보고, 초과 수요에 의해 발생한 암시장에서는 어떤 현상이 발생할 수 있을지 자신의 생각을 발표해 보자.

관련학과

전 공학계열

(4) 아파트 분양가 상한제는 집값 안정화 조치의 일환으로 분양가 자율화를 집값 상승의 주원인으로 보아 택지비와 건축비에 업체들의 적정 이윤을 더한 분양가 책정 방식을 법으로 규정하여 분양 가격을 정책적으로 조정하는 것이다. 이와 관련하여 우리가 입는 교복 가격 상한제의 사례를 통해 정부의 가격 규제가 시장에 미치는 영향을 조사하고 장·단점을 파악하여 발표해 보자.

관련학과

전 공학계열

영역
국가와 경제 활동

성취기준

[12경제03-01] 경제 성장의 의미와 요인을 이해하고 한국 경제의 변화와 경제적 성과를 균형 있는 시각에서 평가한다.

▶ 경제 성장이라는 거시적 관점에서 한국 경제의 변화상을 살펴보고, 그 과정에서 나타난 경제적 성과를 균형 있게 학습한다.

① 각국 경제의 비중을 특정 시점의 미국 달러화 시장 환율로 평가한 명목 국내 총생산을 기준으로 측정하는 이유는 특정 시점의 비중을 파악하는 것이므로 인플레이션을 고려할 필요가 없기 때문이다. 최근 우리나라의 교역 규모와 물가 상승률 및 실업률의 변화를 시기별로 조사하고 주요 국가와 비교하여 설명해 보자.

관련학과
전 공학계열

② 한국 경제는 경공업에서 중화학 공업으로, 다시 기술 집약적인 전자 산업을 중심으로 변화해 왔다. 1970년에는 섬유류, 합판, 가발 등, 1990년에는 의류, 반도체, 신발 등, 2010년에는 반도체, 선박, 자동차 등, 2020년에는 반도체, 스마트폰, 석유 제품, 자동차 등이 우리나라 주요 수출품이었다. 최근 우리나라의 산업 구조 변화를 뉴스나 신문기사, 각종 통계 자료를 통해 분석하고, 이를 주변 국가와 비교해 보자.

관련학과
전 공학계열

③ 한국은행 및 통계청 홈페이지를 방문하여 최근 10년간 우리나라 국내 총생산, 경제 성장률, 각종 고용 통계(경제활동 참가율, 실업률, 고용률), 소비자 물가 지수, 인플레이션율 등을 조사하여 그래프 등 시각화된 자료로 만들어 발표해 보자.

관련학과
전 공학계열

영역

세계 시장과 교역

성취기준

[12경제04-01]   비교 우위에 따른 특화와 교역을 중심으로 무역 원리를 파악하고, 자유 무역과 보호 무역 정책의 경제적 효과를 이해한다.

▶ 국가 간 거래의 필요성을 인식하고 비교 우위에 따른 특화와 교역의 이득을 중점적으로 학습한다. 무역 정책과 관련해서는 자유 무역과 보호 무역의 논리를 균형 있게 다룬다.

탐구주제

5.경제 — 세계 시장과 교역

① 무역 의존도는 한 나라의 국민 경제가 어느 정도 무역에 의존하고 있는가를 나타내는 지표로서 국민 소득에 대한 무역액의 비율로 구할 수 있다. 우리나라의 무역 의존도는 다른 나라와 비교해 매우 높은 편인데 이는 우리나라의 내수 시장이 좁고, 보유한 자원이 부족하기 때문이다. 이같이 높은 무역 의존도가 우리나라 경제 발전에 미친 영향을 조사하여 발표해 보자.

관련학과
전 공학계열

탐구주제

② 한 나라 경제나 기업이 보유한 생산 요소를 가지고 두 가지 재화를 생산할 때 생산 가능한 두 재화의 조합들을 보여주는 것이 생산 가능 곡선이다. 경제학에서는 일반적으로 현실을 반영하여 원점에 오목한 모양으로 그리는데 생산 가능 곡선을 통해 희소성, 기회비용, 효율성, 규모의 경제 등의 개념을 알 수 있어 매우 유용하게 사용된다. 생산 가능 곡선을 이용해서 자원이 희소할 때 한 국가에서 생산할 수 있는 재화와 서비스의 양은 제한적임을 설명해 보자.

관련학과
전 공학계열

활용 자료의 유의점

- ⚠ 신문 기사로 제시된 자료를 분석하고 그 결과를 모둠별로 발표하는 활동 추천
- ⚠ 최근 경기 상황에 대한 기사, 실업의 원인과 이에 따른 정부의 대책 관련 기사, 청년 실업 관련 기사 등을 학습 자료로 활용
- ⚠ 직관적으로 이해할 수 있는 각종 통계 자료와 당시 시대상을 한 눈에 파악할 수 있는 사진 등 시각 자료를 적절하게 사용

💬 **MEMO**

6

정치와 법

핵심키워드

☐ 이익집단 ☐ 경제단체 ☐ 시민단체 ☐ 근로자의 권리 ☐ 국제법 ☐ 국제기구 ☐ 반크
☐ 시민 참여 ☐ 미생 ☐ 비정규직 ☐ 세계화 ☐ 전쟁 ☐ 분쟁 ☐ 통상 임금 ☐ 실업 급여

영역 ## 정치 과정과 참여

성취기준

[12정법03-03] 정당, 이익집단과 시민단체, 언론의 의의와 기능을 이해하고, 이를 통한 시민 참여의 구체적인 방법과 한계를 분석한다.

▶ 정당, 이익집단, 시민단체, 언론 등 다양한 정치 주체의 기능과 역할을 이해하고, 우리가 일상생활에서 실천할 수 있는 시민 참여의 구체적인 방법을 탐색한다.

탐구주제

6.정치와 법 — 정치 과정과 참여

① 시민단체 반크는 전 세계 사람들에게 우리나라에 대한 잘못된 정보를 바로잡는 활동을 주로 하고 있으며, 특히 청소년들의 참여가 많다. 사이버 외교 사절단 외에 글로벌 한국인 리더를 양성하는 월드 체인저 양성 프로젝트도 진행하고 있다. 우리 지역에 있는 시민단체의 종류와 역할을 조사하고, 이를 알리는 홍보 안내문을 만들어 보자.

관련학과
전 공학계열

② 시민들이 정치에 참여할 수 있는 방법은 정당 가입을 통한 당원 활동이나 시민 단체 가입, 언론을 통한 정치적 의견 표명, 정부기관에 대한 민원 신청 등이 있다. 이 중 시민단체의 종류를 탐색해 보고, 시민단체가 정치적 중립을 유지하면서 공공의 이익을 위해 활동할 수 있는 방안에 대해 토의해 보자.

관련학과
전 공학계열

사회생활과 법

성취기준

[12정법05-03] 법에 의해 보장되는 근로자의 기본적인 권리를 이해하고, 이를 일상생활의 사례에 적용한다.

▶ 노동법에 의해 보호되는 근로자의 권리에 대한 이해를 바탕으로 사회생활에서 발생하는 다양한 법적 문제를 탐구한다. 이때 청소년(미성년자)들이 근로 계약을 맺었을 때 어떤 권리가 있고 법적으로 어떤 보호를 받을 수 있는지에 대해서도 탐구한다.

탐구주제

6.정치와 법 ─ 사회생활과 법

(1) 최근 많은 인기를 받았던 웹툰과 드라마로 잘 알려진 「미생」은 비정규직 근로자인 장그래를 주인공으로 하고 있다. 비정규직 근로자는 기간제, 단시간 또는 파견 근로자 등 비전형 근로자를 의미한다. 비정규직 근로자들이 처한 현실과 이로 인해 나타나는 다양한 사회 문제를 조사하고 이들의 처우를 개선할 수 있는 방안에 대해 토의해 보자.

관련학과
전 공학계열

(2) 최근 통상 임금은 근로자의 특정한 임금을 보호하기 위해 근로 기준법 시행령에서 정한 기준 임금을 말한다. 통상 임금은 근로자가 사용자와 협의하여 법정 근로 시간의 범위에서 정한 근로 시간을 초과하는 근로를 제공할 때 가산 임금 등을 산정하는 기준 임금으로 기능한다. 통상 임금의 범위에 대해 대법원 판례 등을 찾아 조사하고, 실직 후 받을 수 있는 실업 급여에 대한 자신의 생각을 발표해 보자.

관련학과
전 공학계열

국제 관계와 한반도

성취기준

[12정법06-01] 오늘날의 국제 관계 변화(세계화 등)를 이해하고 국제 사회에서 국제법이 지닌 의의와 한계를 탐구한다.

▶ 오늘날 국제 관계의 변화를 세계화를 중심으로 이해하고, 국제 사회에서 국제법이 지닌 의의와 한계를 국제 분쟁 해결의 주요한 수단이라는 측면에서 분석한다.

Ⅰ. 국어과

Ⅱ. 사회과

Ⅲ. 도덕과

Ⅳ. 수학과

Ⅴ. 과학과

Ⅵ. 영어과

[12정법06-02] 국제 문제(안보, 경제, 환경 등)를 이해하고, 이를 해결하기 위해 국제기구들이 수행하는 역할과 활동을 분석한다.

▶ 국제연합, 국제사법재판소 등 국제기구들이 다양한 국제 문제와 관련해서 어떤 역할과 활동을 수행하는지를 탐색한다.

탐구주제

6.정치와 법 — 국제 관계와 한반도

① 국제법과 국내법이 충돌할 때, 일방적으로 국제법만 따른다면 국내의 실정과 맞지 않는 문제가 발생할 수 있다. 반면 특정 국가의 단독 의사에 따라 정립된 법인, 국내법만 따른다면 보편적인 가치나 질서에 위배되는 문제가 발생할 수 있다. 최근 우리나라가 외국과 맺고 있는 자유무역협정에서 국제법과 국내법의 상호 위계 관계를 조사하여 발표해 보자. 또한 세계화가 국제 관계에 미친 긍정적·부정적 영향을 분석하여 모둠별로 토론해 보자.

관련학과
전 공학계열

② 최근 강대국의 패권주의와 다극 체제하의 민족, 종교, 문화 간 갈등 때문에 다양한 지역에서 전쟁과 분쟁이 끊이지 않고 있다. 전쟁이 발생하는 지역에서는 인종 학살, 강제 수용과 처형, 여성과 아동 등 사회적 약자에 대한 학대 등으로 심각한 인권 침해가 발생하고 있다. 특히 최근에는 내전 등으로 주변 나라로 이동하는 난민이 증가하고 있으며, 이들은 가장 기본적인 생존권조차 보장받지 못하는 등 위험에 처해 있다. 이들의 문제를 해결하기 위한 국제기구를 창설하는 계획서를 작성하여 발표해 보자.

관련학과
전 공학계열

활용 자료의 유의점

ⓘ 관련 기관이나 해당 기관의 사이트 방문, 관련 전문가와의 면담 등을 통한 동기 유발이나 학습 효과 측면에서 유용

ⓘ 신문이나 인터넷 등에서 최근의 국제 정치 상황과 관련해서 구체적인 사례를 활용

ⓘ 탐구 학습, 토론 학습, 문제 해결 학습, 논쟁 문제 수업, 모의재판, 역할 놀이, 신문 활용 교육 등 다양한 방법을 활용

ⓘ 방송 자료, 신문 자료, 헌법재판소 결정, 대법원 판례, 인터넷 자료 및 영화, 드라마, 시사 만화, 통계 자료 등을 활용

💬 MEMO

사회과

7

사회·문화

핵심키워드

☐ 판옵티콘 ☐ 일탈 행동 ☐ 사회 규범 ☐ 환경문제 ☐ 자원문제 ☐ 정보화 ☐ 지속 가능한 사회
☐ 세계화 ☐ 문화 우수성 ☐ 정보 리터러시

영역 ## 개인과 사회 구조

성취기준

[12사문02-04] 개인과 사회 구조의 관계 속에서 발생하는 일탈 행동을 다양한 관점에서 분석한다.

▶ 개인, 집단, 사회 구조의 관계 속에서 발생하는 다양한 일탈 행동을 아노미 이론, 차별 교제 이론, 낙인
이론 등을 통해 분석하고 비교하며 각 이론의 유용성과 한계를 인식한다.

탐구주제

7.사회·문화 — 개인과 사회 구조

① 일탈 사회학에서는 일탈을 규범 위반으로 보는 입장과 사회적으로 규정된 것으로 보는 입장이 있다. 아노미 이론, 차별 교제 이론, 통제 이론 등이 일탈을 규범 위반으로 본다면, 낙인 이론은 일탈을 사회적 규정으로 해석한다. 일탈에 대한 사회학적 이론의 공통점과 차이점을 비교 분석하고, 각 이론의 유용성과 한계를 발표해 보자.

관련학과
전 공학계열

② 일탈적인 행동은 사회 규범을 어기는 행동이므로 보통은 부정적인 의미를 지닌다. 그렇지만 비일상적이고 특이한 사고나 행동을 전부 일탈이라고 억압하거나 통제만 한다면, 사회는 지나치게 획일화되어 생동감을 잃어버릴 수도 있다. 최근 이슈화되고 있는 우리나라 청소년의 일탈 행동을 주제로 1분 분량의 카드뉴스를 만들어 발표해 보자.

관련학과
전 공학계열

현대의 사회변동

[12사문05-02] 세계화 및 정보화로 인한 변화 양상을 설명하고 관련 문제에 대처하는 방안을 모색한다.

[12사문05-04] 전 지구적 수준의 문제와 그 해결 방안을 탐색하고 세계시민으로서 지속 가능한 사회를 위해 노력하는 태도를 가진다.

▶ 환경 문제, 자원 문제, 전쟁과 테러 등의 양상을 살펴보고, 이에 대응하는 과정에서 세계시민으로서의 의식과 실천이 중요하다는 점을 인식한다.

탐구주제

7.사회·문화 — 현대의 사회변동

① 최근 한국 영화가 미국 아카데미상을 수상하고 K-POP이 빌보드 차트 1위에 오르는 등 우리 문화의 우수성을 세계가 인정하는 뉴스를 자주 접한다. 문화 예술시장의 세계화가 우리에게 미치는 영향을 긍정적 또는 부정적 측면에서 조사하여 토의해 보자. 또 세계화로 인해 발생할 수 있는 다양한 문제점을 생각해 보고, 그것의 대응 방안도 발표해 보자.

관련학과
전 공학계열

② 최근 자주 사용하는 정보 리터러시란 단어는 정보에 접근하여 정보를 활용하는 능력과 필요한 정보를 사용하여 문제해결에 이용할 수 있는 능력을 말한다. 정보화 시대에는 정보를 탐색하고 활용하는 능력이 글을 읽고 쓰는 능력과 마찬가지로 필수가 되는 것을 강조한 개념이다. 정보와 지식의 중요성이 커지면서 정보 리터러시의 차이로 인해 발생하는 정보 격차 문제가 심각해지고 있는데 이의 해결 방안에 대해 토의해 보자.

관련학과
컴퓨터공학과, 소프트웨어공학과, 정보통신공학과, 정보보안학과

③ 판옵티콘은 죄수들을 효과적으로 감시하기 위해 고안한 감옥 형태이다. 감옥의 감시탑은 조명을 어둡게 하고, 죄수들의 방은 밝게 함으로써 감시탑에서는 죄수들을 볼 수 있으나 죄수들은 감시자를 볼 수 없도록 하여, 감시자가 없더라도 항상 감시하는 것과 같게 만들었다. 최근 사회의 감시와 통제의 원리를 판옵티콘에 비추어 설명하는데 정보통신기술의 발달로 우리가 인식하지 못하는 사이에도 끊임없이 개인적인 정보가 수집, 저장되는 시대가 도래하면서 정보 판옵티콘을 경계하는 목소리가 있다. 자신이 기자라 가정하고 이를 취재한 2분 분량의 뉴스를 만들어 발표해 보자.

관련학과
컴퓨터공학과, 소프트웨어공학과, 정보통신공학과, 정보보안학과

활용 자료의 유의점

(!) 영화, 드라마 등과 같은 영상 자료나 그림, 조각 등과 같은 예술 작품을 활용하여 학습 동기와 흥미를 유발
(!) 사회·문화 현상에 내재하는 다양한 가치 갈등이나 쟁점에 대한 비판적 분석 및 합리적 해결 능력, 공감 능력 등을 신장
(!) 다양한 정보 기술 자료와 신문 활용 교육, 인터넷 활용 교육 등의 기법을 활용

사회문제 탐구

□ 정보사회   □ 게임 과몰입   □ 정보사회   □ 정보관련 직업   □ 직업의 변화
□ 중독   □ 인터넷 성범죄   □ 사이버 범죄   □ 저출산

영역 게임 과몰입

성취기준

[12사탐02-01]	정보사회의 의미와 특징을 이해하고, 정보사회에서 나타나고 있는 다양한 사회문제에 대해 조사한다.
[12사탐02-03]	청소년 게임 과몰입의 원인에 대한 다양한 관점을 파악하고, 토의 등을 통해 게임 과몰입 문제의 해결 방안을 도출한다.
[12사탐02-04]	정보사회의 문제 해결을 위한 제도적 노력 및 사회 기관(정보통신위원회, 시민단체, 사이버범죄수사대 등)을 탐구하고, 관련 직업에 대해 조사한다.

탐구주제

8.사회문제 탐구 — 게임 과몰입

① 정보사회에서 나타나고 있는 사회 문제에는 정보 격차로 인한 빈부 격차, 정부의 정보 통제, 사생활 침해, 사이버 공간과 현실에서의 개인의 정체성 혼란 등이 있다. 특히 최근에는 인터넷 중독, 게임 중독, 스마트폰 중독 등의 문제로 인한 피해 사례가 일상화되고 있다. 이러한 중독 문제의 실태를 조사하고 해결 방안에 대해 토의해 보자.

관련학과
컴퓨터공학과, 소프트웨어공학과, 정보통신공학과, 정보보안학과, 게임공학과, 정보보호학과

② 게임 과몰입이란 게임을 오랜 시간 해도 만족감을 잘 느끼지 못하고 게임을 안 하면 안절부절 못하는 등 심리적, 신체적으로 문제를 일으키는 상태이다. 게임 과몰입의 원인은 자기 통제력 부족, 학업 스트레스 증가, 부모의 지나친 간섭 등으로 다양하다. 청소년 게임 과몰입 문제의 다양한 사례를 조사하고 이의 해결 방안에 대해 토의해 보자.

관련학과
컴퓨터공학과, 소프트웨어공학과, 정보통신공학과, 정보보안학과, 게임공학과, 정보보호학과

③ 정보통신기술의 발달로 인해 우리 생활의 편리함이 증대되고 있지만 동시에 또 다른 사회 문제가 발생하고 있다. 최근 우리 사회에 충격을 주었던 'N번방 성 착취 사건' 등 인터넷을 이용한 성범죄가 날로 증가하고 있다. 이러한 정보사회의 문제 해결을 위한 제도적 노력이 필요하며, 이를 위한 사회 기관으로 정보통신위원회, 시민단체, 사이버범죄수사대 등이 있다. 이 기관들의 역할과 활동을 조사하고, 관련 직업을 탐구하여 소개하는 카드뉴스를 만들어 발표해 보자.

관련학과

컴퓨터공학과, 소프트웨어공학과, 정보통신공학과, 정보보안학과

영역

저출산·고령화에 따른 문제

성취기준

[12사탐04-04] 저출산·고령화 사회로의 변화에 따라 수요가 증가할 것으로 예상되는 직업과 수요가 감소할 것으로 예상되는 직업에 대해 조사한다.

탐구주제

8.사회문제 탐구 — 저출산·고령화에 따른 문제

① 우리나라가 저출산·고령화 사회로 진입함에 따라 경제, 산업, 보건, 복지, 고용, 교육, 문화 등 사회시스템 전반에 걸쳐 많은 변화가 나타나고 있다 이러한 사회 구조의 변화로 인해 수요가 증가할 것으로 예상되는 직업을 조사하여 발표해 보자.

관련학과

전 공학계열

---

② 2020년 유엔인구기금 발표에 의하면 우리나라의 출산율이 조사대상 198개국 중 198위로 세계에서 가장 낮다. 우리나라의 저출산 추세는 세계 어느 나라에서도 전례를 찾아볼 수 없을 정도로 급속한 속도로 진행되고 있어 이에 대한 철저한 대비가 요구된다. 자신이 인구 정책 담당자라고 가정하고 저출산 문제를 해결할 수 있는 정책을 만들어 발표해 보자.

관련학과

전 공학계열

활용 자료의 유의점

- ⚠ 사회문제를 공동으로 탐구하고, 그 과정을 보고서로 발표하는 활동 권장
- ⚠ 문제 해결력과 의사사통 능력 및 반성적 글쓰기 활동 능력 함양이 중요
- ⚠ 미디어를 적극적으로 활용하고 신문 활용 수업이나 영화 활용 수업, 예술 작품 활용 수업 등과 같은 교수·학습 방법을 적용

사회과
9

한국지리

☐ 기후 변화   ☐ 자연환경   ☐ 온실가스   ☐ 지속 가능한 관계   ☐ 도시의 지역 분화 과정   ☐ 도시 계획
☐ 재개발   ☐ 도시 경관   ☐ 지역 개발과 환경   ☐ 공업 발달   ☐ 젠트리피케이션

영역

기후 환경과 인간 생활

성취기준

[12한지03-03]   자연재해 및 기후 변화의 현상과 원인, 결과를 조사하고, 인간과 자연환경 간의 지속 가능한 관계에 대해 토론한다.

탐구주제

9.한국지리 — 기후 환경과 인간 생활

---

① 최근 기후 변화로 인해 우리나라 동해에서 잡히는 명태의 개체수가 줄고, 사과 재배의 북한계선이 점차 북상하고 있다. 뿐만 아니라, 기온 상승으로 온대 기후에서 아열대 기후(열대와 온대 사이의 기후)의 특성이 나타나고 있다. 이러한 기후 변화의 원인과 이로 인한 영향을 조사하여 발표해 보자.

관련학과

화학공학과, 환경공학과

---

② 지구의 온난화를 일으키는 온실가스의 증가로 인해 자연재해 및 기상이변이 나타나고 있다. 주요 온실가스에는 이산화 탄소(CO_2), 메탄(CH_4), 아산화 질소(N_2O) 등이 있다. 인간과 자연 간의 지속적인 관계를 유지하기 위해 지구의 기온 상승을 일으키는 주범인 온실가스의 배출량을 줄이는 방법을 조사하여 발표해 보자.

관련학과

화학공학과, 환경공학과, 생명공학과

거주 공간의 변화와 지역 개발

성취기준

[12한지04-02]	도시의 지역 분화 과정 및 내부 구조의 변화를 이해하고, 대도시권의 형성 및 확대가 주민 생활에 미친 영향을 설명한다.
[12한지04-03]	주요 대도시를 사례로 도시 계획과 재개발 과정이 도시 경관과 주민 생활에 미친 영향에 대해 분석한다.
[12한지04-04]	지역 개발의 영향으로 나타나는 공간 및 환경 불평등과 지역 갈등 문제를 파악하고, 국토 개발 과정이 우리 국토에 미친 영향에 대해 평가한다.

▶ 지역 개발로 인하여 나타나는 공간 및 환경 불평등 문제를 다양한 스케일에서 탐색한다. 특히 이러한 문제들이 지역 개발 정책이나 경제 성장 과정과 관련하여 나타나고 있음을 인식하고, 국토 개발 과정이 우리 국토에 미친 영향을 파악할 때는 긍정적 측면과 부정적인 측면을 함께 탐구하도록 한다.

탐구주제

9. 한국지리 — 거주 공간의 변화와 지역 개발

① 도시는 위치나 환경에 따라 다양한 집단이 나타난다. 때로는 직업이나 소득, 생활 양식, 민족, 종교 등에 의해 사회 집단 간 격리 현상이 나타나기도 한다. 또한 도시는 다양한 요소들이 서로 관련성을 가지고 유기적으로 결합된 공간으로 토지 이용이 다른 여러 기능 지역으로 구성되어 있다. 도시가 형성되고 확대되는 과정에서 나타나는 주민 생활의 변화 모습을 이전의 모습과 비교하여 설명해 보자.

관련학과
도시공학과, 환경공학과

② 젠트리피케이션이란 도심의 환경이 변하면서 중·상류층이 낙후됐던 구도심의 주거지로 유입되고 이로 인해 주거비가 상승하면서 비싼 월세 등을 감당할 수 없는 원주민들이 다른 곳으로 이주하는 현상이다. 도심의 재개발로 인해 젠트리피케이션 현상이 나타났던 지역의 구체적 사례를 제시하고, 해결 방안을 토의해 보자.

관련학과
전 공학계열

③ 도시 계획 과정에서 공청회와 주민 의견 청취 등 시민들의 참여가 이루어지면 도시 계획 및 정책 결정의 근거를 강화할 수 있고, 도시 계획의 실현성을 높일 수 있다. 내가 사는 도시 혹은 인접한 도시의 문제점을 진단해 보고, 20년 뒤 도시 계획에 반영해야 할 요소들을 제안해 보자.

관련학과
전 공학계열

생산과 소비의 공간

성취기준

[12한지05-03] 공업의 발달 및 구조 변동으로 인한 공업 입지와 공업 지역의 변화를 파악하고, 이러한 현상이 지역 경관과 주민의 생활에 미친 영향을 설명한다.

탐구주제

9.한국지리 — 생산과 소비의 공간

① 평범한 농촌이었던 당진군은 2004년 제철소가 입지하면서 변화하기 시작하였다. 이후 부설 연구소와 연관 기업이 잇달아 들어서면서 인구가 지속적으로 증가하여 2012년에는 시로 승격되었다. 공업의 발달과 함께 병원, 음식점 등 편의 시설도 증가하여 활기 넘치는 도시가 되었지만, 한편에서는 대기 오염 증가, 지가 상승 등의 문제가 발생하여 시민들의 우려가 나타나기도 하였다. 공업의 발달이 당진 지역 생태계와 주민 생활에 미친 영향을 조사하여 발표해 보자.

관련학과
도시공학과, 교통공학과, 산업공학과, 산업경영공학과, 산업시스템공학과, 환경공학과

② 공업이 특정한 장소에 자리 잡는 것을 공업의 입지라고 하며, 여러 공장이 한 장소에 모여 일정한 지역을 형성하고 있는 것을 공업 지역이라고 한다. 우리나라 주요 공업의 입지 분포를 지도에 표시하고, 입지 특성을 조사하여 발표해 보자.

관련학과
전 공학계열

우리나라의 지역 이해

성취기준

[12한지07-03] 수도권의 지역 특성 및 공간 구조 변화 과정을 경제적·문화적 측면에서 이해하고, 수도권이 당면하고 있는 문제점 및 이의 해결 방안에 대해 탐구한다.

탐구주제

9.한국지리 — 우리나라의 지역 이해

① 국토 전체 면적에서 수도권의 면적은 약 12%에 불과하나 인구와 지역 총생산의 약 50%, 사업 자원 서비스업의 약 60%, 예금액의 약 70% 등 다양한 것이 집중 분포되어 있다. 이러한 수도권의 과도한 집중으로 인해 나타나는 지역 불균형 발전 문제와 해결 방안에 대해 토의해 보자.

관련학과
도시공학과, 교통공학과, 환경공학과

탐구주제

② 1960년 이후 국가 주도의 수도권 개발 정책으로 수도권은 급속한 성장을 이루었다. 수도권이라는 한정된 공간에 인구와 산업 등 각종 기능이 과도하게 집중되면서 주거 환경 악화, 교통 혼잡, 지가 상승, 환경 오염 심화 등 문제가 발생하고 있다. 이러한 수도권 문제를 해결하기 위한 구체적인 방안을 친구들과 함께 토의해 보자.

관련학과
전 공학계열

활용 자료의 유의점

- ① 컴퓨터, 인터넷, TV 등 다양한 시청각 매체를 활용하여 간접적인 경험 제공
- ① 지역 연구 자료, 면담 내용, 영화, 신문 기사, 여행기, 통계 자료 등을 활용하여 간접적 지리 경험의 폭을 넓히는 것이 중요
- ① 다양한 지리 정보를 수집, 분석, 종합할 수 있는 능력이 필요
- ① 지도화, 도표화, 쓰기, 읽기, 말하기 등을 통해 지리적 사고능력과 의사소통능력을 높이는 것이 중요

💬 **MEMO**

사회과

10

세계지리

핵심키워드

☐ 판 구조 ☐ 식량 자원 ☐ 에너지 자원 ☐ 에너지 생산 및 수요 ☐ 산업 구조 ☐ 지역 분쟁
☐ 화석 에너지 자원 ☐ 사막화 ☐ 도시 구조 ☐ 환경 문제 ☐ 생태 발자국

영역

세계의 자연환경과 인간 생활

성취기준

[12세지02-05]　세계적으로 환경 보존이나 관광의 대상지로 주목받고 있는 주요 사례를 중심으로 카르스트 지형,
화산 지형, 해안 지형 등 여러 가지 특수한 지형들의 형성 과정을 이해한다.

▶ 관광지로 유명해진 사례를 조사하고 인간과 환경이 공존할 수 있는 지속 가능한 환경을 위한 태도를
갖도록 한다.

탐구주제

10.세계지리 — 세계의 자연환경과 인간 생활

(1) 지각은 10여 개의 판으로 구성되어 있다. 판은 지구 표면을 덮고 있는 암반으로 대륙판과 해양판으로 구분된다. 판의
경계 유형에 해당하는 지역을 지도에 표시하고, 지진과 화산 활동이 많은 지역의 분포와 비교해 보자. 또한 화산과 지
진이 자주 발생하는 지역의 주민 생활을 조사하여 발표해 보자.

관련학과
전 공학계열

(2) 큰 산맥이나 고원, 평야와 같은 대지형의 분포 및 배열은 지각의 판 구조 운동에 의한 것이다. 대규모의 산맥은 지역
간의 교류를 방해하는 교통의 장애물이지만, 다양한 지하자원이 매장되어 있고 관광지로서의 가치도 높다. 대규모의
평원은 대부분 경지로 개간되거나 소나 양 등의 방목지로 이용되고 있어 식량 생산의 중심지를 이루기도 한다. 이러
한 특수한 지형들의 이용사례를 조사하고 사람과 자연이 함께 공존할 수 있는 지속 가능한 방법들을 탐구하여 발표해
보자.

관련학과
전 공학계열

세계의 인문 환경과 인문 경관

성취기준

[12세지03-04]	세계 주요 식량 자원의 특성과 분포 특징을 조사하고, 식량 생산 및 그 수요의 지역적 차이에 따른 국제적 이동 양상을 분석한다.
[12세지03-05]	세계 주요 에너지 자원의 특성과 분포 특징을 조사하고, 에너지 생산 및 그 수요의 지역적 차이에 따른 국제적 이동 양상을 분석한다.

탐구주제

10.세계지리 — 세계의 인문 환경과 인문 경관

① 식량 자원은 쌀, 밀, 옥수수 등 곡물 자원과 돼지고기, 닭고기, 소고기 등 육류 자원을 포함하며, 각종 채소와 과실, 어류 등 식용 가능한 모든 동식물이 해당한다. 주요 식량 자원인 쌀, 밀, 옥수수의 생산지 및 국제 이동, 생산량, 수출량의 국가별 비중과 분포 특징을 조사하여 발표해 보자.

관련학과
전 공학계열

② 자원은 자연적으로 획득할 수 있는 자연물 중에서 현재 주어진 여건으로 채굴하여 이윤을 얻을 수 있거나 그러한 잠재 가능성이 큰 것을 말한다. 우리가 많이 사용하는 석탄 및 석유 등 화석 에너지의 지역별 생산 및 소비 비중이 높은 지역을 찾아보고, 그 차이가 발생하는 이유를 탐구해 보자.

관련학과
전 공학계열

③ 중국은 1인당 에너지 소비량이 미국보다 훨씬 적음에도 불구하고 총 에너지 소비량은 미국보다 크다. 만약 중국의 1인당 에너지 소비량이 미국과 비슷해진다면 어떤 문제가 발생할지 예상되는 문제점들을 발표해 보자.

관련학과
전 공학계열

④ 셰일 가스는 퇴적암인 셰일이 형성하는 지층에 포함된 천연가스나 석유를 말한다. 기존에는 천연가스층에 파이프를 연결하여 가스를 채굴하였으나, 기술의 발달로 지층에 포함된 가스까지 캘 수 있게 되었다. 현재의 셰일 가스 채취는 높은 수압으로 지층을 파쇄시켜 가스를 얻는 방법이기 때문에 지하수 오염과 지진 가능성 상승이라는 부작용이 있다. 셰일 가스를 많이 생산하는 나라를 조사하고 셰일 가스 개발로 인한 부작용을 줄이는 기술을 탐구하여 발표해 보자.

관련학과
화학공학과, 환경공학과

몬순 아시아와 오세아니아

[12세지04-02] 몬순 아시아와 오세아니아의 주요 국가의 산업 구조를 지역의 대표적 자원 분포 및 이동과 관련지어 비교 분석한다.

탐구주제

10.세계지리 — 몬순 아시아와 오세아니아

(1) 몬순 아시아와 오세아니아는 지역 범위가 넓고 지질 구조가 다양하여 여러 종류의 지하자원이 매장되어 있고, 석유·석탄·철광석 등 주요 자원의 매장량도 많은 편이다. 오스트레일리아산 석탄 및 철광석의 주요 수입국을 조사하고 이들 국가의 산업 구조 및 공업 특색을 탐구해 보자. 또 이를 통해 몬순 아시아 지역의 협력 관계를 설명해 보자.

관련학과
전 공학계열

(2) 몬순 아시아와 오세아니아의 주요 국가들은 역사적으로 산업화의 시기 및 발달 과정이 서로 달라 산업 구조에서 차이가 나타난다. 일본, 중국, 인도, 오스트레일리아, 뉴질랜드의 주요 산업을 조사하여 발표해 보자.

관련학과
전 공학계열

건조 아시아와 북부 아프리카

[12세지05-02] 건조 아시아와 북부 아프리카의 주요 국가의 산업 구조를 화석 에너지 자원의 분포와 관련지어 비교 분석한다.

[12세지05-03] 건조 아시아와 북부 아프리카의 주요 사막화 지역과 요인을 조사하고, 사막화의 진행으로 인한 여러 가지 지역 문제를 파악한다.

1 건조 아시아와 북부 아프리카의 화석 에너지 자원은 분포의 지역 차가 매우 크다. 이 지역의 화석 에너지는 주로 페르시아만 연안, 북부 아프리카, 카스피해 연안에 분포한다. 반면 지중해 동부 연안에는 화석 에너지 자원이 거의 매장되어 있지 않다. 화석 에너지 자원의 매장량에 따라 산업구조가 어떻게 달라지는지 조사하여 발표해 보자.

관련학과
화학공학과, 환경공학과, 재료공학과

2 석유 중심 경제를 넘어서서 다변화를 추진했던 선두주자는 두바이다. 아랍 에미리트의 연합 국가 중 하나인 두바이는 경제의 다각화를 위해 다양한 노력을 진행했다. 관광 자원이 없는 두바이는 사막 위에 '마천루의 숲'을 조성하고 바다를 육지로 만들어 새로운 자원을 개척했다. 두바이는 서남아시아의 관광 및 국제 금융의 허브로 부상했다. 두바이 사례와 같이 건조 아시아와 북부 아프리카의 석유 의존도를 낮출 수 있는 미래 산업과 관련한 아이디어를 제시해 보자.

관련학과
전 공학계열

3 국제연합 사막화대책협의회에 따르면 지구의 많은 지역에서 사막화가 진행되고 있으며, 해마다 전 세계적으로 600만 km² 의 광대한 토지가 사막화되고 있다. 특히 아프리카 대륙은 극심한 가뭄과 사막화로 큰 위기를 겪고 있다. 사하라 사막 주변은 빠른 속도로 사막이 확장되고 있으며, 사막 주변의 초원 지대도 줄어들고 있다. 사헬 지대의 인구와 가축 사육 두수 변화가 사막화에 어떠한 영향을 미쳤는지 탐구하여 발표해 보자.

관련학과
환경공학과, 토목공학과

영역

유럽과 북부 아메리카

성취기준

[12세지06-02] 유럽과 북부 아메리카의 세계적 대도시들을 조사하여 현대 도시의 내부 구조와 특징을 추론한다.

탐구주제

10.세계지리 — 유럽과 북부 아메리카

1 프랑스 파리는 이민자와 원주민의 거주지가 완전히 분리된 도시이다. 부유한 사람들은 남서부에 모여 살고, 이민자들은 북동부와 그 바깥쪽 '방리유(교외)'에 거주한다. 파리 개선문을 중심으로 한 방사선 도로망 구조, 도시의 성장 과정에서 나타난 계층별 거주지 분리 현상을 분석하여 발표해 보자. 또 이러한 분리 현상으로 나타난 사회 문제를 조사하여 뉴스 형식으로 발표해 보자.

관련학과
도시공학과, 건축공학과, 드론교통공학과, 토목공학과

탐구주제

2 시카고의 거주지를 보면 유럽계는 도시의 북쪽과 외곽에, 아프리카계는 도시 중심부와 남부에 거주하여 민족(인종)별 거주지 분리가 나타나고 있다. 인종별 거주지 분리 현상으로 나타난 미국 대도시의 성장 과정을 조사하고, 소통과 화합을 단절시켜 사회 갈등을 일으킨 사례를 탐사 뉴스 형식으로 발표해 보자.

관련학과

도시공학과

영역

사하라 이남 아프리카와 중·남부 아메리카

성취기준

[12세지07-03] 사하라 이남 아프리카와 중·남부 아메리카에서 나타나는 자원 개발의 주요 사례들을 조사하고 환경 보존이나 자원의 정의로운 분배라는 입장에서 평가한다.

탐구주제

1 최근 케냐가 새로운 화훼 산업 지역으로 주목받는 이유는 화훼 재배에 유리한 기후와 교통수단의 발달 때문이다. 또한 화훼 산업에 필수적인 수자원이 풍부하여 나이바샤 호수 일대는 장미 재배의 중심지가 되었다. 그러나 농약을 많이 사용하는 장미 농장이 들어오면서, 람사르 습지로 등록된 이 호수 일대에 여러 가지 환경 문제가 나타나기 시작하였다. 나이바샤 호수 주변의 장미 농장이 유발하는 환경 문제를 조사하여 발표해 보자.

관련학과

환경공학과, 생명공학과

---

2 에콰도르산 바나나의 가격 구조를 보면 바나나 판매 금액에서 바나나 농장 근로자의 임금은 약 6% 정도이지만 플랜테이션 농장을 소유하고 운송까지 담당하는 다국적 기업의 몫은 약 60%에 달한다. 그래서 최근에는 생산자가 생산 원가와 생계비를 보장받을 수 있도록 공정한 가격을 지급하는 공정무역의 비중이 높아지고 있다. 에콰도르산 바나나 가격 구조의 사례처럼 현지 근로자가 겪는 불공정 사례를 조사하여 카드뉴스 형식으로 발표해 보자.

관련학과

전 공학계열

영역 **공존과 평화의 세계**

성취기준

[12세지08-02] 지구적 환경 문제에 대처하기 위한 국제적 노력이나 생태 발자국, 가뭄 지수 등의 지표들을 조사하고, 우리가 일상에서 실천할 수 있는 방안들을 제안한다.

탐구주제

10.세계지리 — 공존과 평화의 세계

① 생태 발자국은 사람이 살아가는 동안 자연에 미친 영향을 토지의 면적으로 환산한 수치이다. 구체적으로는 음식, 주거, 교통, 소비재, 서비스 등 5개 범주와 8개 토지 이용 범주로 나누어 측정한다. 생태 발자국은 헥타르나 지구의 개수로 수치화하는데 수치가 클수록 피해를 많이 준다는 뜻이다. 생태 발자국 사이트(http://www.footprintcalculator.org)에서 자신의 생태 발자국을 계산해 보자. 그리고 생태 발자국을 줄이기 위해서 자신이 할 수 있는 것을 실천하고 그 사례를 발표해 보자.

관련학과

환경공학과, 생명공학과, 건축학과, 건축공학과, 교통공학과

② 네덜란드의 청년 발명가 보얀 슬라트는 크라우드 펀딩으로 338억 원을 모아 전 세계 해양 플라스틱 쓰레기의 90%를 치운다는 멋진 계획을 세웠다. 긴 파이프를 서로 연결해 물에 뜨게 하고 바로 아래에는 3m 깊이의 막을 연결해 대규모 해양 플라스틱 쓰레기 수거 장비를 개발하였다. 600m 길이의 파이프가 조류에 따라 U자 모양으로 움직이면서 플라스틱 쓰레기를 모으면 배가 가서 수거하는 원리로, 카메라와 위성 안테나 부착을 통해 장비의 위치와 해양 상태를 파악할 수 있다. 이 청년처럼 지구의 환경 문제를 개선하기 위한 나만의 프로젝트를 계획하고 발표해 보자.

관련학과

환경공학과, 생명공학과, 기계공학과, 소프트웨어공학과, 정보통신공학과, 로봇공학과

활용 자료의 유의점

ⓘ 우리의 일상적 경험이 긴밀하게 연결되고 있다는 사실을 구체적 사례로 제시

ⓘ 지형 모식도나 사진, 다큐멘터리 등 다양한 종류의 시청각 자료를 활용

ⓘ 인간의 역할과 기후 및 지형 환경과 인간 생활과의 관계를 이해하는 것이 중요

ⓘ 관련 문제의 탐구나 추론에 앞서 개인 또는 모둠 발표 활동을 적극 권장

ⓘ 협력학습, 쟁점 중심의 학습, 토의·토론 학습, 모의 국제기구 혹은 유네스코 회의 방법 활용

여행지리

핵심키워드

☐ 건축　☐ 생태　☐ 첨단 기술　☐ 문화 창조　☐ 공정여행　☐ 생태관광　☐ 베네치아 카니발
☐ 음식 문화　☐ 실리콘밸리　☐ 갭이어　☐ 가상현실

영역
다채로운 문화를 찾아가는 여행

성취기준

[12여지03-02]　종교, 건축, 음식, 예술 등 다양한 문화로 널리 알려진 지역을 사례로 각 문화의 형성 배경과 의미를 이해하고 관광적 매력을 끄는 이유를 탐구한다.

탐구주제

11.여행지리 — 다채로운 문화를 찾아가는 여행

① 베네치아 카니발은 매년 1월 말에서 2월 사이 약 10일 동안 열린다. 카니발의 볼거리로는 가면 축제, 민속 전시회, 공중 곡예와 불꽃놀이 등이 있다. 가면은 축제의 꽃이며, 축제의 분위기를 더욱 화려하고 신비롭게 만든다. 인터넷 동영상 공유 서비스 등을 통해 베네치아 가면 축제의 영상을 보고, 이 카니발에 사람들이 열광하는 이유를 뉴스 형식으로 발표해 보자.

관련학과
도시공학과

② 음식 여행은 단순히 전통 음식을 맛보는 것이 아니라 그 지역이 독특한 특선을 알아볼 수 있는 여행이다. 같은 재료를 사용하더라도 각 지역의 환경과 문화에 따라 음식을 만드는 방법이 다양하기 때문이다. 각 나라의 음식 문화를 그 지역의 자연환경과 관련하여 탐구하고, 각 나라의 대표 음식을 소개하는 UCC를 만들어 친구들과 공유해 보자.

관련학과
환경공학과, 생명공학과, 도시공학과

Ⅰ. 국어과

사회과

Ⅲ. 도덕과

Ⅳ. 수학과

Ⅴ. 과학과

Ⅵ. 영어과

인류의 성찰과 공존을 위한 여행

성취기준

[12여지04-03] 생태, 첨단 기술, 문화 창조 등으로 미래를 지향하는 지역을 사례로 인류의 미래를 탐색하고 실현할 수 있는 방안을 모색한다.

탐구주제

11.여행지리 — 인류의 성찰과 공존을 위한 여행

① 실리콘 밸리는 도시 인구의 43%가 20~44세의 연령층으로 이루어진 젊은 도시로, 물가가 비싼 곳으로도 유명하다. 이곳에서는 애플컴퓨터(Apple Computer)사를 비롯하여 인텔·페어차일드·텐덤, 구글, 아이비엠(IBM) 등 4,000여 개의 기업이 운집하고 있으며, 미국전자공업협회(AEA) 본부가 있다. 실리콘 밸리의 수식어로는 '세계에서 가장 많은 천재들이 사는 도시', '수많은 백만장자가 탄생하는 도시', '기회의 도시', '미국의 심장' 등이 있다. 이렇게 실리콘 밸리가 성공을 이룬 이유를 조사하여 발표해 보자.

관련학과
전자공학과, 반도체공학과, 컴퓨터공학과, 소프트웨어공학과, 정보통신공학과

② 두바이는 도시 여행과 아랍 문화 체험, 그리고 사막 여행까지 한 번에 할 수 있는 매력적인 곳이다. 두바이는 감탄사가 절로 나올 정도로 화려한 도시로, 상상을 초월하는 발전 속도로 하루가 다르게 변하고 있다. 동시에 세련된 도심에 가려져 있는 황금빛 사막은 거대한 자본력에도 사라지지 않고 그 순수함을 유지하고 있다. 그러나 두바이의 발전이 미래 지향적 도시로서의 특징을 나타내기도 하지만 두바이 발전의 빛과 그림자에 해당하는 부분도 있다. 두바이의 최첨단을 향한 혁신적 변화와 그에 따른 부정적인 요인에 대해 친구들과 함께 토의해 보자.

관련학과
전기공학과, 전자공학과, 조경학과, 토목공학과, 도시공학과, 환경공학과, 생명공학과

여행자와 여행지 주민이 모두 행복한 여행

성취기준

[12여지05-02] 공정여행, 생태관광 등 다양한 대안여행이 출현한 배경과 각 대안여행별 특징을 사례를 통해 조사하고 특히 관심이 가는 대안여행에 대해 분석·탐구한다.

탐구주제

1 최근 주목을 받고있는 생태여행이란 환경 보전을 하면서 지구의 자연환경을 즐기는 여행을 말한다. 최근에는 지역의 고유 전통문화를 체험하는 활동까지 포괄하고 있다. 순천만에서 운영되고 있는 다양한 프로그램을 조사하여 생태여행이 재미와 배움, 실천이 함께하는 여행임을 알리는 홍보물을 제작해 보자. 또한 생태여행으로 여행자 수가 늘어나면서 생태계에 발생할 수 있는 구체적인 문제점과 원인, 이것을 최소화하는 방법을 탐구하여 발표해 보자.

관련학과

환경공학과, 생명공학과

2 공정여행이란 여행자와 지역 주민 모두 행복할 수 있도록 여행이 지역의 경제, 문화, 환경에 도움이 되며, 지역 주민에게 혜택이 돌아가는 여행으로 착한여행이라고도 한다. 인터넷을 통해 우리나라 공정여행 상품을 찾아보고, 공정여행의 다양한 형태를 조사하여 발표해 보자. 그리고 공정여행을 실천하는 여행 계획서를 작성하여 발표해 보자.

관련학과

환경공학과, 생명공학과

영역

여행과 미래 사회 그리고 진로

성취기준

[12여지06-03] 자신의 진로 탐색에 도움이 될 여행 주제를 탐구하여 정한 뒤 구체적인 여행 계획을 세우는 과정으로 실천적인 진로를 탐색한다.

탐구주제

1 영국에서 시작된 갭이어(gap year)란 학업을 잠시 중단하고 진로를 탐색하는 시간을 말한다. 이 기간 동안 학생들은 여행이나 봉사 활동, 인턴십, 워킹 홀리데이 등을 통해 넓은 세상을 만나고 다양한 문화와 사람들을 경험한다. 여행을 통해 자신의 진로를 찾게 된 사람들의 이야기를 조사하고, 자신의 진로에 맞는 여행 주제와 방법을 찾아 4박 5일의 진로여행 계획서를 만들어 발표해 보자.

관련학과

환경공학과, 도시공학과

2 여행은 해보지 않은 일들을 시도해 보고, 다양한 경험을 할 수 있는 좋은 시간이 된다. 이러한 경험을 통해 자신에 대해 더 잘 알게 되고 몰랐던 면을 발견하기도 한다. 자신이 하고 싶거나, 관심 있는 일이 자신의 적성과 맞는지 알아보기 위한 여행 주제를 정해 보자. 그리고 여행을 통해 진로를 찾게 된 사람들의 사례를 조사하여 발표해 보자.

관련학과

전 공학계열

③ 가상 현실(VR) 콘텐츠 개발자는 '갈 수 없는 곳', '할 수 없는 일'을 실제처럼 경험할 수 있도록 한다. 새로 짓는 건축물 뿐만 아니라 이미 지어진 건축물인 부동산 매물을 가상 현실을 통해 실제로 방문한 것처럼 느끼게 하거나 몸이 불편한 장애인이 가상 현실을 통해 스포츠를 즐길 수 있도록 할 수 있다. 인터넷이나 스마트폰을 활용하여 가상 현실로 된 여행이나 가상 현실 프로그램을 체험해 보고, 실제 여행을 어떻게 가상 현실로 만들면 좋을지 탐구하여 발표해 보자.

관련학과

컴퓨터공학과, 소프트웨어공학과, 정보통신공학과, 환경공학과

활용 자료의 유의점

! 지리적 관찰력과 감수성, 의사소통능력, 탐구력, 비판적 사고력, 문제 해결력, 의사결정능력을 기르도록 노력

! 역사, 과학, 기술, 예술, 언어, 미래학 등 다양한 영역의 지식과 기능을 창의적으로 융합

! 특정 문화나 지역, 지구촌 문제 등에 대해 왜곡, 편견, 선입견, 차별적인 모습을 보일 때는 문제제기를 통해 해당 문제를 토론하고 공공선의 입장에서 바람직하게 해결할 수 있도록 유도

! 종이 지도뿐 아니라 디지털 지도, 영상 매체, 도서(여행 안내서, 여행기, 잡지, 지역지리 전문서), 여행 블로그 같은 인터넷 자료, 사진, 통계 자료 및 여행가 경험을 적극적으로 활용

💬 **MEMO**

도덕과 교과과정

도덕과
1
생활과 윤리

핵심키워드

□ 생명의 존엄성　□ 생명 복제　□ 유전자 치료　□ 직업윤리　□ 정보윤리　□ 환경 문제　□ 자율주행자동차
　　　　　□ 동물 복지　□ 유전 형질 개량　□ 판옵티콘　□ 미디어 리터러시

영역 ## 현대의 삶과 실천 윤리

성취기준

[12생윤01-02] 현대의 윤리 문제를 다루는 새로운 접근법 및 동서양의 다양한 윤리 이론들을 비교·분석하고, 이를
다양한 윤리 문제에 적용하여 윤리적 해결 방안을 도출할 수 있다.

▶ 이 성취기준의 취지는 첫째, 학생들이 동서양의 다양한 윤리 이론들을 살펴봄으로써 윤리 이론들이 우
리의 삶에서 나타나는 다양한 윤리 문제와 쟁점들을 탐구하는 밑바탕이 됨을 이해하고 다양한 이론들
에 따른 탐구의 결과를 비교·분석할 수 있도록 하는 것이다. 둘째, 윤리 이론들을 바탕으로 현대 사회에
서 나타나는 윤리 문제들을 다양한 관점에서 바라보는 안목을 기르고 자신의 윤리적 관점을 형성하여
일상의 윤리 문제를 성찰함으로써 새로운 윤리적 실천 방안을 마련하도록 하는 것이다.

탐구주제
1.생활과 윤리 ― 현대의 삶과 실천 윤리

① 서양 철학은 분석적이고 논리적인 사유를 중시하고, 동양 철학은 종합적이고 직관적인 사유를 중시한다. 동·서양의
윤리 이론들을 살펴보고, 이를 바탕으로 우리 삶에 나타나는 다양한 윤리 문제와 쟁점들을 탐구하여 발표해 보자.

관련학과
전 공학계열

---

② 미국의 한 고속도로에서 전기 자동차로 주행하던 운전자가 트레일러와 충돌하여 사망한 사건이 발생하였다. 이 사건
은 자율주행자동차에 의해 발생한 첫 사망 사고였다. 이를 계기로 자율 주행 기술의 안전성, 상용성뿐만 아니라 윤리
성에 대해서도 문제가 제기되었다. 예를 들면 '자율 주행 중 직선거리에서 정면에 세 사람과 갓길에 한 사람이 있을
때, 직진을 할 것인가, 핸들을 돌릴 것인가?'와 같은 어려운 상황에서 자동차에 어떤 원리를 장착할지의 문제가 발생
할 수 있다. 이러한 상황에 대하여 자율주행자동차에 어떤 윤리적 프로그램을 장착할지 토론해 보자.

관련학과
컴퓨터공학과, 소프트웨어공학과, 정보통신공학과, 정보보안학과, 전자공학과, 제어계측공학과, 환경공학과, 생명공학과, 광학공학과

생명과 윤리

성취기준

[12생윤02-02] 생명의 존엄성에 대한 여러 윤리적 관점을 비교·분석하고, 생명 복제, 유전자 치료, 동물의 권리문제를 윤리적 관점에서 설명하며 자신의 관점을 윤리 이론을 통해 정당화할 수 있다.

탐구주제

1.생활과 윤리 — 생명과 윤리

① 동물은 오랜 세월 동안 인간과 함께하며 인간의 필요를 충족하여 주었다. 그러나 커지는 인간의 욕망을 충족하는 과정에서 갈수록 많은 동물이 고통을 겪게 되었고, 이에 따라 동물의 복지와 권리를 주장하는 사람들이 등장하였다. 동물의 복지와 권리가 침해된 사례를 소개하고, 인간과 동물이 공존할 수 있는 방안에 대해 토의해 보자.

관련학과

환경공학과, 생명공학과

② 최근 유전자 치료 기술은 단지 질병 치료 수준에 머물지 않고 다른 사람들에 비해 우월한 능력과 성취를 이루려는 인간의 욕망과 결합되어 유전 형질 개량으로 이어질 가능성이 있다. 이러한 유전자 강화를 추구하는 유전 형질의 개량은 표면적 결과 외에 인간의 인식에도 중대한 변화를 가져와 인간 사회에 커다란 영향을 끼칠 것이라는 우려가 커지고 있다. 유전자 강화를 위한 유전 형질 개량이 인류 사회에 미칠 영향에 대해 토의해 보자.

관련학과

환경공학과, 생명공학과, 소프트웨어공학과, 화학공학과, 정보통신공학과

사회와 윤리

성취기준

[12생윤03-01] 직업의 의의를 행복의 관점에서 이해하고, 다양한 직업군에 따른 직업윤리를 제시할 수 있으며 공동체 발전을 위한 청렴한 삶의 필요성을 설명할 수 있다

▶ 직업이 개인의 정체성, 자존감, 인격을 형성하는 수단이자 사회와의 연결고리임을 인식하고, 자신의 능력과 소질 실현을 통한 행복한 삶으로의 과정임을 이해하도록 하는 것이다. 둘째, 직업인으로서 갖추어야 할 다양한 직업윤리를 이해하고 이를 굳은 신념으로 실천하고자 하는 마음가짐을 갖도록 하며 공동체 구성원의 신뢰와 정직을 통해 구축된 청렴한 사회가 개인과 공동체의 발전에 어떻게 기여하는지 탐구하고 성찰하도록 한다.

탐구주제

1 동양에서 직업이라는 말은 사회적 지위나 직분을 의미하는 직(職)과 생업을 뜻하는 업(業)이 합쳐진 말이다. 영어권에서 직업을 의미하는 말에는 오큐페이션(occupation)이나 잡(job)이 있는데 이는 생계유지나 경제적 보수를 얻기 위한 생계직의 성격이 강하다. 동·서양 고전에 나타난 직업의 관점을 분석하여 오늘날 직업의 관점과 비교해 보자.

관련학과
전 공학계열

2 정약용의 「목민심서」는 백성의 눈으로 당시 사회를 바라보며 제시한 지방관의 지침서이다. 이 책은 수령이 임명을 받아 부임하여 행장을 꾸리는 데부터 시작하여 수령이 업무를 처리하는 방법 및 자세와 마음가짐, 그 직을 마치고 떠나는 순간까지 수령으로서의 역할이 기록되어 있다. 「목민심서」의 주요 구절을 현대적인 상황에 맞게 재작성하여 발표해 보자.

관련학과
전 공학계열

영역

과학과 윤리

성취기준

[12생윤04-02] 정보기술과 매체의 발달에 따른 윤리적 문제들을 제시할 수 있으며 이에 대한 해결 방안을 정보윤리와 매체윤리의 관점에서 제시할 수 있다.

[12생윤04-03] 자연을 바라보는 동서양의 관점을 비교·설명할 수 있으며 오늘날 환경 문제의 사례와 심각성을 조사하고, 이에 대한 해결 방안을 윤리적 관점에서 제시할 수 있다.

▶ 과학기술과 산업 발달에 따라 발생한 환경과 관련된 윤리적 문제와 쟁점을 이해하고, 이를 해결할 수 있는 윤리적 실천 방안을 기르도록 하는 것이다. 학생들은 자연을 바라보는 동서양의 관점을 비교·설명하고 오늘날 환경 문제의 사례와 심각성을 조사하여 이에 대한 해결 방안을 윤리적 관점에서 제시할 수 있어야 한다.

탐구주제

1 판옵티콘(Panopticon)은 "모두 본다"라는 뜻으로, 영국의 철학자 벤담이 설계한 원형 감옥을 가리킨다. 정보통신기술의 발달과 함께 개인의 신상 정보가 쉽게 유출될 수 있으며 이는 구성원들을 감시하고 통제할 가능성이 증가한 부분도 있다. 따라서 권력자가 정보를 독점하여 전자 판옵티콘이 재현될 것이라는 우려도 있는데 정보 공유의 긍정적 영향과 부정적 영향의 사례들을 조사하고 이를 친구들과 함께 토의해 보자.

관련학과
컴퓨터공학과, 소프트웨어공학과, 정보통신공학과, 정보보안학과, 환경공학과

탐구주제

② 최근 소셜 미디어 환경에서 미디어 리터러시는 삶의 양식과 문화, 가치, 체계 등 일상적인 특징을 반영하고 있다. SNS에서 미디어 리터러시는 미디어 접근, 미디어 이해, 미디어를 통한 표현, 규범적 활용뿐만 아니라 공공성과 관용을 포함하는 시민 의식 등이 요구되고 있다. 미디어 진화에 따라 요구되는 윤리적 자세는 무엇인지 토의해 보자.

관련학과

컴퓨터공학과, 소프트웨어공학과, 정보통신공학과, 정보보안학과

활용 자료의 유의점

ⓘ 학생들의 삶과 밀접한 문제 상황을 제시하고, 다양한 매체를 활용하여 윤리적 판단력과 민감성을 길러주는 것이 중요

ⓘ 토의·토론, 프로젝트 학습, 협동 학습, 신문 활용 교육 등 능동적이고 자기주도적인 학습 능력을 키우는 것을 권장

💬 MEMO

윤리와 사상

핵심키워드

☐ 의무론   ☐ 칸트 정언명령   ☐ 결과론   ☐ 공리주의   ☐ 윤리사상   ☐ 실존주의   ☐ 실용주의   ☐ 자유주의
☐ 공화주의   ☐ 개인선   ☐ 공동선   ☐ 조화   ☐ 인간의 존엄과 품격   ☐ 자본주의의 규범적 특징

영역

서양 윤리 사상

성취기준

[12윤사03-06]   의무론과 칸트의 정언명령, 결과론과 공리주의의 특징을 비교하여 각각의 윤리사상이 갖는 장점과 문제점을 파악할 수 있다.

[12윤사03-07]   현대의 실존주의, 실용주의가 주장하는 윤리적 입장들을 이해하고, 우리의 도덕적 삶에 기여하는 바를 설명할 수 있다.

탐구주제

2.윤리와 사상 — 서양 윤리 사상

① 칸트가 강조한 선의지의 의미와 보편화 가능성을 중심으로 도덕 법칙의 의미를 탐구해 보자. 또 도덕 법칙이 인간에게 의무이자 명령으로 다가올 수밖에 없는 이유를 찾아보고, 정언 명령의 의미와 특징을 가언 명령과 비교하여 설명해 보자.

관련학과
전 공학계열

② 행위 공리주의는 공리의 원리를 개별 행위에 직접 적용하여, 더 많은 공리를 산출하는 행위를 옳은 행위로 판단한다. 규칙 공리주의는 일반적으로 최대 행복을 가져오는 도덕 규칙을 세우고, 그 규칙에 따라야 한다. 행위 공리주의와 규칙 공리주의의 장·단점을 조사하여 발표해 보자.

관련학과
전 공학계열

탐구주제

3 실존주의는 인간의 본질을 이성에서 찾던 기존의 사상과 달리 개인의 자유와 책임, 주체성 등을 강조하는 사상이다. 실용주의는 지식이나 규범의 가치나 진위를 실제적 유용성에 따라 판단하는 윤리 이론이다. 현대의 실존주의, 실용주의가 주장하는 윤리적 입장을 조사하고, 우리의 도덕적 삶에 기여하는 부분을 찾아 발표해 보자.

관련학과
전 공학계열

영역

사회사상

성취기준

[12윤사04-03] 개인과 공동체의 관계, 개인의 권리와 의무, 자유의 의미와 정치 참여에 대한 자유주의와 공화주의의 입장을 비교하여, 개인선과 공동선의 조화를 위한 대안을 모색할 수 있다.

[12윤사04-05] 자본주의의 규범적 특징과 기여 및 이에 대한 비판들을 조사하고, 이를 통해 우리 사회가 인간의 존엄과 품격을 보장하는 자본주의 사회로 발전해 갈 수 있는 방향에 대해 토론할 수 있다.

> ▶ 유례없는 물질적 풍요와 개인의 자유, 권리의 신장에 크게 기여한 자본주의의 규범적 특징을 학생들이 이해하도록 하는 데 있다. 또한 이런 기여에도 불구하고, 다양하게 제기되고 있는 자본주의의 문제점들을 비판적 관점에서 탐구할 수 있는 기회를 제공하는 데 있다.
> 자본주의가 인간의 가치와 존엄성을 존중하고 실현하는 방향으로 나아가기 위해서 개인적, 사회적, 국제적 차원에서 어떤 노력들이 필요한지 탐구하고, 그것을 실천할 수 있는 의지를 기를 수 있도록 한다. 관점을 형성하여 일상의 윤리 문제를 성찰함으로써 새로운 윤리적 실천 방안을 마련하도록 하는 것이다.

탐구주제

1 자유주의는 자신의 권리 주장, 타인의 권리를 인정하는 관용 등을 강조하고, 공화주의는 누구의 지배도 받지 않는 자유를 누리며 공동선에 관심을 두고 이를 실현하는 데 적극적으로 참여하는 것을 강조한다. 자유주의에서 강조하는 개인선과 공화주의에서 강조하는 공동선은 상충하지 않고 조화를 이루는 경우가 많은데 구체적인 사례를 조사하여 발표해 보자.

관련학과
전 공학계열

2 애국심은 국가를 사랑하고 자랑스럽게 여기며 국가에 헌신하려는 마음으로, 대표적인 시민의 덕성이다. 그러나 이러한 애국심이 맹목적이고 비합리적인 방향으로 흘러 존엄성을 위협하고 국제 분쟁을 일으키기도 한다. 이러한 애국심을 민족주의적 관점, 공화주의적 관점, 자유주의적 관점으로 나누어 설명해 보자.

관련학과
전 공학계열

탐구주제

3 자본주의 사회의 문제점으로 물질 만능주의, 경제적 불평등으로 인한 사회 양극화 현상, 인간을 상품을 만드는 기계나 부속품처럼 취급하는 인간 소외 현상 등이 있다. 내가 생각하는 이상적인 자본주의 모델을 제시하고 친구들과 공유해 보자.

관련학과
전 공학계열

활용 자료의 유의점

⚠ 자신들의 생활 세계 속에서 발생하는 여러 문제들을 도덕적이면서도 창의적으로 해결하는 활동이 필요

⚠ 이야기 수업, 참여식 토론 학습, 인물 학습, 프로젝트 학습, 미디어 활용 교육 등 다양한 교수·학습 방법 활용

⚠ 전통윤리 사상과 현대사상 및 세계보편윤리와 지역특수윤리를 균형 있게 이해하는 관점을 가지도록 노력

💬 **MEMO**

수학과 교과과정

수학과

1

수학

핵심키워드

☐ 복소수 ☐ 연립방정식 ☐ 부등식 ☐ 좌표평면 ☐ 내분점과 외분점 ☐ 평행이동 ☐ 대칭이동
☐ 집합 ☐ 명제 ☐ 귀류법 ☐ 대우법 ☐ 경우의 수 ☐ 순열 ☐ 임피던스
☐ 바코드 ☐ 임베디드 ☐ 황금비 ☐ 유클리드 기하 ☐ 페르마 포인트

영역 # 다항식의 연산

성취기준

[10수학01-05]　　　복소수의 뜻과 성질을 이해하고 사칙연산을 할 수 있다.

탐구주제

1.수학 — 다항식의 연산

① 임피던스(Impedance)란 주파수에 따라 달라지는 저항값, 교류저항이다. 교류 회로에 가해진 전압과 전류의 비를 허수를 이용하여 나타낸 값이다. 이와 같이 공학이나 물리학에서는 복소수를 이용하여 복잡하게 풀어지는 문제나 풀 수 없는 문제를 허수를 이용하여 해결한다. 이러한 사례를 들어 탐구하고, 그것을 통해 어떤 발전이 있었는지 발표해 보자.

관련학과
전기공학과, 전자공학과, 화학공학과

---

② 입자를 파동 형태로 기술하는 양자역학에서 복소수가 어떻게 쓰이는지 탐구해 보자. 복소수를 활용하여 기술하는 파동함수는 재료역학 등에 활용되어 반도체 연구의 중요한 이론이라 할 수 있다. 복소수 파동함수와 그 켤레 복소수 파동함수가 어떤 역할을 하는지 탐구해 보고, 복소수를 활용한 물리학의 발전에 대하여 조사해 보자.

관련학과
로봇공학과, 전자공학과, 반도체공학과

방정식과 부등식

성취기준

[10수학01-06]	이차방정식의 실근과 허근의 뜻을 안다.
[10수학01-07]	이차방정식에서 판별식의 의미를 이해하고 이를 설명할 수 있다.
[10수학01-09]	이차방정식과 이차함수의 관계를 이해한다.
[10수학01-11]	이차함수의 최대, 최소를 이해하고, 이를 활용하여 문제를 해결할 수 있다.
[10수학01-13~14]	미지수가 2개인 연립이차방정식과 미지수가 1개인 연립일차부등식을 풀 수 있다.
[10수학01-16]	이차부등식과 이차함수의 관계를 이해하고, 이차부등식과 연립이차부등식을 풀 수 있다.

탐구주제

1.수학 — 방정식과 부등식

(1) 제한된 조건에서 목표를 이루기 위해 최선의 선택을 해야하는 경우들이 많다. 연립일차부등식이나 연립이차부등식의 경우와 적합한 상황을 탐색하여 이러한 실생활 상황을 구성해 보자. 실생활 문제를 해결하기 위해 수학적으로 분석하고 결론을 도출하여 상황에 맞게 해석하고 문제의 제한된 조건에서 목표를 이루기 위한 최적의 방법을 토의해 보자.

관련학과
기계공학과, 컴퓨터공학과, 교통공학과, 메카트로닉스공학과

(2) 오늘날 전 세계에서 사용되는 바코드는 1930년대 처음 개발되었다. 그 후 다양한 분야에서 바코드가 사용되고 있으며 최근 바코드의 모양은 1차원의 직선으로 된 형태에서 벗어나 2차원 평면으로 정보를 배열하거나 더 입체적인 바코드의 형태가 개발되어 사용되고 있다. 이러한 바코드, 신용카드, 주민등록번호 등의 오용이나 위조를 방지하기 위한 보안장치인 체크숫자의 원리를 탐구해 보자.

관련학과
정보보안학과, 산업공학과, 산업경영공학과, 산업시스템공학과

도형의 방정식

성취기준

[10수학02-01]	두 점 사이의 거리를 구할 수 있다.
[10수학02-03~04]	직선의 방정식을 구할 수 있고, 두 직선의 평행 조건과 수직 조건을 이해한다.

[10수학02-05~06] 점과 직선 사이의 거리를 구할 수 있고, 원의 방정식을 구할 수 있다.

[10수학02-07~08] 좌표평면에서 원과 직선의 위치 관계를 이해하고, 평행이동의 의미를 이해한다.

[10수학02-09]　　원점, x 축, y 축, 직선 $y = x$ 에 대한 대칭이동의 의미를 이해한다.

탐구주제
1. 수학 — 도형의 방정식

① 바실리 칸딘스키(Wassly Kandinsky, 1866~1944)는 러시아의 화가, 판화제작자, 예술이론가(art theorist)이며, 초기 추상미술의 주요 인물 중 한 명이다. 그는 원과 직선, 삼각형과 사각형 등 기하학적 도형을 이용한 추상화로 유명하다. 칸딘스키의 '원 속의 원' 작품을 그리기 위한 도형의 방정식을 구하기 위한 전략을 세우고, 공학적 도구(알지오매쓰, 지오지브라 등 기하 소프트웨어 프로그램)를 이용하여 그림을 그리고 색깔을 자유롭게 사용하여 작품을 완성하고 발표해 보자.

관련학과
컴퓨터공학과, 소프트웨어공학과, 산업공학과

② 인도에서 아름다운 건물로 손꼽히고 있는 타지마할, 국보 제20호 통일신라시대의 석탑인 불국사의 다보탑에서 살펴볼 수 있는 대칭성에서 우리는 더 아름다움을 느낀다. 이처럼 대칭은 패턴을 연구하는 학문인 수학뿐만 아니라 건축, 음악, 미술 등 다방면에서 중요한 대상으로 완벽함의 대명사로 사용되고 있다. 우리 주변의 대칭성을 띈 건축물을 탐구하고 대칭 패턴의 한 부분을 도형의 방정식으로 표현한 후 나머지 부분은 스마트폰 앱을 이용하여 완성해 보자.

관련학과
건축학과, 건축공학과, 도시공학과

③ 자율주행자동차의 핵심 두뇌라고 할 수 있는 임베디드(embedded)는 차량에 필요한 모든 센서의 데이터를 받아서 주변의 사물을 인식하고, 자신의 위치도 파악하여 원하는 장소를 향해 자동으로 주행을 하도록 프로그래밍되어 있는데 두 점 사이의 거리를 구하는 방법, 원과 직선의 위치 관계를 적용해 최적의 경로를 찾아가는 방법을 발표해 보자.

관련학과
도시공학과, 토목공학과, 교통공학과

④ 고대 그리스로부터 인간의 보편적인 심미안을 잘 반영하는 비로 여겨져 온 황금비(Golden ratio)는 긴 부분과 짧은 부분의 길이 비가 전체의 긴 부분의 길이의 비와 같아지는 경우를 말한다. 내분점과 외분점의 좌표를 활용하여 황금비를 구하는 과정을 탐구해 보자. 파르테논 신전, 피렌체의 돔, 부석사 무량수전 등 황금비를 이루고 있는 문화유산 및 건출물을 조사하여 발표해 보자.

관련학과
건축학과, 조경학과, 토목공학과, 도시공학과, 생명공학과, 유전공학과

⑤ 두 지점 사이의 거리는 두 지점을 일직선으로 연결하였을 때, 선분의 길이라 할 수 있다. 하지만 실생활에서 두 지점 사이의 거리는 도로의 위치와 거리를 고려한 최단 거리를 의미한다. 유클리드 기하의 거리와 택시 기하의 거리를 비교하여 탐구해 보자. 또한 유클리드 기하에서 '원의 정의와 원의 모양'과 택시 기하에서의 '원의 모양'도 비교하여 탐구해 보자.

관련학과
로봇공학과, 자동차공학과, 전자공학과, 반도체공학과, 메카트로닉스공학과

6 다각형 내부에서 각 꼭짓점까지 이르는 거리의 합이 최소인 점을 페르마 포인트라고 한다. 삼각형에서는 단 한 개의 페르마 포인트가 존재하고, 사격형에는 2개, 다면체에서도 페르마 포인트를 찾을 수 있다. 페르마 포인트를 찾는 과정은 도로의 건설, 정보통신 네트워크 설계, 인공지능 등 다양한 최단 거리를 찾는 문제에 활용되는 미래의 중요한 알고리즘이다. 페르마 포인트를 찾는 과정을 탐구하고 활용 분야에 관하여 조사해 보자.

관련학과
도시공학과, 교통공학과, 정보통신공학과, 로봇공학과

7 음정을 정하는 방법에는 '순정률(pure temperament)'와 '평균율(equal temperament)' 두 가지가 있다. 만물을 수로 설명하려고 했던 피타고라스는 음정 역시 수의 지배를 받는다는 사실을 발견했고, 두 현의 길이가 간단한 비로 표현될 때 조화로운 소리가 난다는 것을 알아냈다. 피타고라스의 음계를 내분점을 활용하여 설명해 보자. 이러한 아이디어에서 발전한 순정률과 평균율에 대해서도 조사해 보자.

관련학과
기계공학과, 산업공학과, 산업시스템공학과, 로봇공학과

영역

집합과 명제

성취기준

[10수학03-01]	집합의 개념을 이해하고, 집합을 표현할 수 있다.
[10수학03-02~03]	두 집합 사이의 포함 관계를 이해하고, 집합의 연산을 할 수 있다.
[10수학03-05~06]	명제의 역과 대우를 이해하며, 충분조건과 필요조건을 이해하고 구별할 수 있다.
[10수학03-07]	대우를 이용한 증명법과 귀류법을 이해한다.
[10수학03-08]	절대부등식의 의미를 이해하고, 간단한 절대부등식을 증명할 수 있다.

탐구주제

1.수학 ― 집합과 명제

1 동물은 척추의 유무에 따라 척추동물과 무척추동물로 분류할 수 있다. 척추동물과 무척추동물의 특징과 하위 분류에 대하여 조사하고 이를 집합의 개념을 이용하여 나타내 보자. 각각의 분류에서 참인 명제와 거짓인 명제를 만들고, 명제의 역이 참인지 판별해 보자. 또한 각 명제에서 충분조건과 필요조건은 무엇인지 탐구해 보자.

관련학과
환경공학과, 생명공학과, 유전공학과

② 스위치를 조작하면 전구의 불을 켜거나 끌 수 있는 전기회로에 대하여 탐구해 보자. 직렬과 병렬연결이 포함되어 있고, 스위치의 개수가 여러 개인 전기회로를 제작하고, 각각의 스위치 작동이 각각의 전구 작동을 위한 충분조건, 필요조건, 필요충분조건 중 어떤 조건인지 토의해 보자. 반대로 각각의 전구 작동이 각각의 스위치 작동을 위한 어떤 조건인지도 토의해 보자.

관련학과

전기공학과, 전자공학과, 제어계측공학과, 광학공학과

③ 집합은 '어떤 기준에 따라 대상을 분명하게 정할 수 있을 때, 그 대상들의 모임'이라 정의한다. 어떤 대상이 그 집합에 '속하는지'와 '속하지 않는지'만 판단했는데 이러한 이분법적 기준만으로는 인간의 다양하고 유연한 생각을 표현하기에 한계가 있다. 명확하지 않은 여러 가지 상황을 수학적으로 표현하기 위한 다양한 연구 중 1965년 미국의 수학자 자데(Zadeh,L.A. 1921~)가 소개한 '퍼지(fuzzy)집합'에 대하여 탐구해 보자.

관련학과

컴퓨터공학과, 정보통신공학과, 산업공학과, 정보보안학과, 산업시스템공학과

④ 흥미로운 추론을 위한 다양한 방법 중 대우법과 귀류법을 이용한 명제의 증명사례를 찾아 발표해 보자. 예를 들어 귀류법을 이용한 '소수의 개수는 무한하다' , '$\sqrt{2}$ 는 무리수이다'와 같은 증명 과정을 탐구하여 발표해 보자.

관련학과

기계공학과, 전자공학과, 컴퓨터공학과

⑤ 사람이 생존하는 데 물을 섭취하는 것이 반드시 필요하다. 하지만 사람이 생존하는 데 물을 섭취하는 것만으로는 충분하다고 할 수는 없다. 이처럼 우리 생활 속에서 충분조건과 필요조건을 설명할 수 있는 다양한 사례를 조사하여 발표해 보자.

관련학과

생명공학과, 환경공학과, 화학공학과, 유전공학과

영역

함수

성취기준

[10수학04-01~02] 함수의 개념과 합성을 이해하고, 합성함수를 구할 수 있다.

[10수학04-03] 역함수의 의미를 이해하고, 주어진 함수의 역함수를 구할 수 있다.

탐구주제

① 두 집합의 사이의 대응관계를 함수라 하고 좌표평면에 그래프로 표현할 수 있다. 신문 기사의 내용을 탐색하여 실생활에서 접할 수 있는 함수의 예(천연가스 국제 가격과 도시가스요금, 일본 엔화와 원화 환율 등)를 찾고 함수가 되는 이유를 찾아 보자. 또한 함수를 그래프로 나타내면 식으로 표현된 함수보다 좋은 점이 무엇인지 토의해 본 후 함수의 그래프의 유용성에 대하여 정리해 보자.

관련학과
광학공학과, 에너지공학과, 원자력공학과, 산업공학과, 산업경영공학과

② 암호화 과정에서 암호문을 생성하기 위해서는 암호화 알고리즘이 필요하고, 암호를 해독하기 위해서는 복호화 알고리즘이 필요하다. 이는 함수와 역함수 관계임을 조사해 보자. 또한 함수를 암호화 또는 복호화 알고리즘에 활용하는 것을 넘어선 연구들이 진행되고 있다. 함수암호(Functional Encryption)는 현재 암호학계에서 가장 주목받고 있는 암호 체계이다. 함수암호의 특징과 유용성, 활용사례를 탐구하고, 개인 정보 보호의 중요성과 연관지어 발표해 보자.

관련학과
컴퓨터공학과, 소프트웨어공학과, 정보통신공학과, 정보보안학과

영역 경우의 수

성취기준

[10수학05-01] 합의 법칙과 곱의 법칙을 이해하고, 이를 이용하여 경우의 수를 구할 수 있다.

[10수학05-02~03] 순열과 조합의 의미를 이해하고, 순열과 조합의 수를 구할 수 있다.

탐구주제

① 4잎 클로버는 행운의 상징으로 알려져 있다. 과학적으로 3잎 클로버의 돌연변이로 4잎 클로버가 나타나는 확률은 약 1/10,000 정도로 알려져 있다. 우리 주변에서 자주 발견되는 클로버의 종류를 A(40% 분포), B(30% 분포), C(30% 분포) 3종류라고 가정하고, A클로버 중 4잎 클로버를 발견하기 위한 경우의 수를 조사하여 발표해 보자.

관련학과
환경공학과, 생명공학과, 유전공학과

② 순열과 조합을 이용한 경우의 수는 실생활 속 다양한 분야에서 연구되고 있다. 자동차번호판, 은행 계좌의 보안카드, 교통신호, 스포츠 경기의 운영 등 사회, 경제, 스포츠, 음악, 의학에 이르기까지 일상생활 곳곳에서 찾을 수 있다. 경우의 수를 활용하여 산업의 발전이나 합리적인 의사결정을 도출하는 사례를 탐색하여 발표해 보자.

관련학과
건축공학과, 교통공학과, 소프트웨어공학과, 정보보안학과

활용 자료의 유의점

⚠ 새롭고 의미 있는 아이디어를 다양하고 풍부하게 산출할 수 있는 수학적 과제에 도전

⚠ 실생활의 지식, 기능, 경험을 연결·융합하여 새로운 지식, 기능, 경험을 생성하고 문제 해결

⚠ 다양한 관점을 존중하면서 다른 사람의 생각을 이해하고 수학적 아이디어를 표현

⚠ 적절한 교구를 활용한 조작 및 탐구 활동을 통해 수학의 개념과 원리를 이해

💬 MEMO

수학과

2

수학 I

핵심키워드

☐ 지수함수 ☐ 로그함수 ☐ 삼각함수 ☐ 호도법 ☐ 수열 ☐ 연대 측정법 ☐ 데시벨 ☐ pH
☐ 포그슨의 공식 ☐ 엔트로피 ☐ 음향센서 ☐ GPS ☐ 피보나치 ☐ 코흐 눈송이

영역 | **지수함수와 로그함수**

성취기준

[12수학 I 01-02]	지수가 유리수, 실수까지 확장될 수 있음을 이해한다.
[12수학 I 01-03]	지수법칙을 이해하고, 이를 이용하여 식을 간단히 나타낼 수 있다.
[12수학 I 01-04]	로그의 뜻을 알고, 그 성질을 이해한다.
[12수학 I 01-05]	상용로그를 이해하고, 이를 활용할 수 있다.
[12수학 I 01-06~07]	지수함수와 로그함수의 뜻을 알며, 그래프를 그릴 수 있고, 그 성질을 이해한다.
[12수학 I 01-08]	지수함수와 로그함수를 활용하여 문제를 해결할 수 있다.

탐구주제

2.수학 I — 지수함수와 로그함수

---

① 신문, 인터넷 기사, 잡지, 서적 등에서 '지수적 증가' 또는 '지수적 감소'가 들어간 지문을 조사해 보자. 찾은 지문에서 증가 또는 감소인 현상을 지수함수로 표현하고 수학적으로 해석하여 발표해 보자.

(예: 인구증가, 중금속 중독, 방사성 동위원소의 반감기, 환경문제, 이산화 탄소 양의 증가, 기압과 밀도의 연직변화, 모스굳기와 절대굳기 등)

관련학과
환경공학과, 생명공학과, 유전공학과, 신소재공학과, 재료공학과, 화학공학과

---

2 사체의 사망 시간을 추정하는 법, 배아의 세포분열, 박테리아 증식, 화석이 어느 시대의 생물체인지를 확인하기 위해 사용하는 반감기, 방사성 원소의 반감기 등을 지수함수의 개념으로 탐구해 보자.

관련학과
화학공학과, 환경공학과, 생명공학과, 유전공학과

3 화석이나 고고학적 유물, 유적의 생성 연대를 측정하는 일을 연대 측정이라고 한다. 세계 각지에서 가장 많이 사용하는 연대 측정법은 1960년 노벨 화학상을 수상한 리비(Libby,W.F. 1908~1980)가 개발한 탄소 연대 측정법이다. 탄소 연대 측정법의 원리와 연대를 측정하는 방법을 탐구해 보자.

관련학과
화학공학과, 환경공학과, 유전공학과, 섬유공학과, 신소재공학과, 재료공학과

4 소리의 세기를 나타내는 무차원 단위 데시벨(dB)은 측정하고자 하는 소리 세기와 특정 표준음의 소리 세기의 비를 상용로그로 취한 다음 10을 곱해서 얻는다. 표준음인 0dB 은 건강한 귀로 조용한 방에서 들을 수 있는 작은 소리 정도이다. 항공기의 소음이나 소리의 크기를 로그를 사용하여 나타내는 이유를 조사하여 발표해 보자.

관련학과
항공우주공학과, 기계공학과, 자동차공학과

5 지진의 세기를 나타낼 때 리히터 규모를 사용한다. 이것은 지진 자체의 강도를 절대적 수치로 표현하기 위한 척도로, 지진의 규모는 $M = \log_{10} A$ 로 표현하며, 여기서 A 는 지진파의 최대 진폭(마이크로미터 단위)을 나타낸다. 리히터 규모 6과 7의 차이를 설명하고 지진의 세기에 상용로그를 사용하는 이유를 조사하여 발표해 보자.

관련학과
환경공학과, 산업공학과, 토목공학과

6 화학에서 토양의 산성, 염기성 정도를 나타낼 때, 또는 산성비의 정도를 나타낼 때도 pH를 사용한다. pH(수소이온 지수)는 0부터 14까지의 수로 나타낸다. (pH=$-\log$ [H$^+$]) 용액 중에 수소 이온이 1.0×10^{-7}g 있다면 이때의 pH는 7이다. 용액의 산성도를 상용로그를 사용해서 나타내는 이유를 조사하여 발표해 보자.

관련학과
화학공학과, 환경공학과, 섬유공학과, 신소재공학과, 재료공학과

7 별의 밝기 등급을 나타내는 포그슨의 공식, 열역학에서의 엔트로피, 정보량의 엔트로피 등 현대 과학에서 상용로그는 매우 유용한 도구로 사용된다. 다양한 분야 중 한 가지를 선택하여 깊이 탐구한 후 로그를 사용하는 이유를 조사하여 발표해 보자.

관련학과
에너지공학과, 원자력공학과, 항공우주공학과, 정보통신공학과

삼각함수

성취기준

[12수학 I 02-01] 일반각과 호도법의 뜻을 안다.

[12수학 I 02-02] 삼각함수의 뜻을 알고, 사인함수, 코사인함수, 탄젠트함수의 그래프를 그릴 수 있다.

[12수학 I 02-03] 사인법칙과 코사인법칙을 이해하고, 이를 활용할 수 있다.

탐구주제

2.수학 I — 삼각함수

① 일반각과 호도법의 관계를 설명하고, 수학분야에서 일반각 대신 호도법이 선호되는 이유를 조사하여 발표해 보자. 또, 사격 거리 및 군사용 무기에서 호도법이 사용되는 이유를 설명해 보자.

관련학과
항공우주공학과, 조선해양공학과, 기계공학과, 자동차공학과

② 우리 일상에서 삼각함수가 상당히 많은 부분에서 활용되고 사용되고 있다. 가정이나 학교에서 매일 사용하는 220v 의 교류 전압을 그래프로 나타내고 이를 삼각함수를 이용하여 설명해 보자.

관련학과
전기공학과, 전자공학과, 제어계측공학과, 에너지공학과

③ 깊은 바다 혹은 가시성(可視性)이 확보되지 않은 수중에서 멀리 떨어져 있거나 움직이는 물체의 위치를 파악하는 것은 매우 어려운 일이다. 수중에서는 멀리 있거나 움직이는 어떤 물체의 존재를 알기 위해 그 물체가 발생하는 소리를 음향센서를 통해 탐지하는 방법을 이용한다. 음향센서를 이용하여 물체의 위치를 알아내고자 할 때 삼각함수를 이용한 선 배열 센서(Line Array Sensor)가 사용된다. 선 배열 센서의 원리에 대하여 탐구해 보자.

관련학과
조선해양공학과, 로봇공학과, 에너지공학과, 산업공학과, 산업시스템공학과

④ 스마트 폰이나 자동차 내비게이션에 이용하는 GPS(Global Positioning System)는 우리말로 위성항법장치인데 글자 그대로 지구 방방곡곡의 위치를 결정하는 시스템이다. 이는 스마트 폰을 이용한 위치 정보 제공은 물론 지도 제작이나 비행기, 선박, 자동차 등 위치 확인 장치에 널리 이용되고 있다. GPS를 이용하여 어느 지점의 위치를 계산할 때는 삼각함수를 이용한 삼각측량법을 이용한다. 이러한 방법에 대하여 탐구해 보자.

관련학과
정보통신공학과, 정보보안학과, 항공우주공학과, 조선해양공학과

[12수학Ⅰ03-04] $\sum$ 의 뜻을 알고, 그 성질을 이해하고, 이를 활용할 수 있다.

[12수학Ⅰ03-05] 여러 가지 수열의 첫째항부터 제항까지의 합을 구할 수 있다.

탐구주제

2.수학Ⅰ — 수열

1 이탈리아의 수학자 피보나치(Fibonacci)가 쓴 「산반서」의 토끼쌍 문제에서 유래된 피보나치 수열에 대하여 탐구해 보자. 꽃잎의 수, 솔방울 나선의 개수, 식물의 잎차례와 같은 자연현상 뿐 아니라 음악, 경제, 예술 작품 등 다양한 분야에서 발견할 수 있다. 우리 주변의 피보나치 수열을 조사해 보자.

관련학과
생명공학과, 환경공학과, 섬유공학과, 신소재공학과, 컴퓨터공학과

2 스웨덴의 수학자 코흐(Koch,H.V. 1870~1924)는 '코흐 눈송이'라는 도형을 만들었다. 한 변의 길이가 1인 정삼각형의 각 변을 삼등분하여 가운데 부분을 한 변으로 하는 정삼각형을 바깥쪽을 향하도록 그리고 삼등분한 변의 가운데 부분을 지운다. 이 때 얻어진 도형의 각 변을 삼등분하여 가운데 부분을 한 변으로 하는 정삼각형을 바깥쪽을 향하도록 그리고 삼등분한 변의 가운데 부분을 지운다. 이러한 과정을 반복하여 만든 도형이 '코흐 눈송이'이다. '코흐 눈송이' 도형의 둘레의 길이와 넓이를 구하는 과정을 탐구해 보고, 사람의 폐와 공통점을 찾아 발표해 보자.

관련학과
생명공학과, 유전공학과, 화학공학과

활용 자료의 유의점

⚠ 기본 성질을 이해하고 활용할 수 있는 능력이 중요

⚠ 협력적 문제 해결 과제에서는 상호 작용을 통해 동료들과 협력

⚠ 문제 해결력을 높이기 위해 주어진 문제를 변형하거나 새로운 문제를 만들어 해결

⚠ 새롭고 의미 있는 아이디어를 다양하고 풍부하게 산출하는 수학적 접근

수학과
3
수학Ⅱ

핵심키워드

☐ 함수의 연속   ☐ 함수의 극한   ☐ 미분계수   ☐ 접선의 방정식   ☐ 속도와 가속도   ☐ 적분
☐ 속도와 거리   ☐ 곡선으로 둘러싸인 넓이   ☐ 사라진 하루   ☐ 구간 과속 단속
☐ 혈류   ☐ 탄산음료   ☐ 활주로   ☐ 댐   ☐ 에어마우스

영역 ## 함수의 극한과 연속

성취기준

[12수학Ⅱ01-01~02]	함수의 극한의 뜻을 알고, 그 성질을 이해하며, 함수의 극한값을 구할 수 있다.
[12수학Ⅱ01-03~04]	함수 연속의 뜻을 알고, 연속함수의 성질을 이해하며, 이를 활용할 수 있다.

탐구주제
3.수학Ⅱ — 함수의 극한과 연속

① 실근의 존재 여부를 판단하는 문제를 해결하기 위해 주로 사잇값 정리를 다루었다. 사잇값 정리가 성립하는 조건에 유의하며 실생활에서 사잇값 정리를 활용할 수 있는 사례를 조사해 보자.

(예: 키, 체중과 같은 성장자료, 기온, 해수면의 높이, 증시, 차의 속력, 대기성분의 농도 등)

관련학과
산업공학과, 산업경영공학과, 산업시스템공학과, 환경공학과

② 현대적인 함수와 함수의 극한이 정립된 것은 19세기경이었고 이는 함수의 연속성, 미분, 적분의 기초가 되어 해석학의 시작이 되었다. 함수의 극한에 대한 가장 엄밀한 정의인 $\epsilon - \delta$ 를 이용한 정의에 대하여 탐구해 보자. 이것은 함수의 극한을 직관적으로 이해하거나 수열을 사용하여 정의하는 것과 비교하여 어떠한 차이점이 있는지 토의해 보자.

관련학과
기계공학과, 건축공학과, 교통공학과

③ 마젤란 탐험대는 1522년 드디어 역사상 최초로 세계 일주에 성공하였지만 풀리지 않는 수수께끼가 있었다. 그들의 항해 일지에는 분명히 1522년 7월 9일 수요일로 기록되어 있었지만 현지에서는 이미 다음 날인 목요일이었기 때문이다. 마젤란 탐험대의 '사라진 하루'는 오늘날과 같은 날짜변경선이 없었기 때문에 발생한 수수께끼였다. 날짜변경선을 사용하지 않고 '사라진 하루'를 되찾는 방법은 없을지 함수의 연속 개념과 사잇값 정리를 활용하여 탐구해 보자.

관련학과

항공우주공학과, 조선해양공학과

④ 낮시간 동안 태양의 고도는 시간이 지남에 따라 연속적으로 변해 간다. 그러나 시간에 따라 부과되는 주차요금은 연속적으로 변하는 것이 아니라 단계적으로 올라간다. 이와 같이 우리 주변에는 연속적으로 변하는 것과 불연속적으로 변하는 것들이 있다. 연속함수의 정의를 바탕으로 실생활 속에서 찾을 수 있는 연속과 불연속함수의 사례를 조사하여 발표해 보자.

관련학과

광학공학과, 에너지공학과, 원자력공학과, 생명공학과, 환경공학과

영역 # 미분

성취기준

[12수학 II 02-01~02]	미분계수의 뜻을 알고, 그 값을 구할 수 있으며, 기하적 의미를 이해한다.
[12수학 II 02-03]	미분가능성과 연속성의 관계를 이해한다.
[12수학 II 02-04]	함수 $y=x^n$ (n 은 양의 정수)의 도함수를 구할 수 있다.
[12수학 II 02-05]	함수의 실수배, 합, 차, 곱의 미분법을 알고, 다항함수의 도함수를 구할 수 있다.
[12수학 II 02-06~07]	접선의 방정식을 구할 수 있고, 함수에 대한 평균값 정리를 이해한다.
[12수학 II 02-10~11]	방정식과 부등식에 대한 문제와 속도와 가속도에 대한 문제를 해결할 수 있다.

탐구주제

3.수학 II — 미분

① 구간 과속 단속에서는 단속 구간의 시작과 끝 지점에 단속 카메라를 설치하여 평균 속력을 계산하는데 그 평균 속력이 규정 속력 이상이면 단속 대상이 된다. 평균변화율과 미분계수의 개념, 평균값 정리를 활용하여 구간 과속 단속의 원리를 탐구해 보자.

관련학과

도시공학과, 교통공학과, 기계공학과, 자동차공학과

탐구주제

② 혈류의 속도는 동맥을 따라 심장에서 나갈 때 가장 빠르고 정맥을 따라 심장에 가까워질수록 느려진다. 프랑스의 물리학자 푸아죄유(Poiseuille, J.L.M. 1799-1869)는 혈류의 속도를 수학법칙으로 나타냈다. 이에 관하여 조사한 후 미분의 개념을 활용하여 혈류 속도의 변화율을 탐구해 보자.

관련학과
생명공학과, 유전공학과, 화학공학과

③ 탄산음료의 톡 쏘는 맛은 압력과 온도에 따라 달라진다. 탄산음료를 마실 때 혀와 목에 톡쏘는 맛이 느껴지는 것은 입안의 온도가 높아 탄산음료에 녹아있던 이산하 탄소가 보다 많이 기화되면서 피부에 자극을 주기 때문이다. 미분 개념을 활용하여 온도 변화에 따른 탄산음료의 톡 쏘는 맛의 정도를 탐구해 보자.

관련학과
생명공학과, 화학공학과, 재료공학과, 섬유공학과

④ 항공기의 이착륙을 위해서는 충분한 길이의 활주로가 필요하다. 항공기의 이륙 거리는 여러 가지 요인에 의해 달라지지만, 일반적으로 항공기의 무게, 기후, 활주로의 상태에 따라 다르다. 미분 개념을 활용하여 항공기가 이륙하기 위해 필요한 거리를 구하는 과정을 탐구해 보자.

관련학과
항공우주공학과, 항공정비학과, 조선해양공학과, 제어계측공학과

영역 **적분**

성취기준

[12수학 II 03-02]	함수의 실수배, 합, 차의 부정적분을 알고, 다항함수의 부정적분을 구할 수 있다.
[12수학 II 03-03~04]	정적분의 뜻을 알고, 다항함수의 정적분을 구할 수 있다.
[12수학 II 03-05]	곡선으로 둘러싸인 도형의 넓이를 구할 수 있다.
[12수학 II 03-06]	속도와 거리에 대한 문제를 해결할 수 있다.

탐구주제

(1) 우리나라의 댐에 대하여 조사한 후 댐의 형태를 수학적으로 해석한 후 댐의 폭을 수식으로 표현해 보자. 깊이에 따른 물의 압력, 댐의 어떤 지점에서 가해지는 물의 압력은 댐의 폭에 따라 계산할 수 있으며, 댐의 모양에 따라 정적분의 원리를 활용하여 댐이 받는 전체 힘을 구하는 과정을 탐구해 보자. 이를 통해 댐의 형태가 다른 모양으로 변형되었을 때 댐이 받는 힘이 어떻게 변화하는지 발표해 보자.

관련학과

토목공학과, 건축공학과, 산업공학과

(2) 컴퓨터 단층 촬영(CT)은 일반 촬영으로 나타낼 수 없는 신체의 단층면 상을 나타내는 영상 장치로, 인체의 여러 각도에서 투과한 X선을 컴퓨터로 측정하고 인체의 단면에 대한 흡수차를 재구성하여 원하는 신체 부위를 2차원이나 3차원 영상으로 나타내 주는 단층 촬영 기기이다. 이 때 재구성하는 과정에서 적분의 개념이 사용된다. 적분의 개념을 바탕으로 CT의 원리를 탐구해 보자.

관련학과

광학공학과, 원자력공학과, 생명공학과, 유전공학과

(3) 정적분은 토지를 측량하거나 건물의 부피를 구할 때 관개, 홍수 조절을 위한 댐의 건설을 비롯하여 항공기의 자동 항법 장치, 인공위성이나 우주 왕복선을 발사할 때 필요한 에너지 계산 등에까지 다양하게 활용되고 있다. 정적분이 활용되는 미래 과학 산업의 사례를 조사하여 탐구해 보자.

관련학과

건축공학과, 도시공학과, 항공우주공학과, 에너지공학과, 조선해양공학과

(4) 마우스는 그 실행 방식이 간단하여 현재 가장 많이 사용되고 있는 컴퓨터 입력장치 중 하나이며 볼 마우스, 광 마우스, 자이로스코프 마우스의 순서로 진화하고 있다. 볼 마우스와 광 마우스의 원리와 장단점을 조사해 보자. '에어 마우스'라고 불리는 자이로스코프 마우스의 원리를 적분 개념을 활용하여 탐구해 보자.

관련학과

전자공학과, 반도체공학과, 컴퓨터공학과, 메카트로닉스공학과

활용 자료의 유의점

- ⚠ 문제 해결, 추론, 창의·융합, 의사소통, 태도 및 실천과 같은 수학 교과 역량을 함양
- ⚠ 수학 학습과 전인적 성장이 일어나는 활동 중시
- ⚠ 학습 결과뿐만 아니라 과정 등 종합적인 학습 활동 충실

💬 **MEMO**

수학과

4

미적분

핵심키워드

☐ 수열의 극한   ☐ 지수함수와 로그함수의 미분   ☐ 삼각함수의 미분   ☐ 음함수와 역함수의 미분
☐ 속도와 가속도   ☐ 적분   ☐ 곡선으로 둘러싸인 도형의 넓이   ☐ 입체도형의 부피
☐ 속도와 거리   ☐ 해안선   ☐ 아르키메데스   ☐ 푸리에 분석   ☐ CG   ☐ 사이클로이드

영역 ## 수열의 극한

성취기준

[12미적01-02]   수열의 극한에 대한 기본 성질을 이해하고, 이를 이용하여 극한값을 구할 수 있다.

[12미적01-04]   급수의 수렴, 발산의 뜻을 알고, 이를 판별할 수 있다.

[10미적01-05~06] 등비급수의 뜻을 알고, 이를 활용하여 여러 가지 문제를 해결할 수 있다.

탐구주제

4.미적분 ― 수열의 극한

① 해안선을 따라 만든 해안도로는 직선으로 쭉 뻗은 고속도로보다 이동 시간이 몇 배나 더 걸린다. 프랑스의 수학자 망델브로(Benoit B. Mandelbrot, 1924-2010)의 '영국 해안선의 총 길이는 얼마인가?'에서 복잡한 해안선의 길이는 그것을 어떤 자로 재느냐에 따라서 달라질 수 있다고 설명하고 있다. 그 이유가 무엇인지 조사해 보고, 해안선의 길이를 측정하는 방법에 대하여 토의해 보자.

관련학과
조선해양공학과, 도시공학과, 교통공학과, 항공우주공학과, 에너지공학과

② 정삼각형의 각 변을 3등분하고 그 중앙에 있는 선분과 같은 길이를 한 변으로 하는 작은 삼각형을 만드는 과정을 계속 반복하면 눈송이 같은 모양이 만들어진다. 이처럼 만든 코흐의 눈송이 곡선은 넓이가 유한하고 둘레의 길이는 무한하다. 극한의 개념을 활용하여 코흐의 눈송이 곡선을 탐구해 보자. 또한 부분이 전체를 닮는 자기유사성을 갖고 있는 복잡한 도형을 프랙탈이라 한다. 프랙탈 도형에 관한 사례를 조사하여 발표해 보자.

관련학과
화학공학과, 환경공학과, 유전공학과, 생명공학과

미분법

성취기준

[12미적02-01~02] 지수함수와 로그함수의 극한을 구할 수 있고, 또 그 함수들을 미분할 수 있다.

[12미적02-03~04] 삼각함수의 덧셈정리를 이해하고, 삼각함수의 극한을 구할 수 있다.

[12미적02-05] 사인함수와 코사인함수를 미분할 수 있다.

[12미적02-06~07] 함수의 몫을 미분할 수 있고, 합성함수를 미분할 수 있다.

[12미적02-08~09] 매개변수로 나타낸 함수를 미분할 수 있고, 음함수와 역함수를 미분할 수 있다.

[12미적02-13] 방정식과 부등식에 대한 문제를 해결할 수 있다.

[12미적02-14] 속도와 가속도에 대한 문제를 해결할 수 있다.

탐구주제

4.미적분 — 미분법

① 그리스의 수학자 아르키메데스(Archimedes,B.C.287~212)는 원에 내접하는 정다각형과 외접하는 정다각형의 둘레의 길이를 이용하여 원의 둘레의 길이를 구하는 방법을 고안하였다. 이에 따라 원주율의 어림값이 속하는 범위를 어느 정도 정확하게 구할 수 있게 되었다. 극한의 개념으로 원주율의 어림값을 구한 아르키메데스의 방법을 탐구해 보자.

관련학과
기계공학과, 전자공학과, 전기공학과, 광학공학과

② 우리 주변에서 주기를 갖는 많은 현상들은 삼각함수를 통해 수학적 모델링이 가능하다. 또한 주기적 현상들에서 순간 변화율을 알아야 할 필요가 있는 경우에 삼각함수의 미분을 사용하게 된다. 예를 들어 시간에 따른 해수면의 높이를 구해보면 주기적 현상을 발견할 수 있다. 주기적 현상은 삼각함수를 이용하여 표현할 수 있고, 일반적으로 해수면의 높이는 코사인 함수의 합으로 표현할 수 있다. 이와 같이 삼각함수로 표현할 수 있는 주기적 현상을 찾아 탐구해 보자.

관련학과
토목공학과, 도시공학과, 교통공학과, 항공우주공학과, 조선해양공학과

③ 프랑스의 수학자 푸리에(Joseph Pourier, 1768~1830)는 1822년에 아무리 복잡한 주기적 파동이라 하더라도 진폭과 진동수가 다른 여러 사인곡선의 합으로 나눌 수 있다는 사실을 밝혀냈다. 이와 같은 수학적 작업을 푸리에 분석이라 하는데 오늘날 푸리에 분석은 CT나 MRI와 같은 의료장비에서부터 로봇의 음성인식기능에 이르기까지 광범위하게 활용되고 있다. 푸리에 분석을 활용한 복잡한 전기신호나 주기적인 파동에 관한 연구에 대하여 탐구해 보자.

관련학과
로봇공학과, 전기공학과, 전자공학과, 제어계측공학과

4 미국 항공 우주국의 목성 탐사선 갈릴레오(Galileo)호는 1989년에 발사되어 14년 동안 우주탐험 및 목성탐사를 하였다. 인공위성의 궤도를 유지하려면 정확한 속도를 계산해야 하는데 이때 미분법이 이용된다. 우주공학에서 미분법이 활용되는 사례를 탐구해 보자.

관련학과
항공우주공학과, 항공정비학과

---

5 원뿔 모양의 아이스크림 콘을 만드는 공장에서 부피는 일정하지만 겉넓이를 가장 작게 하여 생산비를 줄이고자 한다. 이 때 생산비가 최소가 되도록 하는 아이스크림 콘의 윗면의 반지름의 길이를 미분의 개념을 이용하여 탐구해 보자.

관련학과
산업공학과, 산업경영공학과, 산업시스템공학과

---

6 영화 속에서 실감나는 고양이의 얼굴 표정 변화나 거대한 해일이 몰려오는 장면 등을 실감나게 연출하기 위해서 CG(Computer Graphics)라는 특수효과를 사용한다. 컴퓨터를 이용한 CG의 기초는 수학이다. 특히 물리적인 현상을 CG로 나타내려면 미분법을 활용한 계산이 필요하다. 영화에서 거대한 파도의 모습을 만들어 내는 과정에 활용되는 미분법의 과정을 탐구해 보자.

관련학과
컴퓨터공학과, 소프트웨어공학과, 로봇공학과

---

7 사이클로이드(cycloid)는 바퀴라는 의미의 그리스어에서 나온 말로, 한 원이 직선 위를 굴러갈 때 이 원 위의 한 점이 그리는 자취이다. 원통의 가장자리에 발광 다이오드를 붙이고 굴리는 것을 카메라의 노출 시간을 길게 해서 촬영하면 사진에는 반원과 비슷한 모양의 곡선이 나타나게 되는데 이것이 사이클로이드이다. 우리 주변의 자연현상, 조형물 등 다양한 분야에서 사이클로이드 곡선을 조사한 후 접선의 방정식 개념을 이용하여 사이클로이드 곡선의 효율성에 대하여 탐구해 보자.

(예: 독수리의 낙하곡선, 전통가옥의 지붕 등)

관련학과
광학공학과, 에너지공학과, 원자력공학과, 건축학과, 건축공학과, 컴퓨터공학과

영역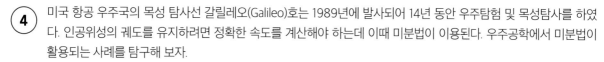
적분법

성취기준

[12미적03-03] 여러 가지 함수의 부정적분과 정적분을 구할 수 있다.

[12미적03-04] 정적분과 급수의 합 사이의 관계를 이해한다.

[12미적03-05] 곡선으로 둘러싸인 도형의 넓이를 구할 수 있다.

[12미적03-06~07] 입체도형의 부피를 구할 수 있고, 속도와 거리에 대한 문제를 해결할 수 있다.

① 구분구적법의 원리에 대하여 알아보고, 이를 활용하여 제주도 총 면적을 구하기 위한 방법에 대하여 토의해 보자. 곡선으로 둘러싸인 도형을 관찰하고 넓이를 급수의 합으로 표현하고 극한으로 추론하자. 정적분과 급수의 합의 관계를 탐구하여 발표해 보자.

관련학과
토목공학과, 조경학과, 교통공학과, 기계공학과

② 스마트 폰은 어떤 방향으로 잡아도 화면은 항상 똑바른 방향으로 자동으로 맞추어진다. 이것은 스마트 폰에 그 위치나 움직임을 감지할 수 있는 센서가 탑재되어 있기 때문이다. 스마트 폰 속에는 가속도 센서, 자이로스코프 센서 등이 있는데 가속도 센서는 가로, 세로, 높이의 방향과 가속도를 감지하고, 자이로스코프 센서는 전후, 좌우, 상하뿐만 아니라 회전, 기울기, 속도 등을 모두 감지한다. 자이로스코프(Gyroscope) 센서의 원리를 적분의 개념을 바탕으로 탐구해 보자.

관련학과
로봇공학과, 광학공학과, 반도체공학과, 세라믹공학과

③ 원이 다른 원 위를 굴러서 회전하면 사이클로이드와는 다른 모습의 곡선이 나타난다. 원 A가 고정된 원 B의 바깥쪽을 굴러서 회전할 때, 원 A 위의 한 점이 그리는 곡선을 에피사이클로이드(Epicycloid)라고 한다. 고정된 원 B의 반지름의 길이와 둘레를 굴러 가는 원 A의 반지름의 길이 사이의 관계에 따라 곡선의 형태가 달라지는데 이러한 다양한 곡선의 길이를 구하는 방법에 대하여 탐구해 보자.

관련학과
건축공학과, 토목공학과, 도시공학과, 교통공학과, 기계공학과

④ 일상 생활 속 다양한 모양의 포장 상품에 대한 경제적인 효율성을 탐구해 보자. 다양한 입체도형(원기둥, 정N각기둥, 원뿔, 정N각뿔 등)의 겉넓이와 부피에 대한 탐구를 수행한 후 각 입체도형에서 부피가 일정할 때 최소의 겉넓이가 되도록 하는 길이비를 찾기 위한 탐구 계획을 수립하고 수행해 보자. 미적분의 개념을 활용하여 각 입체도형에서 가장 효율적인 길이비와 서로 다른 입체 도형에 대한 효율성 비교 등의 결과를 발표해 보자.

관련학과
산업공학과, 산업경영공학과, 산업시스템공학과, 환경공학과

활용 자료의 유의점

- ⓘ 여러 가지 미분법과 도함수의 활용에서 지나치게 복잡한 문제 제외
- ⓘ 평가 내용이나 방법에 따라 계산기, 컴퓨터, 교육용 소프트웨어 등 공학적 도구 이용
- ⓘ 수학과의 평가는 학생의 인지적 영역과 정의적 영역에 대한 유용한 정보를 수집·활용하여 수학 학습과 전인적 성장을 지도

확률과 통계

☐ 순열   ☐ 중복조합   ☐ 이항정리   ☐ 확률   ☐ 조건부확률   ☐ 이항분포   ☐ 정규분포
☐ 표본조사   ☐ 모평균의 추정   ☐ OTP카드   ☐ 로또   ☐ 강수확률예보
☐ 진단 검사용 의료 키트   ☐ 베이즈 정리   ☐ 황제펭귄

영역 ## 경우의 수

성취기준

[12확통01-01]	원순열, 중복순열, 같은 것이 있는 순열을 이해하고, 그 순열의 수를 구할 수 있다.
[12확통01-02]	중복조합을 이해하고, 중복조합의 수를 구할 수 있다.
[12확통01-03]	이항정리를 이해하고 이를 이용하여 문제를 해결할 수 있다.

탐구주제

5.확률과 통계 — 경우의 수

① 1852년 프란시스 구드리(Guthrie, F. 1831~1899)는 영국의 지도를 색칠하다가 '인접한 구획들을 구분하여 칠하려면 최소한 몇 가지 색이 필요할까?'라는 의문을 갖게 되었다. 그는 4가지 색만 사용하면 각 구획을 구분할 수 있을 것으로 생각하였다. 이 세상의 모든 지도를 4가지 색만 가지고 같은 색이 인접하지 않게 구분하여 칠할 수 있을지 탐구해 보자.

관련학과
도시공학과, 교통공학과, 산업경영공학과

② IT 기술이 발전한 만큼 해킹으로 인한 피해도 늘어나고 있으므로 보안 작업이 중요하다. 은행 인터넷 뱅킹의 보안카드와 OTP기기의 원리를 조사하고 생성될 수 있는 비밀번호의 경우의 수를 탐구해 보자.

관련학과
정보보안학과, 정보통신공학과, 산업시스템공학과

③ 이항계수를 삼각형 모양으로 배열한 파스칼의 삼각형에는 여러 가지 수학 원리들을 찾을 수 있다. 조합의 수, 소수와 배수, 시어핀스키 삼각형, 하키 스틱 패턴 등 다양한 수학 원리를 탐구해 보고, 실생활에 활용된 예를 조사해 보자.

관련학과

산업공학과, 산업시스템공학과, 토목공학과, 도시공학과, 교통공학과

④ n 이 자연수일 때 $(a+b)^n$ 의 전개식에서 각 항의 이항계수를 알려 주는 파스칼의 삼각형은 최단 경로의 수를 계산하는 방법과도 관련이 있다. 파스칼의 삼각형과 최단 경로의 수의 관련성을 탐구하고, 이를 바탕으로 평면 도로망뿐만 아니라 3차원 모델의 경우에서 최단 경로의 수를 구하는 과정을 토의해 보자.

관련학과

건축학과, 토목공학과, 도시공학과, 교통공학과, 산업경영공학과

영역 **확률**

성취기준

[12확통02-01]	통계적 확률과 수학적 확률의 의미를 이해한다.
[12확통02-02]	확률의 기본 성질을 이해한다.
[12확통02-05]	조건부 확률의 의미를 이해하고, 이를 구할 수 있다.
[12확통02-06]	사건의 독립과 종속의 의미를 이해하고, 이를 설명할 수 있다.
[12확통02-07]	확률의 곱셈 정리를 이해하고, 이를 활용할 수 있다.

탐구주제

① 우리나라 로또 복권은 1~45의 숫자 중에서 6개의 숫자를 표시한 후 추첨하는 방식이다. 다른 복권들은 주어진 수 중에서 하나의 수를 맞히는 게임인데 로또 복권은 확률의 조합을 사용한다. 복권 1장에 대한 당첨 확률을 구하는 과정을 탐구하고, 순열과 조합을 이용하여 당첨확률을 높인 복권을 설계한 후 로또 복권과 비교하여 발표해 보자.

관련학과

산업경영공학과, 산업시스템공학과, 산업공학과

② 강수 확률 예보는 비 또는 눈이 올 확률을 백분율(%)로 나타내는 것으로 1987년부터 우리나라에 도입되었다. 일기예보는 지역별로 '제주도에 내일 오후부터 5~20mm 이상의 비가 올 확률이 70%이다'와 같이 발표된다. 일기예보에 사용되는 확률을 조사해 보고, 계산 방법과 그 의미를 탐구해 보자.

관련학과

환경공학과, 화학공학과, 유전공학과, 생명공학과

③ 의료 진단 검사에서 양성 반응이 나타나면 감염되었음을, 음성 반응이 나타나면 감염되지 않았음을 뜻한다. 그러나 진단 검사용 의료 키트가 항상 정확한 것은 아니어서 감염되어 있는 경우에도 음성 반응을 나타내기도 한다. 감염되었을 때 양성 반응이 나타날 확률을 그 의료 진단 키트의 민감도라고 하는데 민감도가 클수록 의료 진단 키트의 정확도는 높다고 할 수 있다. 의료 진단 검사의 민감도와 특이도에 대한 개념을 조사하고 조건부 확률의 개념을 활용하여 탐구해 보자.

관련학과

화학공학과, 유전공학과, 생명공학과

---

④ 18세기 영국의 수학자 베이즈(Bayes, T. 1702~1761)는 '베이즈 정리'라는 조건부 확률 이론을 발표하였다. 이 이론의 핵심은 확률값이 항상 고정 불변한 것이 아니라 기존의 통계 자료를 적용하면 바뀐다는 것이다. 최근 각종 포털 사이트가 사용자의 요구에 최대한 부합하는 검색 결과를 제공하고, 초기에는 오답투성이었던 지식 검색이 갈수록 정확해지는 이유를 베이즈 정리를 활용하여 탐구해 보자.

관련학과

컴퓨터공학과, 소프트웨어공학과, 정보통신공학과

---

⑤ 베이즈 정리란 주어진 조건에서 어떠한 현상이 실제로 일어나는 확률을 구하는 방법이다. 조건부 확률의 개념을 바탕으로 베이즈 정리가 무엇인지 탐구해 보자. 이를 바탕으로 하루에도 수십 통씩 전송되는 스팸메일이 분류되는 원리를 탐구해 보자.

관련학과

컴퓨터공학과, 소프트웨어공학과, 정보통신공학과

영역 | # 통계

성취기준

[12확통03-01]	확률변수와 확률분포의 뜻을 안다.
[12확통03-02]	이산확률변수의 기댓값(평균)과 표준편차를 구할 수 있다.
[12확통03-03]	이항분포의 뜻을 알고, 평균과 표준편차를 구할 수 있다.
[12확통03-04]	정규분포의 뜻을 알고, 그 성질을 이해한다.
[12확통03-05]	모집단과 표본의 뜻을 알고 표본추출의 원리를 이해한다.
[12확통03-06]	표본평균과 모평균의 관계를 이해하고 설명할 수 있다.
[12확통03-07]	모평균을 추정하고, 그 결과를 해석할 수 있다.

① 통계조사에서 전수조사를 하면 모집단의 특징을 정확히 알 수 있지만 조사에 많은 시간과 비용이 소요되기 때문에 일반적으로 표본조사가 주로 쓰인다. 모집단의 특성을 정확히 조사하기 위해 모집단을 잘 대표할 수 있는 표본을 추출하기 위한 방법을 예를 들어 탐구해 보자. 조사하고자 하는 대상의 특징을 반영하는 방법에 따라 표본 추출 방법이 다를 수 있으며 사례별로 합리적인 표본 추출 방법을 선택하는 방법과 잘못된 표본 추출 방법으로 조사할 경우 예상되는 문제점 등을 토의해 보자.

관련학과
토목공학과, 기계공학과, 전자공학과, 컴퓨터공학과, 산업공학과

② 일반적으로 이항분포와 정규분포 사이에는 다음과 같은 관계가 있다. '이항분포의 시행 횟수가 충분히 크면 정규분포에 가까워진다' 이러한 내용을 공학적 도구(지오지브라, 엑셀 등)를 활용하여 탐구해 보자.

관련학과
전기공학과, 전자공학과, 컴퓨터공학과, 반도체공학과

③ 정규분포를 처음으로 발견한 사람은 프랑스의 수학자 드무아브르(de Moivre,A. 1667~1754)이다. 그가 1733년 쓴 노트에는 이항분포의 확률 $_nC_x p^x q^{n-x}$ 을 n 이 충분히 클 때 정규분포에 근사시켜 구하는 방법이 제시되어 있다. 그 후 가우스(Gauss,K.F. 1777~1855)는 드무아브르의 접근 방법과는 달리 오차의 분포로서 정규분포를 도입하였다. 이후 정규분포는 자연현상과 사회현상을 설명하는 수단이 되었다. 정규분포의 활용 사례와 정규분포에 따르는 현상에 대하여 조사해 보자.

관련학과
컴퓨터공학과, 산업공학과, 산업시스템공학과, 소프트웨어공학과

④ 황제펭귄은 지구상에 생존하는 모든 펭귄 중에서 가장 큰 종이다. 남극에서 서식하는 황제펭귄은 몇 마리나 될까? 또 북극에서 서식하는 북극곰은 몇 마리나 될까? 이와 같이 전혀 알 수 없을 것 같은 동물이나 어류의 개체 수도 통계적 방법을 이용하면 추정할 수 있다. 관련 연구에 대한 내용을 탐구해 보자.

관련학과
환경공학과, 생명공학과, 유전공학과

활용 자료의 유의점

ⓘ 자료를 수집하고 정리하여 결과를 분석하는 활동을 통해 통계와 관련된 실생활 문제를 해결

ⓘ 올바른 표본추출이 모집단의 성질을 예측하는 기본조건임을 이해

ⓘ 실생활 자료로 확률분포와 통계적 추정을 다룰 때 공학적 도구를 이용

ⓘ 이산확률변수과 연속확률변수를 다룰 때 구체적인 예를 통해 이해

수학과

6

기하

핵심키워드

☐ 이차곡선　☐ 접선의 방정식　☐ 벡터　☐ 벡터의 내적　☐ 공간좌표　☐ 공간도형　☐ 구　☐ 거리
☐ 정사영　☐ 현수선　☐ 파라볼라 안테나　☐ 속삭이는 화랑　☐ 성화 채화판　☐ 항법 장치
☐ 리만 기하　☐ 스키점프　☐ 생체 역학　☐ 베지에 곡선

영역 **이차곡선**

성취기준

[12기하01-01]	포물선의 뜻을 알고, 포물선의 방정식을 구할 수 있다.
[12기하01-02]	타원의 뜻을 알고, 타원의 방정식을 구할 수 있다.
[12기하01-03]	쌍곡선의 뜻을 알고, 쌍곡선의 방정식을 구할 수 있다.
[12기하01-04]	이차곡선과 직선의 위치 관계를 이해하고, 접선의 방정식을 구할 수 있다.

탐구주제

6.기하 — 이차곡선

① 다리의 양쪽 교각에서 케이블을 늘어뜨리면 중력에 의하여 아래로 쳐지면서 아름다운 곡선을 이루는데 이 곡선을 현수선(catenary)이라고 하며 현수선 모양으로 만든 다리를 현수교(suspension bridge)라고 한다. 여수의 이순신 대교, 미국 샌프란시스코의 금문교 등이 있다. 현수선으로 이루어진 건축물이나 조형물을 조사해 보고, 그 아름다움을 함수의 식으로 표현해 보자.

관련학과
건축학과, 건축공학과, 조경학과, 토목공학과, 도시공학과, 교통공학과

② 위성 방송을 보기 위해서는 위성 안테나를 설치해야 한다. 위성 안테나는 포물면 모양이기 때문에 포물선을 일컫는 파라볼라를 붙여 '파라볼라 안테나(parabolic antenna)'라고 한다. 포물선의 개념을 바탕으로 위성 안테나가 포물면인 이유를 탐구해 보자. 또한 포물면이 활용되는 다양한 사례를 조사하여 발표해 보자.

관련학과
기계공학과, 로봇공학과, 광학공학과

탐구주제

③ 영국 런던에 소재한 성 바오로 대성당은 '속삭이는 화랑(whispering gallery)'이라는 신비한 장소로 유명하다. 돔 아래의 화랑 한쪽에서 속삭인 소리를 조금 떨어진 곳에서는 못 듣는데 더 멀리 있는 건너편 화랑에서는 잘 들을 수 있다. 이런 현상이 일어나는 이유를 타원의 개념을 바탕으로 탐구해 보자. 또한 타원의 원리는 의학, 천문학 등 다양한 분야에 활용되고 있다. 다양한 사례를 조사하여 발표해 보자.

관련학과
건축공학과, 토목공학과, 도시공학과, 항공우주공학과

---

④ 전 세계의 스포츠 축제인 올림픽은 경기의 시작부터 끝까지 올림픽 성화와 함께 한다. 그리스의 아테네에서 채화되어 여러 명의 주자에 의해 올림픽이 개최되는 도시까지 전달되어 올림픽 정신의 상징으로서 폐막식까지 꺼지지 않는다. 성화 채화판에는 포물선의 성질이 이용되어 햇빛을 한 곳으로 모아 성화를 채화하는 원리가 숨어 있다. 성화 채화의 원리에 대하여 탐구해 보자.

관련학과
신소재공학과, 재료공학과, 화학공학과, 세라믹공학과, 환경공학과

---

⑤ 인공위성을 탑재한 로켓은 발사 직후 포물선 궤도를 움직인다. 위성이 일정 고도에 도달하면 정상 궤도에 진입하기 위해 추진체인 로켓과 위성이 단계적으로 분리된다. 이 때 위성이 움직이는 방향을 접선의 개념을 이용하여 탐구해 보자. 또한 위성을 보호하는 덮개인 페어링이나 로켓의 낙하 지점을 순간변화율, 접선의 기울기 개념을 이용하여 탐구해 보자.

관련학과
항공우주공학과, 항공정비공학과, 기계공학과, 자동차공학과

---

⑥ 제2차 세계대전 중 먼 바다를 항해하는 군함의 위치를 파악하기 위하여 멀리 떨어진 두 기지에서 군함으로 동시에 전파를 보낸 후 두 전파가 군함에 도달하는 데 걸린 시간의 차를 이용하는 항법 장치(Navigation Equipment)가 고안되었다. 항법 장치는 쌍곡선의 원리를 이용하였는데 이 원리는 현재 이르러 휴대전화를 이용한 위치 추적에 활용되고 있다. 이처럼 쌍곡선의 원리를 활용한 기술에 대하여 탐구해 보자.

관련학과
조선해양공학과, 항공우주공학과, 항공정비공학과, 자동차공학과

---

⑦ 타원의 한 초점 F 에서 나온 빛이나 전파는 타원 위의 점에 반사되어 타원의 다른 초점 F′ 를 향해 진행한다. 이러한 성질은 요로 결석이나 신장 결석 등을 분쇄하는 체외 충격파 쇄석기에 활용된다. 타원의 개념을 이용하여 체외 충격파 쇄석기의 원리에 대하여 탐구해 보자.

관련학과
기계공학과, 로봇공학과, 자동차공학과, 메카트로닉스공학과

---

⑧ 멋진 사진을 찍는 방법에 대하여 탐구해 보자. 사진에 영향을 주는 다양한 원인을 찾아보고, 빛을 비추는 각도, 카메라 렌즈의 종류에 따른 화각, 왜곡 수치, 렌즈와 피사체의 위치 등을 수학적 원리를 활용하여 탐구해 보자.

관련학과
기계공학과, 광학공학과, 컴퓨터공학과

탐구주제

9 지구와 우주 연구에 대하여 탐구해 보자. 유클리드 기하학은 평면 위에서만 점, 선, 면 등을 다루며 5가지 공리를 바탕으로 한다. 여기서 다섯 번째 공리인 평행선 공리에 의심을 품고 연구한 결과 '비유클리드 기하학'이 탄생한다. 이를 바탕으로 곡면에서 일어나는 당연하지 않은 현상들에 대하여 탐구해 보자. 곡률의 개념을 도입하여 곡면이 얼마나 굽어있는지 잴 수 있는 리만 기하에 대하여 탐구해 보자.

관련학과

항공우주공학과, 조선해양공학과, 도시공학과, 에너지공학과, 원자력공학과

영역

평면벡터

성취기준

[12기하02-01]	벡터의 뜻을 안다.
[12기하02-02]	벡터의 덧셈, 뺄셈, 실수배를 할 수 있다.
[12기하02-03]	위치벡터의 뜻을 알고, 평면벡터와 좌표의 대응을 이해한다.
[12기하02-04]	두 평면벡터의 내적의 뜻을 알고, 이를 구할 수 있다.
[12기하02-05]	좌표평면에서 벡터를 이용하여 직선과 원의 방정식을 구할 수 있다.

탐구주제

1 풀러(Fuller, 1895~1983)가 처음 고안한 텐세그리티(Tensegrity) 구조에 대하여 탐구해 보자. 벡터의 합이 0인 긴장 상태의 안정구조를 이루는 텐세그리티 구조를 활용한 건축물이나 구조물을 조사해 보고, 그 원리와 효율성에 대하여 토의해 보자.

관련학과

건축학과, 건축공학과, 토목공학과, 도시공학과

---

2 우리 조상들은 가래와 두레의 양쪽에서 잡아당기는 힘을 한 방향으로 모아 더 수월하게 힘을 사용함으로써 작업능률을 높였다. 한 물체에 둘 이상의 힘이 작용할 때, 그 힘들의 합과 같은 효과를 내는 하나의 힘을 합력이라고 한다. 합력을 설명할 때, 벡터의 연산은 매우 유용하다. 힘을 효율적으로 사용하기 위해 합력을 이용하는 우리 주변의 다양한 기구들을 찾아 조사해 보자.

관련학과

건축학과, 건축공학과, 토목공학과, 도시공학과

탐구주제

③ 스키점프는 급경사면을 갖춘 인공 구조물에서 스키를 타고 활강한 후에 도약대로부터 허공을 날아 착지하는 경기로, 좋은 기록을 내기 위해서는 공기의 저항과 중력을 고려해야 한다. 스키를 타고 급경사면을 내려올 때 스키점프 선수에게 작용하는 힘의 방향과 크기를 구하는 과정을 벡터 개념을 이용하여 탐구해 보자.

관련학과
건축학과, 건축공학과, 에너지공학과

④ 벡터는 인공위성의 궤도 진입, 항공기의 운항 경로, 태풍의 경로 등과 같이 일상생활에서 크기와 방향을 함께 고려해야 하는 현상을 기술하거나 해석하는 데 많이 사용되고 있다. 일상생활에서 벡터를 이용하여 설명할 수 있는 사례를 조사하여 탐구해 보자.

관련학과
항공우주공학과, 로봇공학과, 제어계측공학과, 정보통신공학과

⑤ 우리 몸에서 일어나는 신체 운동을 과학적으로 연구함으로써 우리 몸에서 무엇이, 어떻게, 어느 정도로 일어나는가를 연구하는 학문을 생체역학(Biomechanics)이라고 한다. 이 때 인체에 작용하는 힘을 수학적으로 계산하기 위해서는 그 힘을 표현할 수 있는 벡터 표현 방법이 필요하다. 생체역학에서 활용되는 벡터에 대하여 탐구해 보자.

관련학과
생명공학과, 기계공학과, 로봇공학과, 항공정비학과

영역 ## 공간도형과 공간좌표

성취기준

[12기하03-04]	좌표공간에서 점의 좌표를 구할 수 있다.
[12기하03-05]	좌표공간에서 두 점 사이의 거리를 구할 수 있다.
[12기하03-07]	구의 방정식을 구할 수 있다.

탐구주제

① '3차원 가상 피팅 서비스' 기술은 신체 정보를 나타내는 공간좌표를 통하여 옷을 입고 움직였을 때 옷의 흔들림 등을 계산한 후 가상의 나에게 알맞은 옷을 선정해 주고, 옷을 입고 움직였을 때 불편함을 느끼는지 등을 확인할 수 있게 해준다. 이처럼 3차원 공간의 정보를 좌표로 표현하여 처리한 후 이를 데이터화하여 화면이라는 2차원 평면에 나타내는 기술에 대하여 탐구해 보자.

관련학과
컴퓨터공학과, 소프트웨어공학과, 산업경영공학과, 산업공학과, 산업시스템공학과

탐구주제

2 건물의 입체적인 이미지를 제공하는 지리정보시스템, 고대 유적의 디지털 모형, 사실적이고 입체감이 있는 영상 콘텐츠에는 모두 3차원 모델이 필요하다. 이러한 3차원 모델은 모두 공간좌표로 표현된다. 실제 사물을 세밀하게 나타내는 근본적인 한계를 해결하기 위한 대안으로 연구되고 있는 '3차원 복원 기술'에 대하여 탐구해 보자.

관련학과

건축학과, 건축공학과, 조경학과, 토목공학과, 도시공학과, 교통공학과, 로봇공학과, 기계공학과

3 베지에 곡선(Bezier Curve)은 1962년 프랑스 엔지니어 베지에(Bezier,P.1910~1999)가 자동차 몸체 디자인에 사용하면서 널리 알려지게 된 컴퓨터로 곡선을 그릴 때 사용하는 방법이다. 베지에 곡선은 컴퓨터 글꼴, 항공기 디자인 등 다양한 분야에 이용되고 있다. 베지에 곡선의 원리를 좌표공간에서 선분의 내분점과 외분점 개념을 활용하여 탐구해 보고, 활용 분야를 조사해 보자.

관련학과

컴퓨터공학과, 전자공학과, 항공우주공학과, 항공정비학과

4 이 세상은 수많은 곡선으로 이루어져 있다. 곡선미를 자랑하는 자동차, 곡면으로 이루어진 건물, 심지어 눈으로는 보이지 않는 신소재의 구조에도 곡선이 숨어 있다. 공기 저항이 작고 아름다우며 공간의 효율성 및 강도 등 다양한 요소를 고려한 곡선으로 이루어진 자동차의 모양을 만들기 위한 함수를 탐구해 보자. 또한 미국의 프랭크 게리, 스페인의 안토니 가우디, 영국의 자하 하디드 등 구부러짐을 이용한 건축가들의 작품 속 수학 원리를 탐구해 보자. 곡선으로 채운 신소재 원리를 조사해 보고, 웨어러블 기기 개발에 사용되는 신소재에 활용되는 곡선에 대한 연구를 탐구해 보자.

관련학과

기계공학과, 자동차공학과, 건축공학과, 신소재공학과, 섬유공학과

활용 자료의 유의점

① 적극적으로 수업에 참여하고, 사고를 촉진하는 창의적 활동이 필요

① 스스로 자료와 정보로부터 지식을 도출하거나 지식의 타당성을 확인하는 능력 함양

① 협력적 문제 해결 과제에서는 균형 있는 책임 분담과 상호 작용을 통해 동료들과 협력

① 주어진 문제를 변형하거나 새로운 문제를 만들어 해결하고, 그 과정을 검증하는 문제 만들기 활동 장려

💬 **MEMO**

수학과

7

실용 수학

핵심키워드

☐ 규칙 ☐ 닮음 ☐ 합동 ☐ 평면도형 ☐ 입체도형 ☐ 자료의 수집 ☐ 정리 ☐ 분석
☐ 테셀레이션 ☐ 필라디오디즘 ☐ 프랙탈 ☐ 옥텟트러스 ☐ 여론조사

영역 | **규칙**

성취기준

[12실수01-01]	다양한 현상에서 규칙을 찾고, 이를 식으로 나타낼 수 있다.
[12실수01-02]	실생활에서 활용되는 수식의 의미를 이해한다.
[12실수01-03]	실생활에서 도형의 닮음이 이용되는 예를 찾고 그 원리를 이해한다.
[12실수01-04]	실생활에서 도형의 합동이 이용되는 예를 찾고 그 원리를 이해한다.
[12실수01-05]	도형의 닮음과 합동을 이용하여 산출물을 만들 수 있다.

탐구주제

7.실용 수학 — 규칙

① '테셀레이션'이란 마루나 욕실 바닥에 깔려 있는 타일처럼 도형을 포개지 않고 어떤 틈도 없이 평면이나 공간을 완벽하게 덮는 것을 말한다. 여러 가지 정다각형 중 한 가지 도형만으로 이루어져 있거나 두 가지 이상의 정다각형으로 이루어진 테셀레이션을 탐구해 보고, 그 원리를 발표해 보자. 우리 도시에서 테셀레이션으로 이루어진 공간을 찾아 발표해 보자.

관련학과
건축학과, 건축공학과, 도시공학과, 산업공학과, 산업경영공학과

---

2 이탈리아의 베네치아를 비롯한 북부의 운치있는 고급빌라와 극장 등은 고대 그리스 신전과 같은 웅장함과 세련미를 자랑한다. 유네스코 세계문화유산으로 지정돼 사랑받고 있는 이 건축물들은 모두 16세기 이탈리아 수학자이자 건축가였던 안드레아 팔라디오가 지었다. 18세기 영국과 미국에서 '팔라디오디즘'을 일으키며 서양 건축사 사상 큰 영향력을 끼친 작품 속에서 수학의 원리를 탐구해 보자.

관련학과

건축학과, 건축공학과, 도시공학과, 교통공학과, 산업공학과

3 프랙탈이란 도형 전체를 여러 부분으로 나눴을 때 부분 안에 전체 모습이 그대로 보이는 도형이다. 로마네스코 브로콜리, 해안선, 혈관조직 등이 대표적인 예이다. 코흐 눈꽃은 스웨덴의 수학자 코흐(Koch,H.V. 1870~1924)가 고안한 것으로 가장 단순한 도형인 직선이 간단한 규칙에 의해 실제 눈꽃과 비슷한 모양을 가지는 것이다. 색종이를 이용하여 코흐 눈꽃을 만들고 합동, 닮음비 등 수학적 성질을 탐구해 보자.

관련학과

생명공학과, 화학공학과, 건축공학과, 교통공학과

영역 # 공간

성취기준

[12실수02-01] 평면도형과 입체도형의 모양은 관찰하는 시각에 따라 다르게 보일 수 있음을 이해한다.

[12실수02-02] 미술작품에서 평면 및 입체와 관련된 수학적 원리를 이해한다.

[12실수02-03~04] 입체도형의 겨냥도와 전개도를 다양하게 그릴 수 있고, 이를 이용하여 입체도형을 만들 수 있다.

[12실수02-05] 평면도형과 입체도형을 이용하여 산출물을 만들 수 있다.

탐구주제

1 17~18세기 수학에서는 빛을 물체에 투영하는 새로운 기하학이 등장하게 되었다. 프랑스 몽주(Gaspard Monge 1746~1818)가 사용한 투영도란 무엇인지 자동차, 선박 등 공업 설계에 없어서는 안 되는 중요한 화법기하학에 대하여 탐구해 보자. 해석기하학과 미분기하학으로의 발전, 사영기하학의 원리가 디지털 애니메이션, 컴퓨터 시뮬레이션과 같은 현대 산업의 다양한 분야에 활용되고 있는 사례를 조사해 보자.

관련학과

조선해양공학과, 자동차공학과, 기계공학과

탐구주제

(2) 건축물에서는 수학적인 구조를 반영한 것이 많이 있다. 정사면체와 정팔면체 모양의 뼈대를 교대로 배치하여 만드는 옥텟트러스(Octet-truss) 구조는 지하철이나 공항의 천장 등에 사용된다. 정사면체와 정팔면체의 각 밑면은 모두 한 평면 위에 있고, 이를 겹겹이 쌓으면 공간을 빈틈없이 채울 수 있다. 이러한 원리에 대하여 탐구해 보자.

관련학과
건축학과, 건축공학과, 토목공학과, 도시공학과

영역 ## 자료

성취기준

[12실수03-01]	자료를 수집하고 정리하는 절차와 방법을 이해한다.
[12실수03-02]	실생활 자료를 수집하고 그림, 표, 그래프 등을 이용하여 정리할 수 있다.
[12실수03-03]	다양한 자료를 분석하여 결과를 해석할 수 있다.
[12실수03-04]	목적에 맞게 자료를 수집, 정리, 분석, 해석하여 산출물을 만들 수 있다.

탐구주제

(1) 여론조사는 처음에 기업들의 시장조사로부터 시작된 후 1935년 미국의 통계학자 갤럽(Gallup,G.H. 1901~1984)이 국가의 정치적, 사회적 문제들에 관한 국민들의 의견을 조사하면서 보편화되었다. 경제학자 볼딩(Boulding,K.E. 1910~1993)은 여론조사는 단지 통계 오차라는 적은 비용을 지불하고 사회 전반을 꿰뚫어 볼 수 있는 망원경이라고 하였다. 이와 같은 여론조사를 통해 미래 산업 기술의 개발을 계획한 사례를 조사해 보자.

관련학과
기계공학과, 산업공학과, 전자공학과, 컴퓨터공학과

(2) 질병이 발생하면 그 원인을 찾아 병이 다시 발생하지 않도록 예방하는데 자료의 통계적 해석은 중요한 근거가 된다. 한 예로 사회적으로 큰 문제가 되었던 가습기 살균제가 폐에만 문제를 일으키는지 아니면 다른 곳에도 문제를 일으키는지 '상관관계 분석'이라는 통계분석을 사용해 조사하였다. 이처럼 통계분석을 활용하여 문제가 되는 현상의 원인을 찾아내고 문제를 해결하기 위해 노력한 사례들을 조사해 보자.

관련학과
생명공학과, 화학공학과, 유전공학과, 환경공학과

① 시각에 따라 다르게 보이는 모양을 공학적 도구를 이용하여 확인

① 평면도형과 입체도형을 이용하여 산출물을 만드는 과정에서 수학적 원리가 활용됨을 이해

① 미술작품 속에 활용된 수학적 원리와 관련하여 원근법, 소실점, 왜상, 착시 등을 이해

① 다양한 방법으로 산출물을 만들어 보고, 자신의 방법을 설명

💬 **MEMO**

경제 수학

핵심키워드

□ 경제지표 □ 세금 □ 환율 □ 외환

영역 ## 수와 생활경제

성취기준

[12경수01-03]	환율의 뜻을 알고, 환거래로부터 비례식을 활용하여 환율을 계산할 수 있다.
[12경수01-04]	환율의 변동에 따른 손익을 계산할 수 있다.
[12경수01-05]	세금의 종류에 따라 세금을 계산할 수 있다.

탐구주제

8.경제 수학 ― 수와 생활경제

(1) 환율은 두 나랏돈, 통화의 교환 비율을 뜻한다. 환율이 결정되는 방법과 계산법에 대하여 탐구해 보자. 또한 외환 시장에서 외환의 수요와 공급, 환율이 수출과 수입에 미치는 영향 등에 대하여 조사해 보고, 공학계열의 수출입 관련 기사를 바탕으로 발표해 보자.

관련학과
산업공학과, 산업경영공학과

(2) 실생활에서 부과되는 다양한 종류의 세금에 대하여 조사해 보자. 공장에서 신차를 생산했을 때 신차의 판매가격에 포함되는 세금의 항목과 계산법을 조사해 보고, 신차의 기능과 개발 과정 등을 바탕으로 판매가격이 합리적인지 토의해 보자.

관련학과
기계공학과, 자동차공학과, 산업공학과

⚠ 경제현상을 표현하는 함수는 삼차 이하의 다항함수 또는 무리함수에 한하여 학습

⚠ 경제 관련 함수를 다룰 때 독립변수는 자연수뿐만 아니라 실수가 될 수 있음을 인식

⚠ 세금과 소득의 변화에 따른 균형가격의 변화는 그래프의 평행이동을 이용하여 분석

⚠ 의사결정문제는 효용함수를 통한 소비자의 의사결정, 생산함수를 통한 생산자의 의사결정을 이해

💬 MEMO

수학과 9

인공지능 수학

핵심키워드

☐ 분류와 예측 ☐ 오차 ☐ 함수 ☐ 최적화된 의사결정 방법 ☐ 합리적 의사결정
☐ 외판원 문제 ☐ 하모니 서치 ☐ 자율주행자동차 ☐ 딥러닝

영역 **최적화와 의사결정**

성취기준

[12인수04-01] 주어진 자료로부터 분류와 예측을 할 때, 오차를 표현할 수 있는 함수를 구성하는 원리와 방법을 이해한다.

[12인수04-02] 함수의 최댓값 또는 최솟값을 찾아 최적화된 의사결정 방법을 이해할 수 있다.

[12인수04-03] 합리적 의사결정과 관련된 인공지능 수학 탐구 주제를 선정하여 탐구를 수행하고 발표할 수 있다.

탐구주제

9.인공지능 수학 — 최적화와 의사결정

(1) '외판원 문제(Traveling Salesman Problem)'란 모든 도시를 딱 한 번만 들르고 출발점으로 돌아올 때 최소 비용으로 이동하는 방법을 찾는 문제이다. 이를 바탕으로 셔틀버스의 좋은 경로를 찾는 프로그램을 개발하는 과정을 탐구해 보자. 셔틀버스의 좋은 경로의 기준을 설정하고, 이를 바탕으로 최적의 합리적 경로를 찾는 과정에 대하여 토의해 보자.

관련학과
도시공학과, 교통공학과, 자동차공학과, 기계공학과

(2) 어떤 범위 안에서 최댓값 또는 최솟값을 찾는 계산모형을 최적화 알고리즘이라고 하는데 제멋대로인 것처럼 보이는 재즈의 즉흥연주를 흉내 낸 최적의 알고리즘을 '하모니 서치'라 한다. 계산이 지나치게 오래 걸리는 문제나 답을 찾는 방법이 밝혀지지 않은 복잡한 문제를 풀기 위한 최적화 기법이 연구되고 있다. 하모니 서치와 같은 최적화 기법은 정확한 답을 구하기 어려운 문제의 답을 최대한 비슷하게 구해준다. 최적화 기법에 대하여 탐구해본 후 토목과 건축, 도시설계와 천문학 등 다양한 분야에서 활용된 예를 조사해 보자.

관련학과
건축공학과, 토목공학과, 도시공학과, 항공우주공학과

탐구주제

③ 자율주행자동차는 3차원 공간을 2차원 평면에 놓을 때 모든 선이 향하는 점인 소실점으로 차선을 찾는다. 모든 선을 소실점과 연결했을 때 특정한 각도를 이루는 선의 쌍들이 차선이다. 소실점은 영상 속 모든 선분을 연장해 교점을 구하면 되는데 실제로는 모든 직선이 한 점에서 만나지 못하기 때문에 최적화 기법을 사용한다. 자율주행자동차의 주행 원리에 대하여 탐구해 보자.

관련학과

기계공학과, 자동차공학과, 메카트로닉스공학과

④ 컴퓨터가 사람의 뇌처럼 사물이나 데이터를 분류할 수 있도록 훈련시키는 기계학습(Machine learning)의 일종인 딥러닝(Deep learning)에 대하여 탐구해 보자. 구글과 페이스북 등 여러 산업에서 활용되고 있는 사례를 조사해 보고, 딥러닝을 사용한 다양한 기술개발에 대하여 토의해 보자.

관련학과

컴퓨터공학과, 정보통신공학과, 산업공학과, 산업시스템공학과

활용 자료의 유의점

- ⓘ 탐구 주제는 자신의 흥미와 관심 그리고 학교 여건에 맞게 스스로 선택하고 수정할 수 있음을 인지하고, 문제를 발견하는 경험을 하도록 노력
- ⓘ 탐구가 진행되는 과정을 공유할 수 있도록 중간 점검을 실시하여 보완하고 수정
- ⓘ 결과 발표 후 탐구 과정 및 산출물에 대하여 성찰하고 자기 평가 및 동료 평가 실시
- ⓘ 탐구 과정 및 결과에 대한 평가 항목, 평가 기준, 평가 방법 등을 과제 탐구 실행 전에 확인

💬 **MEMO**

핵심키워드

☐ 과제탐구 절차   ☐ 연구 윤리   ☐ 주제 선정   ☐ 자료 검색   ☐ 계획과 일정 세우기   ☐ 발표하기

영역

과제탐구의 이해

성취기준

[12수과01-01]	수학과제 탐구의 의미와 필요성을 이해한다.
[12수과01-02]	수학과제 탐구의 방법과 절차를 이해한다.
[12수과01-03]	올바른 연구 윤리를 이해한다.

탐구주제

① 수학과제 탐구 절차

연구 주제 설정 ⇨ 일정표 작성 ⇨ 자료 찾기 ⇨ 본론 쓰기 ⇨ 결론 쓰기 ⇨ 초록·참고문헌·연구일지 정리
에 대하여 조사해 보자.

관련학과
전 공학계열

---

② 연구 윤리란 연구자와 연구 참여자가 연구설계, 집행, 보고 전 과정에서 지켜야 하는 규범이다. 자신이나 타인의 창작물을 정당한 승인 없이 사용하는 표절, 실험과정에서의 데이터 취득, 보관하는 과정에서의 데이터 조작, 보고서 작성 시 거짓으로 기술하거나 과장하는 거짓 및 과장 진술, 자신의 발표된 동일 논문이나 내용을 재발표하는 중복게재, 공헌이 없는 저자를 포함하거나 공헌이 있는 저자를 동의 없이 제외시키는 저자 기록위반, 동일 주제로 연구비를 이중으로 신청하여 사용하는 이중선정 등은 연구 윤리를 위반에 속한다. 연구 진행 과정에서 일어난 연구 윤리 위반 사례를 통해 연구 윤리를 탐구해 보자.

관련학과
전 공학계열

성취기준

[12수과02-01]	수학과 관련된 여러 가지 현상에서 탐구 주제를 선정하고 탐구 문제를 구체화할 수 있다.
[12수과02-02]	선행 연구를 검토하고 적절한 탐구 방법을 찾아 탐구 계획을 수립할 수 있다.
[12수과02-03]	탐구 계획에 따라 탐구를 수행할 수 있다.
[12수과02-04]	탐구 결과를 정리하여 산출물을 만들고 발표할 수 있다.
[12수과02-05]	탐구 과정과 결과를 반성 및 평가할 수 있다.

탐구주제

10. 수학과제 탐구 — 과제

① 주제를 선정하는 것은 과제탐구의 가장 중요한 부분 중 하나이다. 주제 선정은 일상과 관심사에서 출발한다. 주제 선정은 '관심 분야에서 주제 찾기', '자신의 진로 분야에서 주제 찾기', '자신이 해결할 수 있고 연구할 만한 가치가 있는지 찾기'를 염두에 두어야 한다. 자신이 선정한 주제를 해결할 수 있는 자료가 있는지 찾아보고, 자신만의 주제를 육하원칙인 5W1H(Why, What, When, Where, Who, How) 시각에서 탐구해 보자.

관련학과
전 공학계열

② 주제가 설정되면 자료를 검색하고 선행 연구 관련 논문을 보아야 한다. 국가전자도서관(www.dlibrary.go.kr), 에듀넷(www.edunet.net), 한국교육과정평가원(www. classroom.re.kr), 한국과학창의재단(www.sciencell.com), 국립중앙과학관(www.science.go.kr), 국회도서관, 디비피아(www.dbpia.co.kr), 구글 학습 검색(scholar.googlw.co.kr), 네이버 전문정보(academic.naver.com), 카인즈(www.kinds.or.kr), JSTOR(www.jstor.org)을 참고하여 주제와 관련된 자료를 탐색해 보자.

관련학과
전 공학계열

③ 탐구 주제와 선행 주제에 대한 자료를 찾아본 후 주제탐구와 관련된 전체 내용에 대한 계획을 세우고 일정을 작성해야 한다. 주제 선정하기, 자료 수집하기, 목차 세우기, 서론 작성하기, 본론 작성하기, 결론 작성하기, 수정 보완하기, 참고문헌 작성하기, 연구일지 작성하기 등 구체적 일정을 작성해 보자

관련학과
전 공학계열

④ 주제탐구 발표는 연구 결과에 대한 마무리다. 탐구 주제를 바탕으로 발표 도구 준비하기, 팀원 역할 분담하기, 발표 흐름도 구성하기, 발표 내용 시나리오 작성하기, PPT 만들기 순서대로 준비하고 발표해 보자.

관련학과
전 공학계열

① 다양한 탐구 유형과 사례를 통해 수학과제 탐구의 의미, 방법, 절차 등을 이해

① 토의·토론을 통해 올바른 연구 윤리가 무엇인지에 대해 깊이 생각해 보는 활동

① 인터넷 자료나 참고 문헌 등을 인용할 경우에는 정확한 출처를 표시

💬 MEMO

과학과 교과과정

과학과 1

통합과학

핵심키워드

□ 빅뱅 우주론 □ 알칼리 금속 □ 이온 결합 □ 공유결합 □ 주기율표 □ 제설제 □ 핵산의 구조 □ 그래핀
□ 역학적 시스템 □ 지구 시스템 □ 화산 폭발 □ 물질대사 □ 효소 □ 화학반응 □ 식물즙 지시약
□ 토양 산성화 □ 생물 다양성 □ 지구 기후 □ 에너지 제로하우스 □ 신재생 에너지

영역 ## 물질의 규칙성과 결합

성취기준

[10통과01-01] 지구와 생명체를 비롯한 우주의 구성 원소들이 우주 초기부터의 진화 과정을 거쳐서 형성됨을 물질에서 방출되는 빛을 활용하여 추론할 수 있다.

▶ 분광기를 활용하여 수소의 선스펙트럼을 관찰하고 이를 우주 전역의 선스펙트럼을 관찰한 결과 자료와 비교함으로써 우주 진화 초기에 만들어진 수소와 헬륨이 현재 우주의 주요 구성 원소임을 파악하게 한다.

[10통과01-02] 우주 초기의 원소들로부터 태양계의 재료이면서 생명체를 구성하는 원소들이 형성되는 과정을 통해 지구와 생명의 역사가 우주 역사의 일부분임을 해석할 수 있다.

▶ 별의 진화 과정에서 별 내부의 핵융합을 통해 탄소, 질소, 산소가 생성되는 것을 정성적으로 다루고, 초신성 폭발의 결과로 철보다 무거운 원소가 만들어짐을 다룬다.

[10통과01-03] 세상을 이루는 물질은 원소들로 이루어져 있으며, 원소들의 성질이 주기성을 나타내는 현상을 통해 자연의 규칙성을 찾아낼 수 있다.

▶ 주기율표의 1족과 17족 원소를 통해 동족 원소는 유사한 화학적 성질을 갖는다는 것을 다룬다. 원소의 성질에 따라 주기성이 나타남을 확인하는 수준에서 다룬다.

[10통과01-04] 지구와 생명체를 구성하는 주요 원소들이 결합을 형성하는 이유와, 원소들의 성질에 따라 형성되는 결합의 종류를 추론할 수 있다.

▶ 주요 원소들이 화학 결합을 형성하는 이유를 안정성을 지닌 원소의 예로 설명한다.

[10통과01-05] 인류의 생존에 필수적인 산소, 물, 소금 등이 만들어지는 결합의 차이를 알고, 각 화합물의 성질을 비교할 수 있다.

▶ 화학 결합은 금속 원소와 비금속 원소 간의 이온 결합, 비금속 원소 간의 공유 결합을 다룬다.

탐구주제

① 프라운호퍼선은 태양 빛을 지구에서 분광기로 관측하였을 때 연속 스펙트럼에 나타나는 흡수선이다. 이것은 빛의 일부가 어떤 물질에 흡수당하여 생기는 것으로, 태양광이 태양대기나 지구대기 중의 기체 분자에 흡수되는 것이다. 주변의 물질이 방출 또는 흡수하는 빛의 영역을 측정하는 분광기로 선 스펙트럼과 연속 스펙트럼을 관찰하고, 우주 전역에서 수소의 선 스펙트럼이 관찰되는 까닭을 토론해 보자.

관련학과

항공우주공학과, 기계공학과, 금속공학과, 제어계측공학과, 광학공학과, 에너지공학과, 원자력공학과, 신소재공학과, 재료공학과, 화학공학과, 환경공학과, 생명공학과

② 137억 년 전 우주에서 대폭발이 있었다는 것 자체는 거의 확실시되나, 빅뱅 이외에 우주 기원에 대한 가설이나 빅뱅 이전 시대에 대한 추측들은 현재까지 계속해서 논란이 되고 있다. 현대의 과학에서 대폭발 결과 물질의 기본 단위인 원소, 원자들이 형성되었다는 빅뱅 우주론이 확립되는 과정에서 쟁점이 되었던 문제나 관측 증거를 조사하고 토론해 보자.

관련학과

항공우주공학과, 기계공학과, 에너지공학과, 원자력공학과, 신소재공학과, 환경공학과

③ 우리가 사용하는 주기율표는 자연계에 존재하거나, 인공적으로 만들어 낸 모든 원소를 그 원자 번호와 원소의 화학적 특성에 따라 나열한 표다. 원소들을 양성자 수에 따라 배열하면 비슷한 성질이 나타나는 족과 주기를 가지며 같은 족과 주기에 속하는 원소들은 공통적인 특징을 나타낸다. 현재의 원소 분포, 원소의 성질, 용도 등을 바탕으로 창의적인 주기율표를 만들어 보자.

관련학과

기계공학과, 금속공학과, 광학공학과, 에너지공학과, 원자력공학과, 반도체공학과, 세라믹공학과, 섬유공학과, 신소재공학과, 화학공학과, 환경공학과

④ 알칼리 금속은 가장 바깥 전자 껍질에 1개의 전자가 있다. 알칼리 금속의 반응성은 매우 크며 공기 중에 알칼리 금속을 방치하면 반응이 빠른 속도로 일어나서 알칼리 금속 표면의 은백색 광택이 사라진다. 주기율표의 1족에 해당하는 알칼리 금속과의 반응성을 확인하고 실생활에서의 역할을 토의해 보자.

관련학과

광학공학과, 신소재공학과, 재료공학과, 화학공학과, 환경공학과, 금속공학과

⑤ 화학 결합은 분자 또는 원자들의 집합체에서 그 구성 원자들을 하나의 단위체로 간주할 수 있도록 하는 인력 혹은 결합을 말한다. 화학 결합은 원자핵과 전자들 사이의 전기적 인력에 바탕을 두며, 양자역학적으로 전자의 오비탈을 이용하여 설명할 수 있다. 대표적인 이온 결합과 공유 결합을 모형으로 표현하고, 이를 통해 원자들이 화학 결합을 통하여 지구 시스템과 생명 시스템을 형성하고 생명 현상을 나타내는 원리를 탐구해 보자.

관련학과

항공우주공학과, 화학공학과, 도시공학과, 환경공학과, 생명공학과, 유전공학과

(6) 겨울철 눈이 오면 눈을 빨리 녹이게 하려고 시청이나 구청에서 염화 칼슘이 포함된 제설제를 사용한다. 염화 칼슘은 눈을 녹이는 데에도 효과가 탁월하다. 염화 칼슘은 물을 흡수할 때 많은 열을 내므로, 이 열에 의해 주위의 눈이 녹게 되며, 눈이 녹은 곳에 염화 칼슘 수용액이 생기면 이 수용액은 물의 빙점인 0℃보다도 훨씬 낮은 -18℃에서 얼므로 결빙을 막아 준다. 그러나 이로 인해 차량의 부식에 영향을 주는 등 피해도 있다. 현재 사용하는 제설제의 사용이 어떤 환경 문제를 일으키고 있는지 조사하고, 제설에 사용하는 염화 칼슘을 대체할 수 있는 친환경적 물질을 찾아 그 유용성을 토론해 보자.

관련학과

신소재공학과, 재료공학과, 토목공학과, 도시공학과, 화학공학과, 환경공학과

영역   # 자연의 구성 물질

성취기준

[10통과02-01]   지각과 생명체를 구성하는 다양한 광물과 탄소 화합물은 특정한 규칙에 따라 결합되어 만들어진다는 것을 논증할 수 있다.

▶ 생명체를 구성하는 탄소 화합물은 탄소(C)를 기본 골격으로 수소, 산소 등이 결합하여 만들어짐을 다룬다.

[10통과02-02]   생명체를 구성하는 물질들은 기본적인 단위체의 다양한 조합을 통해 형성됨을 단백질과 핵산의 예를 통해 설명할 수 있다.

▶ 일정한 구조를 가진 단위체들이 다양한 배열을 통해 여러 가지 구조와 기능을 획득한다는 개념을 단백질과 핵산의 예를 들어 설명한다.

[10통과02-03]   물질의 다양한 물리적 성질을 변화시켜 신소재를 개발한 사례를 찾아 그 장단점을 평가할 수 있다.

▶ 자연의 구성 물질들이 가진 물리적 성질 중 전기적 성질 또는 자기적 성질을 활용하여 새로운 소재를 개발한 사례만 다룬다.

탐구주제   1.통합과학 — 자연의 구성 물질

(1) 밀러에 의하면 생명체는 원시 지구의 원시대기와 닮은 성분인 수증기, 수소, 메탄, 암모니아를 플라스크에 넣어 실험한 결과 아미노산과 뉴클레오티드 등 생체를 구성하는 물질이 생성되었다고 주장한다. 지구의 겉 부분에 해당하는 지각과 사람과 같은 생명체의 구성 성분을 비교하여, 우주의 탄생부터 태양계의 형성 및 생명체의 출현에 이르는 과정까지 구성 성분의 유래를 탐구하여 발표해 보자.

관련학과

항공우주공학과, 환경공학과, 생명공학과, 유전공학과, 화학공학과, 원자력공학과

2 핵산은 질소를 포함한 고분자 화합물로서 유전 정보의 저장과 전달을 담당한다. 핵산은 뉴클레오타이드라는 사슬 단위가 길게 반복되는 구조인데 이것은 탄소 원자 5개로 이루어진 당, 인산 이온, 그리고 질소를 포함한 염기의 세 부분으로 이루어져 있다. 핵산의 모형을 관찰하여 핵산의 구조적 특징과 규칙성을 설명하고, 일정한 구조를 가진 단위체들이 다양한 배열을 통해 생명체의 주요 구성 물질을 생성하는 원리를 토론해 보자.

관련학과

화학공학과, 환경공학과, 생명공학과, 유전공학과

3 최근 꿈의 소재로 불리는 그래핀의 실용화에 대한 연구가 많이 발표되고 있다. 그래핀은 철보다 강도가 200배 강하고 단단하며, 구리보다 전기전도율이 100배나 높은 이상적인 소재로 주목을 받고 있다. 이와 같이 우리 주변에서 물질의 다양한 물리적 성질을 변화시켜 만든 신소재 개발 사례를 조사하고, 자연을 모방하여 만드는 신소재의 종류와 이의 이용방법에 대해 조사하고 발표해 보자.

관련학과

기계공학과, 금속공학과, 광학공학과, 세라믹공학과, 섬유공학과, 신소재공학과, 재료공학과

영역 # 역학적 시스템

성취기준

[10통과03-01] 자유 낙하와 수평으로 던진 물체의 운동을 이용하여 중력의 작용에 의한 역학적 시스템을 설명할 수 있다.

▶ 물체를 자유 낙하시켰을 때와 수평으로 던졌을 때의 운동을 비교하는 활동을 통해 중력에 의한 물체의 운동을 다룬다.

[10통과03-02] 일상생활에서 충돌과 관련된 안전사고를 탐색하고 안전장치의 효과성을 충격량과 운동량을 이용하여 평가할 수 있다.

▶ 일상생활의 역학 시스템에서 물체의 관성 및 충돌에 의한 안전사고 예방을 위한 대비책 및 장치를 고안하는 데 활용하게 한다.

탐구주제

1 역학적 시스템이란 중력, 전기력, 마찰력, 부력, 자기력 등 여러 가지 힘이 상호 작용하는 시스템으로, 지구 시스템과 생명 시스템을 유지하는 데 중요한 역할을 한다. 우리가 살아가는 지구의 역학적 시스템을 유지하게 하는 여러 가지 힘을 찾아 보자. 또 중력이 지구 시스템과 생명 시스템에서 일어나는 많은 현상에 어떻게 작용하고 있는지를 토의해 보자.

관련학과

항공우주공학과, 항공정비학과, 조선해양공학과, 기계공학과, 로봇공학과, 제어계측공학과, 광학공학과, 산업공학과, 산업경영공학과, 산업시스템공학과, 환경공학과, 생명공학과

탐구주제

② 관성의 법칙은 외부로부터 어떠한 힘이 작용하지 않는 한 정지된 물체는 계속하여 정지상태를 유지하고, 움직이는 물체는 계속하여 운동을 유지하려고 하는 운동의 성질이다. 이러한 관성과 관련된 안전사고가 주변에서 많이 발생하고 있다. 운동과 관련된 안전사고 예방 장치를 고안해 보고, 스포츠와 교통수단을 비롯한 일상생활에서 안전을 위한 충격 흡수 방법을 탐구하여 그 결과를 공유해 보자.

관련학과

건축학과, 건축공학과, 토목공학과, 도시공학과, 교통공학과, 항공우주공학과, 항공정비학과, 조선해양공학과, 기계공학과, 로봇공학과, 자동차공학과, 전자공학과, 제어계측공학과, 광학공학과, 에너지공학과, 세라믹공학과, 섬유공학과, 신소재공학과, 재료공학과, 컴퓨터공학과, 소프트웨어공학과

영역
지구 시스템

성취기준

[10통과04-01] 지구 시스템은 태양계라는 시스템의 구성요소이면서 그 자체로 수많은 생명체를 포함하는 시스템임을 추론하고, 지구 시스템을 구성하는 하위 요소를 분석할 수 있다.

> ▶ 지구 시스템의 각 권이 상호 작용함으로써 균형을 이루고 있음을 여러 자연 현상의 사례를 활용하여 살펴본다.

[10통과04-02] 다양한 자연 현상이 지구 시스템 내부의 물질의 순환과 에너지 흐름의 결과임을 기권과 수권의 상호 작용을 사례로 논증할 수 있다.

> ▶ 지구 시스템에서는 각 권이 상호 작용하는 동안 에너지의 흐름과 물질의 순환으로 인해 지표의 변화, 날씨의 변화 등과 같은 여러 가지 지구과학적 현상이 일어남을 다룬다.

[10통과04-03] 지권의 변화를 판구조론적 관점에서 해석하고, 에너지 흐름의 결과로 발생하는 지권의 변화가 지구 시스템에 미치는 영향을 추론할 수 있다.

> ▶ 판의 경계에서 나타나는 지진과 화산이 지구의 내부 에너지와 물질이 방출되는 과정임을 지구 시스템 상호 작용의 관점에서 다룬다.

탐구주제

① 지구 시스템은 서로 밀접한 관련성을 가지며 지구 환경을 구성하는 권역들의 집합체를 말한다. 각 권역은 물질의 종류에 따라 일반적으로 대기권, 수권, 암석권, 생물권으로 구분한다. 우리가 살아가는 지구 시스템의 각 권이 상호 작용하여 자연 현상이 발생할 때 에너지와 물질은 어떻게 이동하는지 조사하고, 각 권이 생명 유지에 기여하는 원리를 토론해 보자.

관련학과

에너지공학과, 산업공학과, 산업시스템공학과, 환경공학과, 생명공학과

② 백두산은 지하에 거대 마그마가 존재하는 활화산으로 근래 화산 분화 움직임이 포착되고 있다는 기사를 볼 수 있다. 한국지질자원연구원 자료에 의하면 최근 백두산에서 지진이 잦고 가스가 분출되는 등 폭발 조짐이 나타나고 있다고 한다. 지구촌 곳곳에서 발생하는 화산 분출로 인한 환경적, 사회적, 경제적 피해의 종류를 조사하고, 특별히 백두산 화산 폭발을 가정했을 때 예상되는 피해와 대피 범위 등을 조사하여 뉴스 형식으로 발표해 보자.

관련학과
에너지공학과, 산업공학과, 환경공학과, 생명공학과, 토목공학과, 도시공학과

---

③ 2020년 필리핀 탈(Taal) 화산의 폭발로 엄청난 양의 화산재와 화산가스가 분출됨에 따라 도로와 생활공간에 화산새 및 분진이 쌓여 항공기가 결항되고 주변 지역 주민들이 대피하는 등 많은 피해가 발생했다. 우리가 사는 지구 시스템 내의 상호 작용과 순환 과정에 대한 이해를 바탕으로, 지진이나 화산 폭발로 인한 환경 오염의 확산 경향을 예측하고 이에 대한 대응책을 토론해 보자.

관련학과
에너지공학과, 산업공학과, 환경공학과, 생명공학과, 소프트웨어공학과, 정보통신공학과

영역

생명 시스템

성취기준

[10통과05-01] 지구 시스템의 생물권에는 인간과 다양한 생물들이 포함되는데 모든 생물은 생명 시스템의 기본 단위인 세포로 구성되어 있으며, 이러한 세포에서는 생명 현상 유지를 위해 세포막을 경계로 한 물질 출입이 일어남을 설명할 수 있다.

▶ 세포막을 통한 물질 출입은 확산과 선택적 투과성을 다룬다.

[10통과05-02] 생명 시스템 유지에 필요한 화학 반응에서 생체 촉매의 역할을 이해하고, 일상생활에서 생체 촉매를 이용하는 사례를 조사하여 발표할 수 있다.

▶ 효소가 다양한 생명 활동에 필요한 반응들을 가능하게 해준다는 수준에서 다룬다.

[10통과05-03] 생명 시스템 유지에 필요한 세포 내 정보의 흐름을 유전자와 단백질의 관계로 설명할 수 있다.

▶ 생명 시스템 유지에 필요한 세포 내 정보의 흐름을 다룰 때 전사와 번역은 용어 수준에서만 언급한다.

1 세포막은 단순한 반투과성 막이 아니라 지질에 대한 용해도 차이로 인해 지용성 분자는 쉽게 통과시키지만, 이온이나 친수성인 극성 분자는 통과시키지 못한다. 또한 분자의 크기에 따라 선택적으로 투과되는 특성을 지닌다. 생명체를 구성하고 있는 삼투막이나 다양한 막을 통한 물질의 이동을 조사하고, 이를 바탕으로 세포막이 생명 활동 유지에 어떤 역할을 하는지를 토론해 보자.

관련학과
생명공학과, 화학공학과, 신소재공학과, 재료공학과, 기계공학과, 로봇공학과

2 세포는 생명 시스템을 이루는 단위로 생물이 생존하는 데 필요한 생명 현상이 일어나는 곳이다. 세포에 있는 여러 세포 소기관들은 자신의 기능을 하면서도 서로 유기적인 관계 속에서 조화로운 생명 활동이 가능하게 한다. 세포가 생명 활동을 하기 위해 외부와 어떤 작용을 주고 받는지 탐구해 보자. 또 내부 세포 소기관들은 서로 어떻게 상호 작용하며 협력하는지를 조사하여 발표해 보자.

관련학과
생명공학과, 신소재공학과, 재료공학과, 로봇공학과

3 물질대사가 일어날 때 생체 내에서 만들어진 효소가 작용하는데 효소가 활성화 에너지를 낮추므로 물질대사는 체온 근처의 온도에서도 빠른 속도로 일어날 수 있다. 즉 물질대사는 효소에 의해 일어난다고 할 수 있다. 동물의 간이나 채소류에서 얻은 카탈레이스를 통해 효소의 특성을 파악하고, 효소와 촉매가 실제 우리 주변의 산업 현장에서 유용하게 사용되는 사례를 조사하여 발표해 보자.

관련학과
화학공학과, 환경공학과, 생명공학과, 산업공학과, 산업경영공학과, 산업시스템공학과

4 생물의 체내에서는 생명 활동을 하기 위해 끊임없이 화학 반응이 일어나는데 생명체 내에서 일어나는 모든 화학 반응을 물질대사라고 한다. 생활 속에서 생명 시스템 유지에 필요한 생체 촉매 이용사례를 조사하고, 생명 활동을 유지하기 위해 생명체 내에서 끊임없이 화학 반응이 일어나는 것을 조사하여 발표해 보자.

관련학과
화학공학과, 생명공학과, 유전공학과, 에너지공학과

5 효소의 반응에서 기질의 입체 구조와 효소의 활성 부위가 맞아야만 결합하여 반응할 수 있다. 한 종류의 효소는 한 종류의 기질에만 작용하는데 이러한 효소의 성질을 기질 특이성이라고 한다. 실생활에서 이용되는 효소의 기질 특이성 사례를 조사하고, 효소와 기질의 결합에 관한 내용을 열쇠와 자물쇠에 빗대어 설명해 보자.

관련학과
생명공학과, 유전공학과, 정보보안학과, 에너지공학과, 정보통신공학과

6 우리는 일상에서 효소를 다양하게 이용하고 있다. 혈당을 간단하게 측정할 때 포도당 분해 효소의 도움을 받고, 의류나 섬유를 탈색할 때 잔류하는 과산화 수소를 제거하기 위해 카탈레이스를 처리하며, 일상생활에서 배출하는 하수나 공장 폐수에 포함된 오염 물질을 정화할 때에도 미생물이 가지고 있는 효소를 이용한다. 우리 주변에서 효소를 사용한 제품을 알아보고, 효소의 작용과 유용한 점에 대해 쉽게 알 수 있눈 안내 포스터를 만들어 발표해 보자.

관련학과
생명공학과, 유전공학과, 에너지공학과, 화학공학과

화학 변화

[10통과06-01] 지구와 생명의 역사에 큰 변화를 가져온 광합성, 화석 연료 사용, 철기 시대를 가져 온 철의 제련 등의 공통점을 찾을 수 있다.

▶ 지구와 생명의 역사에 큰 영향을 미친 연소, 철광석의 제련, 호흡, 광합성 등이 산화·환원 반응의 사례임을 다룬다

[10통과06-02] 생명 현상 및 일상생활에서 일어나고 있는 다양한 변화의 이유를 산화와 환원에서 나타나는 규칙성과 특성 측면에서 파악하여 분석할 수 있다.

▶ 생명 현상에서 나타나는 산화·환원 반응의 예로 미토콘드리아의 세포 호흡과 엽록체의 광합성을 다룬다.

[10통과06-03] 생활 주변의 물질들을 산과 염기로 구분할 수 있다.

▶ 물질이 공통 이온으로 인해 산성과 염기성을 나타냄을 이해하고, 이를 지시약, 금속, 탄산염 등과 반응시켜 확인한다.

[10통과06-04] 산과 염기를 섞었을 때 일어나는 변화를 해석하고, 일상생활에서 중화 반응을 이용하는 사례를 조사하여 토의할 수 있다.

▶ 중화 반응 과정에서의 변화는 용액의 온도 변화와 지시약의 색 변화만을 다룬다.

탐구주제

1.통합과학 — 화학 변화

① 화학 반응은 원소의 재배열이 일어나 반응 후 새로운 물질이 만들어지며, 화학 반응의 증거는 빛, 열, 기체의 발생, 침전의 형성, 맛과 색의 변화 등 다양하게 나타난다. 지구와 생명의 역사에 혁신적 변화를 가져온 광합성, 화석 연료의 사용, 철의 제련 등이 삶의 형태를 변화시킨 사례를 조사하고 화학 반응의 공통점을 토의해 보자.

관련학과
생명공학과, 화학공학과, 환경공학과, 산업공학과, 산업경영공학과, 산업시스템공학과, 신소재공학과, 재료공학과

② 용액의 산성과 염기성을 구별하기 위해 천연 식물즙을 이용하여 만든 지시약이 있다. 식물즙 지시약은 보라색과 붉은색 계통의 꽃, 과일, 야채 등의 즙을 내어 만든 지시약이다. 붉은색 식물 속에는 안토시아닌이라는 색소가 들어있는데 안토시아닌은 꽃이나 과일, 잎 등에서 나타나는 수용성 색소이다. 자주색 양배추 지시약을 이용하여 여러 가지 용액의 성질을 관찰하고, 이것을 이용하여 산과 염기의 중화 반응 때 일어나는 변화를 해석하며 일상생활에서 중화 반응의 사례를 조사하여 발표해 보자.

관련학과
화학공학과, 환경공학과, 생명공학과

③ 토양 산성화로 인해 초원과 삼림이 파괴되고 농작물의 성장이 억제된다. 또한 토양에서 흘러나온 물로 호수나 강물이 산성화되어 수중 생태계가 파괴된다. 산성화된 토양, 호수 등을 효과적으로 중화시키기 위해 석회 가루를 정밀하게 살포하는 방법을 고안하고, 지속 가능한 발전 측면에서 토양과 호수 산성화를 방지하기 위한 대책을 토론해 보자.

관련학과

조경학과, 토목공학과, 화학공학과, 환경공학과, 생명공학과, 기계공학과, 로봇공학과, 산업공학과

④ 좋은 지시약의 조건은 적은 양으로도 색깔 변화를 뚜렷이 볼 수 있어야 하고 독성이 없어야 하며 환경에 나쁜 영향을 미쳐서는 안된다. 천연 지시약으로 많이 사용되는 주변의 꽃은 수국, 붉은 장미꽃, 바이올렛, 나팔꽃, 붓꽃, 카네이션, 철쭉, 봉숭아 등이다. 이러한 천연 지시약을 이용해 흰 종이에 그림을 그려보고, 산과 염기의 중화 반응 시 온도 변화와 지시약 색 변화를 관찰하여 수용액의 성질을 토의해 보자.

관련학과

화학공학과, 환경공학과, 생명공학과

⑤ 식물이 잘 자라려면 질소 화합물이나 알칼리 이온 같은 염기성 물질이 필요하므로 식물은 토양에서 염기성 물질을 계속 흡수한다. 그래서 한 곳에 오랫동안 같은 농작물을 심으면 결국 흙에는 염기성 물질이 없어지고 산성 물질만이 남게 된다. 이산화 탄소 농도 조절과 같이 지구의 토양과 우주의 환경에 영향을 주는 산, 염기의 사례를 조사해 발표해 보자.

관련학과

도시공학과, 항공우주공학과, 화학공학과, 환경공학과, 제어계측공학과, 생명공학과

영역
생물다양성과 유지

성취기준

[10통과07-01] 지질 시대를 통해 지구 환경이 끊임없이 변화해 왔으며 이러한 환경 변화에 적응하며 오늘날의 생물다양성이 형성되었음을 추론할 수 있다.

▶ 지질 기록에 나타난 대멸종을 진화와 생물다양성의 관점에서 다룬다.

[10통과07-02] 변이와 자연선택에 의한 진화의 원리를 이해하고, 항생제나 살충제에 대한 내성 세균의 출현을 추론할 수 있다.

▶ 변이와 다윈의 자연선택설만을 다루며, 그 밖의 진화의 증거(예, 화석상의 증거, 생물지리학적 증거, 분자생물학적 증거 등)는 다루지 않는다.

[10통과07-03] 생물 다양성을 유전적 다양성, 종 다양성, 생태계 다양성으로 이해하고, 생물 다양성 보전 방안을 토의할 수 있다.

▶ 생물 다양성을 이루는 세 가지 요소를 설명하고, 생물 다양성이 생태계 평형 유지에 기여하는 사례를 다룬다.

탐구주제

1 대기 중 산소의 공급과 육상 생물의 번성, 고생대 산소의 증가와 곤충의 거대화, 고생대 말 화산 분출과 대멸종, 중생대 말 운석 충돌과 공룡의 멸종, 포유류의 번성 등과 같은 환경의 변화는 생물의 변화 또는 대멸종을 유발하기도 한다. 지질 시대 주요 환경의 변화로 인한 생물 대멸종의 원인과 그 이후의 변화를 조사하고, 생물 대멸종의 원인을 설명하는 여러 가설들의 과학적 타당성을 토론해 보자.

관련학과
환경공학과, 생명공학과, 유전공학과

2 항생제를 처리하지 않은 환경에서는 내성 세균들이 특별한 이익이 없기 때문에 그 수가 낮게 유지되나, 항생제를 사용함에 따라 내성이 없는 세균은 생존에 불리하여 죽고, 내성이 있는 세균은 생존하여 번식한다. 최근 내성 생명체 출현에 관한 자연선택 모의 활동을 하고, 지구상의 생명체 출현을 설명하는 여러 가설들의 장단점을 과학적으로 토론해 보자.

관련학과
환경공학과, 생명공학과, 유전공학과, 소프트웨어공학과

3 어떤 특정한 지역에서 관찰되는 생물의 다양한 정도를 생물 다양성이라고 하는데 생물 다양성은 단순히 생물 종의 수만을 나타내는 것은 아니다. 생물 다양성은 생물이 지닌 유전자의 다양성, 생물 종의 다양성, 그리고 생물이 서식하는 생태계의 다양성을 통합적으로 뜻한다. 생물 다양성 보전을 위한 실천 방안을 탐구하고, 생태계 측면에서 생물 다양성 보전의 필요성을 토의해 보자.

관련학과
환경공학과, 생명공학과, 조경학과, 유전공학과

4 다윈은 생물의 각 개체는 형태나 기능, 습성 면에서 다양한 변이를 갖는다고 보았다. 그중 환경에 보다 잘 적응한 개체는 살아남아 그 형질을 자손에게 남기고, 환경에 적응하지 못한 개체는 도태되는 자연선택의 과정이 누적됨에 따라 생물이 진화한다고 주장하였다. 다윈의 진화론이 과학과 사회에 준 영향에 대해 조사·토론하고, 새로운 이론의 탄생이 다른 학문과 사회의 발달에 주는 영향을 논의해 보자.

관련학과
생명공학과, 환경공학과, 유전공학과

5 화석이란 지질 시대에 살았던 생물의 유해나 흔적이 지층 속에 남아 있는 것으로 대표적인 예로는 뼈, 알, 발자국, 배설물, 기어간 흔적, 생물이 뚫은 구멍, 빙하나 호박 속에 갇힌 생물 등이 있다. 지질 시대의 주요 화석을 이용하여 과거 지구에 살던 생물의 생활 환경을 추론하고, 지질 시대의 생활 환경과 전혀 다른 환경에서 화석이 발견되는 이유를 토의해 보자.

관련학과
생명공학과, 환경공학과, 에너지공학과, 유전공학과

생태계와 환경

성취기준

[10통과08-01] 인간을 포함한 생태계의 구성 요소와 더불어 생물과 환경의 상호 관계를 이해하고, 인류의 생존을 위해 생태계를 보전할 필요성이 있음을 추론할 수 있다.

> ▶ 생태계 구성 요소를 설명할 때 개체군과 군집은 개념 수준에서만 언급하고 개체군 내 또는 군집 내 생물의 상호 작용에 대해서는 생명과학 I 에서 다루도록 한다.

[10통과08-02] 먹이 관계와 생태 피라미드를 중심으로 생태계 평형이 유지되는 과정을 이해하고, 환경 변화가 생태계에 영향을 미치는 다양한 사례를 조사하고 토의할 수 있다.

[10통과08-03] 엘니뇨, 사막화 등과 같은 현상이 지구 환경과 인간 생활에 미치는 영향을 분석하고, 이와 관련된 문제를 해결하기 위한 다양한 노력을 찾아 토론할 수 있다.

> ▶ 엘니뇨, 사막화 등은 대기 대순환과 해류의 분포와 관련지어 설명한다. 대기 대순환은 3개의 순환 세포가 생긴다는 수준에서만 다룬다.

[10통과08-04] 에너지가 사용되는 과정에서 열이 발생하며, 특히 화석 연료의 사용 과정에서 버려지는 열에너지로 인해 열에너지 이용의 효율이 낮아진다는 것을 알고, 이 효율을 높이는 것이 사회적으로 어떤 의미가 있는지를 설명할 수 있다.

> ▶ 에너지가 다양한 형태로 존재하고, 에너지가 다른 형태로 전환되는 과정에서 에너지가 보존됨을 일상생활의 사례 중심으로 설명한다.

탐구주제

1.통합과학 — 생태계와 환경

(1) 독도는 토양이 육지에 비해 얇고, 바람이 세게 분다. 이러한 환경 조건에서 자라는 사철나무와 같은 식물은 뿌리가 얇고, 가지가 땅에 거의 붙은 형태로 자란다. 이처럼 동일한 종이라도 환경에 따라 형태가 달라질 수 있다. 같은 생물이라도 환경에 따라 달라지는 생물의 모습을 조사하고 발표해 보자.

관련학과
생명공학과, 환경공학과, 에너지공학과, 유전공학과

(2) 생태계에는 먹고 먹히는 관계가 존재한다. 생산자에서부터 최종 소비자까지 먹고 먹히는 관계를 먹이 사슬이라고 하며, 먹이 관계가 여러 개의 먹이 사슬로 복잡하게 얽혀 있는 것을 먹이 그물이라고 한다. 마른 멸치를 해부하여 위장 속의 먹이 종류를 관찰하고, 먹이 관계와 생태 피라미드를 중심으로 생태계 평형이 유지되는 원리를 토의해 보자.

관련학과
생명공학과, 환경공학과, 에너지공학과, 유전공학과

탐구주제

③ 지구의 연평균 기온은 사람이 살지 않았던 과거 지질 시대 동안에도 낮아지거나 높아지는 변화가 있었다. 하지만 최근에 지구의 평균 기온이 이례적으로 상승하는 데에는 인간의 특정한 활동이 영향을 미친 것이라고 판단할 수 있다. 다양한 관측 자료를 활용하여 한반도의 기후 변화 경향성을 파악하고, 지구 전체의 경향성과 비교해 보자.

관련학과
환경공학과, 산업공학과, 에너지공학과, 항공우주공학과, 제어계측공학과

④ 오랜 지질 시대 동안의 기온 변화는 해양 퇴적물 속에 남아 있는 유공충 화석에 기록된 산소 동위 원소비 등을 측정하여 과학적으로 추정한다. 지구의 기후가 어떤 변화를 거쳐 왔는지를 알아내는 방법을 조사하고, 기후 변화의 원인을 설명하는 다양한 가설을 주제로 과학적으로 논쟁해 보자.

관련학과
환경공학과, 산업공학과, 에너지공학과, 항공우주공학과, 자동차공학과, 제어계측공학과

⑤ 지구온난화는 대기 중 온실 기체의 농도가 증가하여 대기가 지표면으로 재복사하는 에너지 양이 많아지고 지구의 평균 기온이 계속 상승하는 것을 말한다. 온실효과와 기후 변화로 인한 지구 미래 시나리오를 작성하고, 예측되는 지구 환경 변화를 극복하기 위한 방안을 토의해 보자.

관련학과
환경공학과, 산업공학과, 생명공학과, 에너지공학과

⑥ 우리 주변의 에너지는 다양한 형태로 존재하며, 서로 다른 형태로 변화할 수 있다. 우리 주변에서 일어나는 다양한 상황에서 에너지는 어떻게 이동하고 변화하는지 조사해 보자. 또 친환경적인 에너지를 활용한 에너지 제로하우스를 구상하여 발표하고, 에너지 제로하우스가 미래형 주거 형태에 주는 시사점을 토의해 보자.

관련학과
건축학과, 건축공학과, 조경학과, 토목공학과, 도시공학과, 에너지공학과, 화학공학과, 환경공학과, 광학공학과, 메카트로닉스공학과

영역

발전과 신재생 에너지

성취기준

[10통과09-01] 화석 연료, 해에너지 등을 가정이나 사업에서 사용하는 전기 에너지로 전환하는 과정을 분석할 수 있다.

> ▶ 자기장을 변화시키면서 유도되는 전류를 관찰하여 전자기 유도 현상을 정성적으로 이해하고, 이를 이용한 간이 발전기를 만들어 발전소에서 전기 에너지를 만드는 방법을 설명한다.

[10통과09-02] 발전소에서 가정 및 사업장까지의 원거리 전력 수송 과정에 대해 이해하고, 전력의 효율적이고 안전한 수송 방안을 토의할 수 있다.

| **[10통과09-03]** | 태양에서 수소 핵융합 반응을 통해 질량 일부가 에너지로 바뀌고, 그 중 일부가 지구에서 에너지 순환을 일으키고 다양한 에너지로 전환되는 과정을 추론할 수 있다. |

▶ 태양에서 수소가 헬륨으로 핵융합되는 과정에서 질량이 줄어들어 태양 에너지가 생성됨을 정성적으로만 다룬다.

| **[10통과09-04]** | 핵 발전, 태양광 발전, 풍력 발전의 장단점과 개선방안을 기후 변화로 인한 지구 환경 문제 해결의 관점에서 평가할 수 있다. |

▶ 핵 발전, 태양광 발전, 풍력 발전의 기초 원리만 다루고, 환경 문제와 관련지어 각각의 장단점을 파악한다. 태양 전지는 태양 빛을 받으면 전류가 형성된다는 수준에서 다룬다.

| **[10통과09-05]** | 인류 문명의 지속 가능한 발전을 위한 신재생 에너지 기술 개발의 필요성과 파력 발전, 조력 발전, 연료 전지 등을 정성적으로 이해하고, 에너지 문제를 해결하기 위한 현대 과학의 노력과 산물을 예시할 수 있다. |

▶ 연료 전지는 화학 에너지를 전기 에너지로 전환하는 장치임을 알고 이로 인해 에너지 효율이 높음을 이해하게 한다. 화석 연료를 대체할 수 있는 미래 에너지로 파력, 조력 등과 같은 신재생 에너지 개발 현황을 파악하게 한다.

탐구주제

1.통합과학 ― 발전과 신재생 에너지

① 코일 근처에서 자석을 움직이거나 자석을 가만히 두고 코일을 움직이면 코일에 전류가 흐르는데 이러한 현상은 전기를 유도한다는 의미로 전자기 유도 현상이라고 하며, 이때 코일에 흐르는 전류를 유도 전류라고 한다. 이러한 유도 전류의 원리를 적용하여 자전거, 놀이 기구, 운동 기구 등을 이용한 간이 발전기를 만들고, 이 과정에서 운동 에너지가 전기로 변환되는 과정을 토의해 보자.

관련학과
도시공학과, 교통공학과, 전기공학과, 제어계측공학과, 화학공학과, 환경공학과, 에너지공학과, 메카트로닉스공학과

② 우리가 지구에서 사용하고 있는 대부분 에너지의 근원은 태양 에너지로 많은 생물들의 생명 활동에 이용되고 있다. 이러한 태양 에너지를 활용한 태양광 발전이 확산되고 있는데 태양광 발전 장치의 원리를 조사하고, 태양광 발전의 장단점과 미래 전망에 대하여 토의해 보자.

관련학과
화학공학과, 환경공학과, 반도체공학과, 광학공학과, 에너지공학과, 전기공학과, 신소재공학과, 재료공학과, 제어계측공학과

③ 최근 우리는 화석 연료를 대체할 신재생 에너지로 태양광, 풍력, 핵, 조력, 발전 외에도 연료 전지, 수소 에너지, 바이오 에너지, 해양 에너지 등 다양한 에너지를 개발하고 있다. 화석 연료의 생성 과정을 조사하고 화석 원료 고갈 문제를 토론한 후 현재와 같은 비율로 에너지 사용량이 증가할 경우 에너지가 고갈되는 시점을 예상하고 이에 대한 창의적인 대안을 구상해 보자.

관련학과
화학공학과, 환경공학과, 광학공학과, 에너지공학과, 전기공학과, 신소재공학과, 재료공학과, 제어계측공학과, 메카트로닉스공학과

탐구주제

(4) 수소 연료 전지는 수소와 산소의 화학 반응에 의해 전기 에너지를 생산하는 장치로, 수소를 이온화시켜 전류가 흐르게 한 후 산소와 반응해 물을 만든다. 연료 전지의 음극에서는 수소의 산화가 일어나고, 양극에서는 산소의 환원이 발생하며 이 과정에서 전기 에너지가 만들어진다. 물의 전기 분해와 연료 전지 실험을 수행해 보고, 열효율 측면에서 수소 연료 전지가 가지는 장점과 문제점을 토의해 보자.

관련학과

화학공학과, 환경공학과, 광학공학과, 에너지공학과, 전기공학과, 제어계측공학과, 기계공학과, 신소재공학과

(5) 최근 우리는 친환경 도시 구축을 위한 스마트 빌딩, 공장, 학교 등 건물 냉난방, 조명, 전력 시스템 자동화, 전기 자동차 보급 및 충전 시설을 설치하고 있다. 또 스마트 홈 등 가전제품을 비롯한 수도, 전기, 냉난방 등 에너지 소비 장치를 통신망에 연결해 제어하고 있다. 이러한 기술을 이용한 지속 가능한 친환경 에너지 도시를 설계하고, 친환경 에너지 도시에서 환경오염, 기후 변화 문제를 해결하는 방안을 구상해 보자.

관련학과

환경공학과, 생명공학과, 화학공학과, 건축학과, 건축공학과, 조경학과, 토목공학과, 도시공학과, 교통공학과, 광학공학과, 에너지공학과, 산업공학과

(6) 적정기술은 주로 개발도상국 지역의 문화적, 정치적, 환경적 측면들을 고려하여 삶의 질 향상과 빈곤 퇴치 등을 위해 적용되는 기술로, 첨단 기술과 하위 기술의 중간 정도 기술이라 해서 중간 기술이나, 대안 기술, 국경 없는 과학기술 등으로 소개된다. 적정기술을 적용한 다양한 장치를 고안해 보고, 사회적, 경제적, 과학적 측면에서 적정기술이 미치는 영향을 토론해 보자.

관련학과

기계공학과, 로봇공학과, 환경공학과, 생명공학과, 산업공학과, 에너지공학과, 재료공학과

활용 자료의 유의점

- ⓘ 과학적 개념과 방법을 이해하고, 이를 일상생활의 문제에 창의적으로 적용하여 대체 에너지 및 신재생 에너지 기술과 관련된 창의적 산출물 고안
- ⓘ 관찰 평가, 프로젝트 평가, 수행평가 등에 대비한 준비 철저
- ⓘ 야외 생태 탐방 활동에서 관찰 결과를 기록하고 자료를 정리하는 과정도 중요
- ⓘ 지구 환경, 신재생 에너지 등과 같은 인류가 당면한 주요 문제를 과학의 언어로 이해

💬 MEMO

과학과

2

과학탐구실험

핵심키워드

□ 패러다임의 전환   □ 중력 사고실험   □ 주기율표   □ 귀납적 탐구 방법   □ 생물 대멸종   □ 연역적 탐구 방법
□ 파스퇴르의 실험   □ 과학 원리 파악   □ 과학의 유용성   □ 생명 존중   □ 연구 진실성   □ 지식 재산권 존중
□ 연구 윤리   □ 천연 항생 물질 찾기   □ 공학적 설계 과정   □ 창의적인 산출물   □ 적정기술
□ 태양광 발전   □ 신소재 개발   □ 친환경 에너지 도시

영역 ## 역사 속의 과학 탐구

성취기준

[10과탐01-01]   과학사에서 패러다임의 전환을 가져온 결정적 실험을 따라해 보고, 과학의 발전 과정에 대해 설명할 수 있다.

▶ 갈릴레이와 뉴턴이 수행했던 다양한 중력 관련 사고실험 및 수학적 검증을 활용하여 '통합과학'에서 다룬 탐구 활동 및 주제와 관련지어 실험을 진행할 수 있다.

[10과탐01-02]   과학사에서 우연한 발견으로 이루어진 탐구 실험을 수행하고, 그 과정에서 발견되는 과학의 본성을 설명할 수 있다.

▶ 여러 대에 걸친 과학자들의 꾸준한 노력 속에서 뛰어난 과학자의 우연한 발견에 의해 완성된 과학 지식의 대표 사례 중 하나는 주기율표이다. '통합과학'에서 다룬 탐구 주제 및 활동과 관련지어 실험을 진행할 수 있다.

[10과탐01-03]   직접적인 관찰을 통한 탐구를 수행하고, 귀납적 탐구 방법을 설명할 수 있다.

▶ 관찰을 통한 데이터 수집을 비롯한 귀납적 탐구는 수집한 다양한 사실들을 토대로 일반화된 이론을 완성하는 과정이다. 대표적 사례로 지질 시대에 걸친 생물 대멸종에 대한 가설 도출 등이 있다.

[10과탐01-04]   가설 설정을 포함한 과학사의 대표적인 탐구실험을 수행하고, 연역적 탐구 방법의 특징을 설명할 수 있다.

▶ 연역적 탐구실험은 주로 기존에 알려진 과학 지식이 완전하지 않기 때문에 이를 극복하기 위해 새로운 가설을 설정하면서 시작된다. 대표적 사례 중 하나는 자연발생설의 오류를 밝힌 파스퇴르의 실험으로, '통합과학'에서 다룬 탐구 주제와 관련지어 실험을 진행할 수 있다.

탐구주제

① 갈릴레이가 2천 년 가까이 이어 오던 아리스토텔레스의 생각이 정말 옳은지 과학적으로 분석하고 실험을 통해 증명하려고 했던 '갈릴레이의 사고실험(머릿속에서 생각으로 진행하는 실험)'을 따라가 보고, 자유 낙하와 수평으로 던진 물체의 운동을 비교하여 설명해 보자.

관련학과

기계공학과, 에너지공학과, 메카트로닉스공학과

---

② 과학자들은 새 원소를 발견할 때마다 원자의 질량과 밀도, 반응성 등 성질을 조사하였고, 멘델레예프는 이 원소들을 원자의 상대적 질량에 따라 배열할 때 독특한 규칙성이 나타남을 발견하여 주기율표를 만들었다. 그가 했던 방식대로 주기율표를 만들어 보면서 원소들 사이에 어떤 규칙성이 나타나는지 조사하여 발표해 보자.

관련학과

화학공학과, 소프트웨어공학과, 신소재공학과

---

③ 지질시대 화석의 분포를 통해 어떤 생물은 대멸종을 일으킨 사건의 영향을 크게 받지 않기도 하고 대멸종 이후에 오히려 매우 번성하기도 하였다. 지구에서 공룡이 멸종한 이후에 나타난 변화를 근거로 신생대의 생태계에는 어떤 변화가 있었는지 조사하여 발표해 보자.

관련학과

환경공학과, 생명공학과, 소프트웨어공학과, 유전공학과

---

④ 알칼리 금속은 가장 바깥 전자껍질에 1개의 전자가 있다. 알칼리 금속의 반응성은 매우 크며 공기 중에 알칼리 금속을 방치하면 반응이 빠른 속도로 일어나서 알칼리 금속 표면의 은백색 광택이 사라진다. 주기율표의 1족에 해당하는 알칼리 금속의 반응성에 대하여 조사하고, 실생활에서의 어떻게 활용되고 있는지 이들의 역할에 대하여 토의해 보자.

관련학과

광학공학과, 신소재공학과, 재료공학과, 화학공학과, 환경공학과, 금속공학과

---

⑤ 파스퇴르는 공기에 떠다니는 미생물을 발견하고 미생물이 공기를 통해 퍼져 나간다는 것을 입증하기 위해 여러 가지 실험을 실시했다. 이러한 파스퇴르의 노력과 생물속생설 실험 과정을 아리스토텔레스가 주장한 '생물은 우연히 생겨난다'라는 자연선택설과 비교하여 설명해 보자.

관련학과

환경공학과, 생명공학과, 유전공학과

💬 **MEMO**

생활 속의 과학 탐구

성취기준

[10과탐02-01] 생활 제품 속에 담긴 과학 원리를 파악할 수 있는 실험을 통해 실생활에 적용되는 과학 원리를 설명할 수 있다.

> ▶ [10과탐02-01, 02, 03] 과학이 적용된 다양한 분야에서 몇 가지 사례를 중심으로 과학적 원리, 유용성, 즐거움 등을 깨달을 수 있는 실험 활동을 진행할 수 있다.

[10과탐02-02] 영화, 건축, 요리, 스포츠, 미디어 등 생활과 관련된 다양한 분야에 적용된 과학 원리를 알아보는 실험을 통해 과학의 유용성을 설명할 수 있다.

[10과탐02-03] 과학 원리를 활용한 놀이 체험을 통해 과학의 즐거움을 느낄 수 있다.

[10과탐02-04] 흥미와 호기심을 갖고 과학 탐구에 참여하고, 분야 간 협동 연구 등을 통해 협력적 탐구 활동을 수행하며, 도출한 결과를 증거에 근거하여 해석하고 평가할 수 있다.

> ▶ [10과탐02-04, 06, 07, 09] 협업을 통해 과학 문제 발견부터 해결책 제시까지의 과학 탐구의 전 과정을 경험할 수 있는 실험 활동을 진행할 수 있다. 특히 '운동 관련 안전사고 예방 장치 고안하기' 탐구 활동을 통해 협업의 가치를 알게 하고, 과학 탐구 전체 과정을 경험하여 공학적 설계 과정을 거쳐 창의적인 산출물을 고안하게 할 수 있다.

[10과탐02-05] 탐구 활동 과정에서 지켜야 할 생명 존중, 연구 진실성, 지식 재산권 존중 등과 같은 연구 윤리와 함께 안전 사항을 준수할 수 있다.

> ▶ 생명 존중, 연구 진실성, 지식 재산권 존중 등과 같은 연구 윤리 준수 및 안전 사항 준수를 포괄적으로 경험할 수 있는 실험 활동을 진행할 수 있다. 특히 '천연 항생 물질 찾기' 탐구 활동을 통해 관련된 연구 윤리와 안전 사항을 파악할 수 있다.

[10과탐02-06] 과학 관련 현상 및 사회적 이슈에서 과학 탐구 문제를 발견할 수 있다.

[10과탐02-07] 생활 속에서 발견한 문제 상황 해결을 위한 과학 탐구 활동 계획을 수립하고 탐구 활동을 수행할 수 있다.

[10과탐02-08] 탐구 수행으로 얻은 정성적 혹은 정량적 데이터를 분석하고 그 결과를 다양하게 표상하고 소통할 수 있다.

> ▶ '관측 자료를 활용하여 한반도의 기후 변화 경향성 파악하기'를 통해 표, 그래프, 모형, ICT 등 다양한 표상으로 소통하는 경험을 가질 수 있다.

[10과탐02-09] 과학의 핵심 개념을 적용하여 실생활 문제를 해결하거나, 탐구에 필요한 도구를 창의적으로 설계하고 제작할 수 있다.

탐구주제

1 숲속에 가면 상쾌한 향을 맡을 수 있는데 이는 식물이 항생 물질인 피톤치드를 내뿜기 때문이다. 피톤치드는 식물이 자신의 생존을 어렵게 만드는 박테리아, 곰팡이, 해충을 퇴치하기 위해 의도적으로 생산하는 살생 효능을 가진 휘발성 유기 화합물을 통틀어 일컫는 말이다. 피톤치드처럼 우리 주변에 있는 천연 항생 물질을 찾아 항생 효과를 확인하는 실험을 설계해 보자.

관련학과

화학공학과, 환경공학과, 생명공학과, 조경학과, 도시공학과

2 우리가 건축물을 설계할 때는 다양한 요소를 고려해 구조를 선택하는데 구조에 따른 강도를 비교하여 발표해 보자. 또 우리 주변에서 볼 수 있는 다리 중 하나를 선택하여 그 구조를 분석하고, 하드보드지를 이용하여 두 가지 이상의 모형을 제작한 후 구조에 따른 강도에 대하여 조사하여 발표해 보자.

관련학과

건축학과, 건축공학과, 토목학과, 도시공학과

3 석탄이나 석유 등의 화석 연료나 가솔린이나 경유 등을 사용하는 자동차를 운행하면 황산화 물질이나 질소 산화물 등이 배출되며, 이 물질들은 대기와 토양을 산성화시키는 주요한 물질들이다. 토양이 산성화되는 다양한 원인과 문제점을 살펴보고, 산성화된 토양을 되살릴 방안을 찾아 발표해 보자.

관련학과

조경학과, 토목공학과, 화학공학과, 환경공학과, 생명공학과, 재료공학과, 컴퓨터공학과, 소프트웨어공학과

4 NASA는 100년 우주선 프로젝트를 계획하고 있다. 나사는 주프로젝트로서 2030년까지 화성으로 4명을 보내는 계획을 세웠다. 최근 일론 머스크 등이 화성에 이주 계획을 발표한 기사가 이슈화되었는데 외계 행성에 유인 기지를 만들고 사람이 장기간 거주하려면 어떤 문제들을 해결해야 하는지 조사하고, 또 어떤 전문가 그룹이 필요한지 토의해 보자.

관련학과

건축학과, 건축공학과, 조경학과, 토목공학과, 도시공학과, 항공우주공학과, 항공정비학과, 기계공학과, 로봇공학과, 금속공학과, 자동차공학과, 신소재공학과, 재료공학과, 컴퓨터공학과, 소프트웨어공학과, 정보통신공학과, 정보보안학과, 산업공학과, 산업시스템공학과, 화학공학과, 환경공학과, 생명공학과, 유전공학과, 메카트로닉스공학과

5 지시약이란 수용액의 pH에 따라 색깔이 달라지는 물질로, 산성이나 염기성을 구별하는 데 쓰인다. 산성 용액과 염기성 용액을 섞으면 용액의 pH가 바뀌고 지시약을 이용하면 용액의 pH에 따른 색 변화를 볼 수 있는데 이를 이용하여 마술을 기획하고 멋진 마술 공연 계획을 세워 간단한 마술을 시도해 보자.

관련학과

화학공학과, 환경공학과, 소프트웨어공학과, 정보통신공학과

성취기준

[10과탐03-01] 첨단 과학기술 속의 과학 원리를 찾아내는 탐구 활동을 통해 과학 지식이 활용된 사례를 추론할 수 있다.

> ▶ '태양광 발전을 이용한 장치 고안하기'와 '적정 기술을 적용한 장치 고안하기' 등의 활동을 통해 첨단 과학기술에 대한 이해를 바탕으로 과학 지식의 활용 방안을 파악한다.

[10과탐03-02] 첨단 과학기술 및 과학 원리가 적용된 과학 탐구 활동의 산출물을 공유하고 확산하기 위해 발표 및 홍보할 수 있다.

> ▶ '신소재 개발 사례 조사하기'와 '지속 가능한 친환경 에너지 도시 설계하기' 등의 활동을 통해 첨단 과학기술을 활용하는 과학 탐구를 실행한다.

탐구주제

2.과학탐구실험 ─ 첨단 과학 탐구

① 태양광 발전은 광기전 효과(photovoltaic effect)를 이용하여, 태양으로부터 오는 빛을 전기 에너지로 바꾸어 주는 발전 방법을 말한다. 최근 친환경 에너지로 각광 받는 태양광 발전은 태양의 빛 에너지를 전기 에너지로 전환시키는 것으로 발전에 이용하는 태양 전지의 특징을 알아보고, 태양광 발전을 이용한 다양한 장치를 고안해 발표해 보자.

관련학과
광학공학과, 에너지공학과, 조경학과, 건축학과, 건축공학과, 기계공학과, 로봇공학과, 화학공학과, 환경공학과, 산업공학과

② 신소재는 과학기술을 이용하여 기존 소재의 결점을 보완하고 새로운 기능과 성질을 갖도록 한 재료로 과학기술이 발달한 현대에 와서 개발되었을 것 같지만, 인류 문명의 발달 과정에서 늘 존재했다. 이처럼 다양한 신소재가 어떻게 개발되고 발전해 왔는지 조사하여 발표해 보자.

관련학과
신소재공학과, 재료공학과, 화학공학과

③ 친환경 에너지 도시 건설 사업은 이미 지구촌 곳곳의 여러 도시에서 시도하고 있다. 우리나라도 지역 특성을 살려 과학적 원리를 적용한 친환경 에너지 마을을 만들어가고 있는데 지속 가능한 친환경 에너지 도시나 마을을 찾아 조사하여 각 도시나 마을의 특징과 핵심 기술을 살펴보고, 친환경 에너지 도시를 설계하여 발표해 보자.

관련학과
건축학과, 건축공학과, 조경학과, 토목공학과, 도시공학과, 산업공학과, 산업경영공학과, 산업시스템공학과, 화학공학과, 환경공학과, 생명공학과

④ UN 등에 따르면 전 세계에서 물 부족으로 고통받는 사람은 9억 명이 넘으며, 매년 2백만 명 정도가 오염된 물 때문에 죽어 가고 있다. 2025년에는 물 부족 인구가 20억 명에 이를 것으로 예측하고 있는데 물 부족으로 고생하고 있는 지역을 위해 개발된 적정기술 장치와 그 원리를 탐구하고, 깨끗한 물을 얻을 수 있는 장치를 고안하여 발표해 보자.

관련학과
기계공학과, 로봇공학과, 도시공학과, 신소재공학과, 재료공학과, 소프트웨어공학과

활용 자료의 유의점

- (!) 올바른 과학적 태도와 탐구 과정 체험
- (!) 공학적 설계를 바탕으로 창의적 산출물을 만들어내기 위한 탐구 활동 수행
- (!) 작품 발표회에 참여하는 등 협업을 통한 탐구 활동 필요
- (!) 과학적 의사소통능력과 과학적 참여 활동 중요

💬 **MEMO**

물리학 I

☐ 운동 방향 변화　☐ 뉴턴 운동 법칙　☐ 충격량과 운동량　☐ 운동량 보존　☐ 역학적 에너지 보존
☐ 열기관 내부 에너지 변화　☐ 빛의 속도 동일함　☐ 특수 상대성 이론　☐ 불연속적 에너지 준위　☐ 다이오드
☐ 자성체 활용　☐ 전자기 유도 현상　☐ 선 스펙트럼　☐ 파동의 진동수　☐ 전반사 원리
☐ 광통신　☐ 전자기파　☐ 파동의 간섭　☐ 빛의 이중성　☐ 전자 현미경의 원리

영역 ## 역학과 에너지

성취기준

[12물리 I 01-01]　여러 가지 물체의 운동 사례를 찾아 속력의 변화와 운동 방향의 변화에 따라 분류할 수 있다.

> ▶ 여러 가지 물체의 운동을 속력만 변하는 경우, 운동 방향만 변하는 경우, 속력과 운동 방향이 모두 변하는 경우로 분류하게 한다.

[12물리 I 01-02]　뉴턴 운동 법칙을 이용하여 직선 상에서 물체의 운동을 정량적으로 예측할 수 있다.

> ▶ 직선 상에서 알짜힘을 구하는 학습 활동을 통해 크기와 방향을 지닌 물리량은 더해질 수 있음을 알게 한다.

[12물리 I 01-03]　뉴턴의 제3법칙의 적용 사례를 찾아 힘이 상호 작용임을 설명할 수 있다.

[12물리 I 01-04]　물체의 1차원 충돌에서 충돌 전후의 운동량 보존을 이용하여 속력의 변화를 정량적으로 예측할 수 있다.

[12물리 I 01-05]　충격량과 운동량의 관계를 이해하고, 일상생활에서 충격을 감소시키는 예를 찾아 설명할 수 있다.

[12물리 I 01-06]　직선 상에서 운동하는 물체의 역학적 에너지가 보존되는 경우와 열에너지가 발생하여 역학적 에너지가 보존되지 않는 경우를 구별하여 설명할 수 있다.

[12물리 I 01-07]　열기관이 외부와 열과 일을 주고받아 열기관의 내부 에너지가 변화됨을 사례를 들어 설명할 수 있다.

[12물리 I 01-08]　열이 모두 일로 전환되지 않는다는 것을 사례를 들어 설명할 수 있다.

모든 관성계에서 빛의 속도가 동일함을 알고 시간 지연, 길이 수축, 동시성과 관련된 현상을 설명할 수 있다.

▶ 특수 상대성 이론에서 시간 지연, 길이 수축에 대한 정량적 계산은 다루지 않는다.

[12물리 I 01-10] 질량이 에너지로 변환됨을 사례를 들어 설명할 수 있다.

▶ 특수 상대성 이론의 증거에 해당하는 사례를 통한 의미 파악에 중점을 둔다.

탐구주제

① 놀이기구의 움직임은 역학적 에너지 보존 법칙과 관련이 있다. 위치에너지가 운동에너지로, 운동에너지가 위치에너지로 끊임없이 바뀌는 현상이 일어나는 예가 바로 놀이기구다. 에버랜드나 롯데월드 같은 놀이공원에서 볼 수 있는 놀이기구의 운동을 속력과 운동 방향의 변화를 기준으로 분류할 수 있는데 놀이기구를 속력과 운동 방향의 변화에 따라 분류해 보고, 그 특성을 발표해 보자.

관련학과
기계공학과, 로봇공학과, 에너지공학과, 환경공학과, 소프트웨어공학과, 메카트로닉스공학과

② 야구 방망이로 공을 치는 경우 야구 방망이가 공을 미는 힘을 작용이라고 하면 반작용은 공이 야구 방망이를 미는 힘이고, 킥보드를 타고 가는 경우 발이 땅을 미는 힘을 작용이라고 하면 반작용은 땅이 발을 미는 힘이다. 이와 같이 우리 주변에서 일어나는 작용 반작용의 힘을 찾아 발표해 보자.

관련학과
항공우주공학과, 조선해양공학과, 기계공학과, 에너지공학과, 로봇공학과

③ 일상생활에서 접하는 충격감소장치로 자동차의 범퍼와 에어백, 차량이나 오토바이에 장착된 충격흡수 댐퍼, 타이어나 고무패드로 만든 도로충격흡수대 등이 있다. 또 신발처럼 부드러운 소재를 사용하여 충격을 감소시키는 것도 있다. 이러한 원리를 이용하여 작은 충격에도 쉽게 깨지는 달걀을, 더 높은 곳에서 떨어뜨려도 깨지지 않게 하려면 어떤 방법으로 장치를 만들어야 할지 탐구하고 발표해 보자.

관련학과
기계공학과, 에너지공학과, 로봇공학과, 섬유공학과, 신소재공학과, 재료공학과, 컴퓨터공학과, 소프트웨어공학과, 정보통신공학과, 메카트로닉스공학과

④ 로켓이란 작용과 반작용을 이용한 추진 기관 혹은 이 로켓기관으로 추진되는 비행체를 지칭한다. 로켓은 공기 저항이나 중력이 없는 우주 공간에서도 잘 날아간다. 우주 공간에서 로켓이 날아갈 수 있는 까닭을 로켓의 분출 가스가 가진 운동량과 로켓의 운동량으로 설명해 보자.

관련학과
항공우주공학과, 항공정비학과, 기계공학과, 에너지공학과, 화학공학과, 로봇공학과

⑤ 직선 상에서 운동하는 물체의 역학적 에너지가 보존되는 경우와 열에너지가 발생하여 역학적 에너지가 보존되지 않는 경우가 있다. 야구에서 슬라이딩을 하면서 미끄러지다가 멈춘 선수가 가지고 있던 운동에너지는 어떻게 전환되었는지 설명해 보고, 운동에너지를 최대한 보존시키기 위한 방법을 제시해 보자.

관련학과
에너지공학과, 섬유공학과, 신소재공학과, 화학공학과, 재료공학과

(6) 우리는 디젤기관, 가솔린엔진, 제트엔진 등 다양한 열기관을 이용하여 생활에 필요한 에너지를 얻는다. 같은 종류의 열기관이라도 다양한 형태로 사용되므로 열효율이 다를 수 있는데 주변에서 사용하는 열기관들이 열효율을 어떤 방법으로 높여왔는지 조사하여 발표해 보자.

관련학과

화학공학과, 에너지공학과, 기계공학과, 로봇공학과, 메카트로닉스공학과

(7) 쌍둥이로 태어난 형제 중 형이 광속으로 움직이는 우주선을 타고 우주여행을 떠났다가 다시 돌아왔다. 이 우주여행을 한 형과 지구에 남아 있던 쌍둥이 동생이 다시 만났을 때 누가 더 늙어 있을까를 상대성 이론으로 설명해 보자.

관련학과

항공우주공학과, 항공정비학과, 기계공학과, 로봇공학과, 환경공학과, 생명공학과, 유전공학과, 메카트로닉스공학과

(8) 원자력 발전은 우라늄이나 플루토늄같은 불안정한 물질이 보다 안정한 상태로 변하기 위해 원자핵 분열을 할 때 발생하는 열을 이용하는 것이고, 핵융합 발전은 중수소와 같은 가벼운 원자핵 2개가 핵력이라는 거대한 힘에 의해 충돌해 하나의 다른 원자핵으로 합쳐지면서 발생하는 막대한 에너지를 이용한다. 현재 사용하고 있는 원자력 발전과 핵융합 발전의 장단점을 조사하고, 인류의 에너지 문제 해결을 위한 노력을 조사하여 발표해 보자.

관련학과

광학공학과, 에너지공학과, 원자력공학과, 세라믹공학과, 신소재공학과, 재료공학과, 소프트웨어공학과, 기계공학과, 화학공학과, 로봇공학과

영역

물질과 전자기장

성취기준

[12물리 I 02-01] 전자가 원자에 속박되어 있음을 전기력을 이용하여 정성적으로 설명할 수 있다.

[12물리 I 02-02] 원자 내의 전자는 불연속적 에너지 준위를 가지고 있음을 스펙트럼 관찰을 통하여 설명할 수 있다.

[12물리 I 02-03] 고체의 에너지띠 이론으로 도체, 반도체, 절연체 등의 차이를 구분하고, 여러 가지 고체의 전기 전도성을 비교하는 탐구를 수행할 수 있다.

[12물리 I 02-04] 종류가 다른 원소를 이용하여 반도체 소자를 만들 수 있음을 다이오드를 이용하여 설명할 수 있다

[12물리 I 02-05] 전류에 의한 자기 작용이 일상생활에서 적용되는 다양한 예를 찾아 그 원리를 설명할 수 있다.

[12물리 I 02-06] 자성체의 종류를 알고 자성체가 활용되는 예를 찾을 수 있다.

> ▶ 자성체의 종류로는 상자성체, 반자성체, 강자성체를 다룬다.

[12물리 I 02-07] 일상생활에서 전자기 유도 현상이 적용되는 다양한 예를 찾아 그 원리를 설명할 수 있다.

탐구주제

1 몇 년 전만 해도 생소한 기술이었던 LED는 지구온난화 등 환경문제와 에너지 절감의 필요성이 대두되고, 전 세계적으로 환경 규제가 강화되면서 주목받고 있다. 우리가 많이 사용하는 LED등에서 나오는 빛의 스펙트럼은 형광등, 백열전등, 햇빛의 스펙트럼과 어떤 차이가 있는가를 조사하고, 헬륨, 수은, 네온 전등에서 나오는 빛의 선 스펙트럼은 어떤 차이가 있는가를 조사하여 발표해 보자.

관련학과
광학공학과, 에너지공학과, 화학공학과, 제어계측공학과, 환경공학과

2 원자의 전자가 에너지를 받아 높은 에너지 상태로 되었다가 다시 에너지가 낮은 상태로 전이할 때 그 차이만큼의 에너지를 빛의 형태로 방출하는데 원자마다 전자가 다른 상태로 전이하기 때문에 원자마다 특유의 불꽃 반응색을 나타낸다. 밤하늘을 예쁘게 수놓는 불꽃놀이의 주요 재료는 화약과 여러 가지 금속 가루이다. 불꽃놀이에서 폭죽이 폭발할 때 다양한 색의 빛이 나오는 이유를 전자의 에너지 준위와 파장을 이용하여 발표해 보자.

관련학과
광학공학과, 에너지공학과, 화학공학과, 환경공학과

3 많은 센서의 핵심 부품인 반도체는 원자가 띠와 전도띠 사이의 간격이 보통 5eV 이하이며, 페르미 에너지가 이 범위에 포함되는 물질로, 상온에서 열적 들뜸에 의하여 원자가 띠의 전자들이 띠 간격을 극복하고 전도띠로 이동한다. 일상생활에서 이용되는 센서 안에서 반도체가 어떤 역할을 하고 있는지 조사하여 발표해 보자.

관련학과
반도체공학과, 세라믹공학과, 신소재공학과, 재료공학과, 컴퓨터공학과, 소프트웨어공학과, 정보통신공학과, 광학공학과, 전기공학과, 전자공학과, 에너지공학과

4 전기전도도는 물체에 전류가 잘 흐르는 정도를 표시하는 양으로서 물질의 고유한 성질이다. 여러 가지 물질의 전기전도도를 이용하여 도체, 반도체, 부도체 등으로 구분한다. 고체의 전기적 성질을 원자가 띠와 전도띠의 간격과 전자의 이동으로 설명할 때 절연체에서도 전류가 흐르는 것을 조사하여 발표해 보자.

관련학과
전기공학과, 전자공학과, 반도체공학과, 재료공학과, 광학공학과, 에너지공학과

5 LED는 전기 신호를 빛으로 바꾸는 화합물 반도체 소자이다. 이 LED가 빛을 내는 것은 전기 에너지가 반도체 결정 안에서 직접 빛으로 전환되기 때문이다. 최근 다양하고 화려하게 밤거리를 밝히는 LED 조명은 많은 색과 역동적인 모양으로 밤을 더욱 아름답게 만든다. 이를 가능하게 해 준 발광 다이오드(LED)의 기본 원리를 조사하여 발표해 보자.

관련학과
반도체공학과, 섬유공학과, 광학공학과, 에너지공학과, 화학공학과, 환경공학과

파동과 정보통신

성취기준

[12물리 I 03-01] 파동의 진동수, 파장, 속력 사이의 관계를 알고 매질에 따라 파동의 속력이 다른 것을 활용한 예를 설명할 수 있다.

> ▶ 파동의 속력 변화로 파동의 굴절을 다루고, 렌즈, 신기루 등 다양한 현상을 설명하게 한다.

[12물리 I 03-02] 파동의 전반사 원리를 이용한 광통신 과정을 설명할 수 있다.

[12물리 I 03-03] 다양한 전자기파를 스펙트럼의 종류에 따라 구분하고, 그 사용 예를 찾아 설명할 수 있다.

[12물리 I 03-04] 파동의 간섭이 활용되는 예를 찾아 설명할 수 있다.

> ▶ 파동의 간섭을 활용한 예로 빛이나 소리와 관련된 다양한 현상을 정성적으로 다룬다.

[12물리 I 03-05] 빛의 이중성을 알고, 영상정보가 기록되는 원리를 설명할 수 있다.

> ▶ 영상 정보 기록 장치 예로 전하 결합 소자(CCD)를 이용한다.

[12물리 I 03-06] 물질의 이중성을 알고, 전자 현미경의 원리를 설명할 수 있다.

탐구주제

3.물리 I ― 파동과 정보통신

① 광케이블은 광통신에 쓰이는 머리카락 정도의 두께인 직경 0.1mm의 가느다란 유리섬유를 통신용으로 쓸 수 있도록 외피를 입힌 것이다. 우리가 사용하는 인터넷을 가능하게 하는 것은 태평양의 해저에 깔려있는 광케이블의 역할이 크다. 이 광케이블에서 어떻게 통신이 일어나고 있는지 임계각과 전반사를 이용하여 설명해 보자.

관련학과
광학공학과, 에너지공학과, 전기공학과, 전자공학과, 조선해양공학과, 기계공학과, 로봇공학과, 정보통신공학과, 정보보안학과, 산업공학과, 제어계측공학과

② 대기 중에서 소리의 파동은 공기를 매질로 하여 전달된다. 소리는 높은 온도에서 낮은 온도 쪽으로 굴절하는 특성이 있고, 이와 관련하여 '낮말은 새가 듣고 밤말은 쥐가 듣는다'는 속담이 있다. 이 속담에서 지면에 나란히 진행하는 소리의 전달 속도가 낮과 밤에 달라지는 것을 직접 실험해 보고, 매질의 굴절을 이용하여 설명해 보자.

관련학과
광학공학과, 에너지공학과, 정보보안학과, 정보통신공학과

③ 사막에 사는 방울뱀 중 사이드와인더는 양 눈과 코 사이에 자외선을 탐지하는 기관이 있어서 주변 온도 차이를 감지할 수 있다. 이런 능력 때문에 이 방울뱀은 불빛이 전혀 없는 캄캄한 어둠 속에서도 먹이를 찾을 수 있다. 사이드와인더는 전투기에서 발사되는 열 추적 미사일의 한 종류이기도 하다. 추적 미사일과 방울뱀이 목표물을 추적하는 원리를 조사하여 발표해 보자.

관련학과
광학공학과, 에너지공학과, 전기공학과, 전자공학과, 기계공학과, 로봇공학과, 정보통신공학과, 정보보안학과, 항공우주공학과, 항공정비학과, 제어계측공학과

탐구주제

3.물리Ⅰ — 파동과 정보통신

4 X선 망원경은 로켓, 인공위성 등 비행체에 탑재해서 대기권으로부터 X선 천체의 위치를 결정하고, 크기·형태 등을 측정하는 장치이다. 우주를 관측하는 망원경은 종류에 따라 설치 장소가 다르다. 전파 망원경은 지상에 설치하는 반면 X선 망원경은 대기권 밖에 설치한다. 그 이유를 전자기파의 성질을 이용하여 설명해 보자.

관련학과
전기공학과, 전자공학과, 제어계측공학과, 기계공학과, 광학공학과, 에너지공학과, 항공우주공학과

---

5 열화상 카메라는 이미지 센서 대신 적외선에 반응하는 마이크로 볼로미터 등이 탑재되어 렌즈를 통과한 적외선 에너지가 적외선 센서를 통해 전기 신호로 변환된다. 열화상 카메라는 적외선을 감지하여 온도 높낮이를 색상으로 이미지화하여 나타낸다. 최근 코로나19의 확산 방지를 위해 많은 기관에서 열화상 카메라를 사용하여 대상 물체에 접촉하지 않고도 발열 상태를 체크한다. 이 열화상 카메라에 사용되는 전자기파의 특성과 활용하는 분야도 조사하여 발표해 보자.

관련학과
전자공학과, 제어계측공학과, 생명공학과, 기계공학과, 광학공학과, 화학공학과, 에너지공학과

---

6 무선 이어폰에 많이 사용하는 노이즈 캔슬링은 쉽게 말해 소리에 소리를 더해 불필요한 소리를 없애주는 기능이다. 최근 사용하는 소음 제거 이어폰을 써보면 시끄러운 곳에서도 고품질의 음악을 감상할 수 있다. 이 이어폰이 주변의 소음을 어떻게 제거하는지 파동의 간섭을 이용하여 설명해 보자.

관련학과
전자공학과, 제어계측공학과, 정보통신공학과, 정보보안학과, 생명공학과, 기계공학과, 에너지공학과

---

7 빛은 파동성과 입자성을 모두 가지는데 빛의 입자성 때문에 임의의 금속에 빛을 가했을 때 금속으로부터 전자가 방출되는 현상을 광전 효과라고 한다. 광전 효과를 확인하기 위한 실험으로 아연판에 형광등과 자외선을 비추고 어떤 변화가 일어나는지 탐구해 보자. 금속판이 오므라드는 현상이 관측되면 이를 빛의 진동수와 관련하여 설명해 보자.

관련학과
전자공학과, 제어계측공학과, 광학공학과, 기계공학과, 금속공학과, 에너지공학과

---

8 최근 많이 사용하는 스마트폰의 카메라는 렌즈를 통하여 들어온 빛이 조리개와 셔터를 지나 CCD에 물체의 상으로 맺히게 되고, 이때 발생한 전자의 수를 측정하여 메모리카드에 저장한다. 이 CCD(전하 결합 소자, Charge Coupled Device)의 개발 원리를 조사하여 발표해 보자.

관련학과
전자공학과, 제어계측공학과, 광학공학과, 기계공학과, 금속공학과, 반도체공학과, 에너지공학과, 메카트로닉스공학과

---

9 광전효과는 어떤 파장보다 짧은 파장이 빛을 금속에 비추었을 때 그 금속에 전류가 흐르는 현상으로, 태양 전시의 이론적인 기초가 된다. 이 광전효과는 빛이 입자의 성질을 가지고 있음을 보여주는 현상이고 빛의 간섭 현상은 빛이 파동의 성질도 가지고 있음을 보여준다. 빛의 파동성과 입자성을 조사하고 발표해 보자.

관련학과
제어계측공학과, 광학공학과, 금속공학과, 전자공학과, 에너지공학과

교과세특 탐구주제 바이블 공학계열편   **143**

(!) 일상생활에서 충격을 감소시키는 장치 등의 예를 찾아 설명하거나 직접 고안

(!) 조별 토론을 통해 실험 방법을 구성하고 실험하여 결론을 도출하는 과정 중요

(!) 문제 해결을 위해 서로 협력하는 정의적·인성적 활동 중요

(!) 주변의 다양한 예를 주도적으로 조사하여 다양한 형태로 발표

💬 MEMO

과학과

4

물리학Ⅱ

핵심키워드

☐ 힘의 벡터 ☐ 구조물 안정성 ☐ 물체의 평형 조건 ☐ 등가속도 운동 ☐ 포물선 운동 ☐ 케플러 법칙
☐ 뉴턴의 중력 법칙 ☐ 등가 원리 ☐ 중력 렌즈 효과 ☐ 블랙홀 ☐ 역학적 에너지 보존
☐ 정전기 유도와 유전 분극 ☐ 바이어스 전압 ☐ 평행판 축전기 ☐ 유도 기전력 ☐ 전자기파 수신
☐ 슬릿의 간섭 실험 ☐ 광전 효과 실험 ☐ 빛의 입자성 ☐ 불확정성 원리

영역

역학적 상호 작용

성취기준

[12물리Ⅱ01-01] 평면 상에서 여러 가지 힘이 합성될 때 힘의 벡터를 이용하여 알짜힘을 구할 수 있다.

[12물리Ⅱ01-02] 무게중심에 대한 물체의 평형 조건을 정량적으로 계산하여 간단한 구조물의 안정성을 설명할 수 있다.

▶ 다양한 사례를 통해 알짜힘과 돌림힘의 관계를 정량적으로 파악하여 물체의 평형 조건을 이해하게 한다.

[12물리Ⅱ01-03] 평면상의 등가속도 운동에서 물체의 속도와 위치를 정량적으로 예측할 수 있다.

[12물리Ⅱ01-04] 뉴턴 운동 법칙을 이용하여 물체의 포물선 운동을 정량적으로 설명할 수 있다.

[12물리Ⅱ01-05] 구심력을 이용하여 등속 원운동을 설명할 수 있다.

[12물리Ⅱ01-06] 행성의 운동에 대한 케플러 법칙이 뉴턴의 중력 법칙을 만족함을 설명할 수 있다.

[12물리Ⅱ01-07] 가속 좌표계 개념을 이용하여 등가 원리를 설명할 수 있다.

[12물리Ⅱ01-08] 중력 렌즈 효과와 블랙홀을 항성의 질량과 관련지어 설명할 수 있다.

▶ 중력 렌즈 효과는 등가 원리를 이용하여 이해하게 하고, 블랙홀은 물체의 탈출 속도와 관련지어 설명하게 한다.

[12물리Ⅱ01-09] 등가속도 운동에서 일-운동 에너지 관계를 설명할 수 있다.

[12물리Ⅱ01-10] 포물선 운동과 단진자 운동에서 역학적 에너지가 보존됨을 설명할 수 있다.

[12물리Ⅱ01-11] 열의 일당량 개념을 사용하여 열과 일 사이의 전환을 정량적으로 설명할 수 있다.

탐구주제

1 물리에서 이동 거리는 움직인 방향을 생각하는 게 아닌 움직인 양 자체에만 주목을 하는 것이고, 변위는 움직인 방향도 고려해서 계산한다. 집에서 학교까지 갈 때처럼 한 지점에서 동일 목적지를 향해 갈 때 다른 경로를 통해 이동하면 어떤 물리량(변위, 이동 거리, 평균 속력, 평균 속도 등)이 달라지는지 조사하여 발표해 보자.

관련학과
도시공학과, 교통공학과, 제어계측공학과, 소프트웨어공학과, 에너지공학과

---

2 힘의 평형은 물체에 가해지는 모든 힘의 합력이 0이 될 때를 말한다. 힘은 벡터이기 때문에 방향이 존재하여 합이 가능하고, 이것이 0일 때 물체는 본래의 운동상태를 유지한다. 산을 오르다 보면 비탈 곳곳에 돌탑이 쌓아 올려진 광경을 자주 목격한다. 또 돌탑을 쌓아 올려본 경험도 있는데 이것을 토대로 돌탑을 잘 쌓으려면 어떻게 해야 하는지 힘의 평형 조건과 돌림힘의 평형 조건으로 설명해 보자.

관련학과
기계공학과, 조경학과, 토목공학과, 건축학과, 건축공학과, 로봇공학과

---

3 지레는 막대기를 이용하여 힘을 전달하는 도구 중 하나로 도르래나 축바퀴와 마찬가지로 돌림힘을 이용하는 도구이다. 지레는 힘점, 받침점, 작용점의 위치에 따라 1종, 2종, 3종 지레로 나눌 수 있다. 각 종류의 지레에 대하여 설명하고, 일상생활에서 지레의 원리를 적용한 도구의 예를 조사하여 발표해 보자.

관련학과
조경학과, 토목공학과, 도시공학과, 조선해양공학과, 기계공학과, 로봇공학과, 금속공학과, 에너지공학과, 메카트로닉스공학과

---

4 배가 외부의 힘에 의해 기울게 되면 배의 무게중심은 변함이 없지만, 배가 물에 잠기는 부피가 달라지면 부력 중심인 부심은 변하게 된다. 무게중심과 부심이 일직선에서 벗어나면 배에는 돌림힘이 작용하여 전복되기도 하는데 이러한 전복을 방지하기 위한 다양한 장치들에 대하여 설명해 보자.

관련학과
교통공학과, 조선해양공학과, 기계공학과, 금속공학과, 에너지공학과

---

5 물체의 회전축으로부터 일정한 거리만큼 떨어진 곳에 힘을 가하면 물체는 회전축을 중심으로 회전하려고 한다. 이 때 물체를 회전시키는 원인이 되는 물리량을 돌림힘이라고 한다. 이 돌림힘(토크)은 물체에 작용한 힘이 물체를 회전시킬 수 있는 능력으로 표현하는데 이것은 물리적인 힘과 구분하기 위함이다. 일상생활에서 돌림힘을 이용한 도구나 장치에는 어떤 것들이 있는지 조사하여 발표해 보자.

관련학과
기계공학과, 로봇공학과, 에너지공학과, 제어계측공학과, 메카트로닉스공학과

---

6 가속도 센서는 속도의 변화라고 하는 물리량을 측정하는 센서-운동체의 동적 진동변화(가속도)를 직접 감지할 수 있다. 우리가 자주 사용하는 스마트폰에 이 센서와 앱을 이용하면 편리하게 물체의 운동을 분석하여, 가속도를 측정할 수 있다. 물체의 속도를 스마트 폰으로 측정하고 가속도를 계산하는 방법을 이용하여 실제 실험을 설계하고 수행하여 그 결과를 발표해 보자.

관련학과
교통공학과, 항공우주공학과, 로봇공학과, 제어계측공학과, 컴퓨터공학과, 소프트웨어공학과, 정보통신공학과

탐구주제

7 공기 저항이 없다고 가정하면 빗방울이 떨어지는 높이가 높을수록 지면에서의 빗방울의 속도는 매우 빨라질 것이다. 높이가 약 2km에서 떨어지는 빗방울이 지면에 도달할 때쯤 대략적인 속력을 계산하고 그때의 충격 정도를 조사하여 발표해 보자.

관련학과

토목공학과, 도시공학과, 교통공학과, 항공우주공학과, 기계공학과, 제어계측공학과, 소프트웨어공학과

---

8 피겨 스케이트 선수들이 팔을 활짝 펴고 회전하다가 팔을 움츠리면 회전 속도가 더 빨라지는 것을 볼 수 있는데, 피겨 스케이트 선수의 질량은 그대로인데 회전축으로부터의 거리가 짧아지면 몸의 회전 속도가 빨라지기 때문이다. 이것을 각운동량 보존 법칙으로 설명해 보자.

관련학과

기계공학과, 로봇공학과, 제어계측공학과, 에너지공학과, 메카트로닉스공학과

---

9 중력상수란 중력의 힘으로써 어디에서나 균일한 힘을 가지고 있다. 이것은 지구의 자기장이 어디에서나 균일한 힘으로 나침판을 북쪽으로 향하게 하는 힘과 유사하다. 즉, 중력이나 자기장처럼 약하지만 지구 어디에서나 광범위하면서도 균일하게 작용하는 상수이다. 막대의 양 끝에 크기와 질량이 동일한 납으로 된 공을 매달고, 이를 가느다란 줄에 매달아 수평 방향으로만 회전시키며 탐구했던 캐번디시의 중력상수 측정 실험을 조사하고, 그 원리를 발표해 보자.

관련학과

기계공학과, 로봇공학과, 제어계측공학과, 에너지공학과, 컴퓨터공학과, 소프트웨어공학과, 메카트로닉스공학과

---

10 먼 곳에 있는 밝은 광원으로부터 빛이 지구에 도달할 때 무거운 천체가 있으면 빛은 휘어진다. 이것은 일반 상대성 이론에서 중력에 의해 시공간이 구부러지고 빛이 휘어지는 현상이며 이것으로부터 여러 개의 상이 생긴다. 이것은 마치 렌즈에 의해 상이 만들어지는 것과 같은 원리이므로 중력 렌즈 현상이라 한다. 아인슈타인의 일반 상대성 이론을 이용한 중력 렌즈 효과 가상 실험을 설계해 보고, 그 실험 결과를 발표해 보자.

관련학과

토목공학과, 제어계측공학과, 에너지공학과, 컴퓨터공학과, 소프트웨어공학과, 정보통신공학과, 메카트로닉스공학과

---

11 놀이공원에서 스릴을 느낄 수 있는 바이킹은 계속 같은 경로를 왕복하는 단진자를 이용한 놀이 기구로, 바이킹을 탈 때는 배 모양의 탑승물이 진자처럼 좌우로 흔들리다가 최고 정점에 이르는 순간 짜릿함에 사람들은 비명을 지르는데 이를 수직 항력의 변화를 이용하여 설명해 보자.

관련학과

조선해양공학과, 기계공학과, 로봇공학과, 제어계측공학과, 에너지공학과, 소프트웨어공학과

💬 **MEMO**

전자기장

Ⅰ. 물리 Ⅰ

Ⅱ. 생명과학

Ⅲ. 지구과학

Ⅳ. 수학과

Ⅵ

대학교

Ⅴ.응용학

성취기준

[12물리Ⅱ02-01] 정지한 전하 주위의 전기장을 정량적으로 구하고, 전기력선으로 표현할 수 있다.

[12물리Ⅱ02-02] 전기 유도와 유전 분극을 이해하고, 이 현상이 적용되는 예를 찾아 설명할 수 있다.

[12물리Ⅱ02-03] 직류 회로에서 저항의 연결에 따른 전류와 전위차 및 저항에서 소모되는 전기 에너지를 구할 수 있다.

[12물리Ⅱ02-04] 트랜지스터의 증폭 원리를 이해하고, 저항을 이용하여 필요한 바이어스 전압을 정할 수 있다.

> ▶ 각 단자의 적절한 바이어스 전압을 통한 증폭 작용을 다루고, 저항의 연결을 이용한 전압 분할로 바이어스 전압을 결정할 수 있음을 이해하게 한다.

[12물리Ⅱ02-05] 평행판축전기를 이용하여 에너지를 저장하는 원리를 전위차와 전하량으로 설명하고, 그 사용 예를 설명할 수 있다.

[12물리Ⅱ02-06] 전류가 흐르는 도선 주위에 발생하는 자기장을 자기력선으로 표현할 수 있다.

[12물리Ⅱ02-07] 자기선속이 시간에 따라 변화할 때 유도 기전력이 회로에 유도되는 현상에서 기전력의 크기를 구할 수 있다.

[12물리Ⅱ02-08] 상호유도를 이해하고, 활용되는 예를 찾아 설명할 수 있다.

> ▶ 상호유도가 활용되는 예로 변압기를 다룬다.

탐구주제

4.물리Ⅱ — 전자기장

① 도체의 표면은 등전위면이 되기 때문에 전기력선은 도체의 표면에 수직이 된다. 또 도체 내부에는 전계(Electric field)가 없으므로 전기력선은 도체 내부에 들어가지 않는다. 번개가 칠 때 자동차는 승객을 벼락으로부터 보호해 주는데 이를 패러데이의 전기장 차폐 효과를 이용하여 설명해 보자.

관련학과
금속공학과, 자동차공학과, 전기공학과, 제어계측공학과, 광학공학과, 에너지공학과, 메카트로닉스공학과

② 건조한 겨울철에는 방전을 시켜 줄 습도가 없으므로 정전기가 마찰을 통해 전류로 빠져나갈 때 스파크가 일어나면서 정전기를 느끼게 된다. 또 겨울철에 승용차 문을 열기 위해 문 손잡이 가까이 손을 가져가면 방전이 일어나 손끝이 짜릿함을 느낄 때가 있다. 문 손잡이에 전원이 연결된 것도 아닌데 왜 방전이 일어나 이런 충격을 느끼는지를 정전기로 설명해 보자.

관련학과
기계공학과, 로봇공학과, 금속공학과, 자동차공학과, 전기공학과, 제어계측공학과, 에너지공학과, 메카트로닉스공학과

탐구주제

3 전자레인지는 정전기 유도 현상을 이용하여 만든 제품으로 음식물에 마이크로파를 쪼이면 전기장 방향으로 물 분자가 정렬하게 되고, 마이크로파의 전기장 방향은 매우 빠르게 변하며 음식물의 온도를 높인다. 이 과정을 정전기 유도 현상에 따른 에너지 전환으로 설명해 보자.

관련학과

기계공학과, 금속공학과, 전기공학과, 전자공학과, 제어계측공학과, 에너지공학과

---

4 저항을 직렬연결하면 전체 저항이 커지기 때문에 회로의 전체 전류는 감소하고, 저항을 병렬연결하면 전체 저항이 감소하기 때문에 회로의 전체 전류는 증가하게 된다. 서항의 직렬연결과 병렬연결에서 전류와 전압의 비교를 실험해 보고, 그 결과를 이용해서 저항의 연결 방법에 따른 전류의 세기와 전압의 관계를 그래프로 그려서 발표해 보자.

관련학과

전기공학과, 전자공학과, 제어계측공학과, 에너지공학과, 세라믹공학과, 신소재공학과, 재료공학과, 메카트로닉스공학과

---

5 전열기구는 소비전력이 크기 때문에 멀티탭에 문어발식으로 연결해 사용하면 과부하로 인한 합선이나 화재의 위험이 커져 각별한 주의가 필요하다. 우리는 학교나 집에서 자주 멀티탭을 사용하는데, 이 멀티탭에 너무 많은 전기 기구를 연결하여 화재가 발생했다는 뉴스를 접하곤 한다. 이것이 위험한 까닭을 조사하여 발표해 보자.

관련학과

전기공학과, 제어계측공학과, 에너지공학과, 세라믹공학과, 신소재공학과, 재료공학과

---

6 트랜지스터는 전류나 전압 흐름을 조절하여 증폭하거나 스위치 역할을 하는 반도체 소자이다. 외부 회로와 연결할 수 있는 최소 3개 단자를 가지고 반도체 재료로 구성되어있다. 이 트랜지스터의 발명이 전자 기기의 발달에 어떤 영향을 미쳤을지 조사하고 트랜지스터가 쓰이는 우리 주변의 제품들을 찾아 발표해 보자.

관련학과

전기공학과, 전자공학과, 제어계측공학과, 광학공학과, 반도체공학과, 세라믹공학과, 에너지공학과, 기계공학과

---

7 최근 전기자동차의 보급이 빨라지는데 전기자동차의 동력원이 배터리이므로 자동차의 성능은 배터리의 성능과 관련 있다. 자동차 배터리는 한번 쓰고 소모하는 것이 아니라 충전이 가능한 축전기를 사용한다. 축전기에 충전된 전하량과 축전기에 저장되는 전기 에너지는 어떤 관계가 있는지를 설명해 보자.

관련학과

기계공학과, 금속공학과, 자동차공학과, 전기공학과, 전자공학과, 제어계측공학과, 에너지공학과, 화학공학과, 환경공학과

---

8 솔레노이드는 도선을 속이 빈 긴 원통형의 코일 모양으로 감은 것으로 도선에 전류를 흘리면 자기장을 생성시키기 때문에 전자석이 될 수 있다. 솔레노이드에서 전류의 크기에 따른 자기장을 비교하는 실험을 해 보고, 그 결과를 해석하여 전류의 세기와 자기장의 세기, 코일의 감은 횟수와 자기장의 세기 등 관계를 발표해 보자

관련학과

전기공학과, 전자공학과, 제어계측공학과, 에너지공학과, 기계공학과

---

9 전자기 유도 현상은 코일 근처에서 자석을 움직이거나 자석 근처에서 코일을 움직일 때 코일에 전류가 흐르는 현상이다. 우리가 많이 사용하는 전기 기타에는 자석과 코일이 모두 고정되어 있다. 전기 기타의 줄은 강자성체인 철이나 니켈 등으로 이루어졌는데 전자기 유도를 위한 자기장의 변화가 어떻게 발생하는지 발표해 보자.

관련학과

전기공학과, 전자공학과, 제어계측공학과, 에너지공학과, 기계공학과, 메카트로닉스공학과

탐구주제

(10) 최근 많이 사용하는 무선 충전 방식은 매우 가까운 거리에서만 가능하다는 한계가 있어서 이를 해결하기 위해 자기 공진 현상을 이용하는 것인데 공진 또는 공명 현상에 대해서 조사하고, 자기 공진 현상이 어떻게 전자기 유도 현상이 갖는 한계를 극복하고 먼 거리까지 전기 에너지를 전달할 수 있게 하는지 발표해 보자.

관련학과

전기공학과, 전자공학과, 제어계측공학과, 에너지공학과, 자동차공학과, 기계공학과, 메카트로닉스공학과

영역 **파동과 물질의 성질**

성취기준

[12물리 II 03-01] 전자기파의 간섭과 회절을 이해하고 이와 관련된 다양한 예를 조사하여 설명할 수 있다.

[12물리 II 03-02] 파원의 속도에 따라 파장이 달라짐을 이해하고, 활용되는 예를 찾아 설명할 수 있다.

[12물리 II 03-03] 교류 회로에서 전자기파의 발생 및 안테나를 통한 수신 과정을 설명할 수 있다.

> ▶ 교류 회로에서는 축전기와 코일의 용량 변화에 따라 고유 진동수가 달라짐을 정성적으로 다루고, 전자 기파의 수신 과정은 개요도를 통해 전체적인 과정을 이해하게 한다.

[12물리 II 03-04] 볼록 렌즈에서 상이 맺히는 과정을 도식을 이용하여 설명하고, 초점과 상의 관계를 정량적으로 구할 수 있다.

[12물리 II 03-05] 이중 슬릿의 간섭 실험을 이용하여 빛의 파장을 구할 수 있다.

[12물리 II 03-06] 광전 효과 실험을 근거로 빛의 입자성을 설명할 수 있다.

> ▶ 광전 효과에서 일함수의 의미를 통하여 빛의 입자성이 확인되는 과정을 설명할 수 있게 한다.

[12물리 II 03-07] 입자의 파동성을 물질파 이론과 전자 회절 실험을 근거로 설명할 수 있다.

[12물리 II 03-08] 수소 원자 내에서 전자의 궤도를 고전 역학으로 설명할 수 없음을 불확정성 원리를 사용하여 설명할 수 있다.

> ▶ 불확정성 원리의 의미를 측정의 원리와 연계하여 다루고, 이를 바탕으로 보어 수소 원자 모형과 현대적 원자 모형의 차이를 다룬다.

탐구주제

① 3차원 입체영상인 홀로그램은 빔프로젝트의 빛을 거울로 반사시켜 45도 각도의 투명한 스크린에 투과하도록 하는 방법으로 만들어진다. 최근 실시간 입체영상을 구현하기 위한 장치로 홀로그램(hologram)을 이용한 장치를 많이 사용한다. 이 홀로그램의 원리를 반사, 회절, 간섭 등을 이용하여 설명해 보자.

관련학과

전기공학과, 전자공학과, 제어계측공학과, 광학공학과

② 야구 경기의 중계방송을 보면 투수가 던진 공의 빠르기를 실시간으로 확인할 수 있는데, 이것의 원리는 다음과 같다. 이것은 포수의 후방에 스피드건에서 극초단파가 발사되고 이 파동이 스피드건을 향해 날아오는 공에서 반사되어 다시 스피드건으로 돌아오면 도플러 효과로 파동의 진동수가 증가한다. 스피드건 속의 장치로 진동수의 변화 정도를 비교하여 공의 속도를 계산하고 표시한다. 이렇게 속도를 측정하는 도플러 효과에 대하여 설명하고 이를 실생활에 적용한 다양한 예를 조사하여 발표해 보자.

관련학과

자동차공학과, 전기공학과, 전자공학과, 제어계측공학과, 광학공학과, 기계공학과, 메카트로닉스공학과

③ 길거리를 돌아다니거나 대중교통을 이용할 때, 주변을 관찰해보면 모두 귀에 무선 이어폰을 꽂고 자신이 고른 음악을 듣거나 영상을 보고 있다. 우리가 많이 사용하는 스마트폰은 통화, 블루투스, 와이파이 등 다양한 전자기파를 동시에 이용할 수 있다. 이렇게 스마트폰에서 동시에 서로 다른 전자기파를 사용할 수 있는 이유를 전자기파의 진동수로 설명해 보자.

관련학과

기계공학과, 전기공학과, 전자공학과, 제어계측공학과, 광학공학과, 에너지공학과, 소프트웨어공학과, 정보통신공학과, 정보보안학과, 메카트로닉스공학과

④ 돋보기로 물체를 관찰하다 보면 때로는 확대되어 보이기도 하고 상이 작아 보이기도 한다. 렌즈로 관찰되는 다양한 상의 모습을 초점거리를 기준으로 설명하고 볼록 렌즈가 만드는 상을 관찰하며 렌즈의 초점거리를 조사하여 발표해 보자.

관련학과

광학공학과, 제어계측공학과

⑤ 영은 물리학적 업적으로 에너지라는 단어에 과학적 의미를 부여하고, 빛의 간섭원리를 발견하여 빛의 파동설을 프레넬보다 앞서 주장하였다. 당시 밝혀지고 있던 빛과 물질의 상호 작용을 통일적으로 설명했다. 이중 슬릿에 레이저를 비췄을 때 나타나는 무늬를 관찰하면 각 무늬 사이의 좁은 간격 외에도 여러 무늬 묶음 사이의 간격이 나타난다. 여기에서 빛의 직진성을 찾아볼 수 없는데 그 이유를 영의 실험을 통한 빛의 파동성으로 설명해 보자.

관련학과

기계공학과, 광학공학과, 제어계측공학과, 에너지공학과

⑥ 우리 주변 지붕이나 벽에 태양 전지판이 설치된 경우를 종종 볼 수 있다. 태양 전지에 빛을 비추면 햇빛이 p-n접합 반도체에 흡수되면서 광전 효과에 의해 전류가 발생하는데, 태양 전지를 활용해 더 많은 전기를 얻기 위한 장치를 고안하여 발표해 보자.

관련학과

반도체공학과, 세라믹공학과, 신소재공학과, 재료공학과, 화학공학과, 환경공학과, 전기공학과, 전자공학과, 제어계측공학과, 광학공학과, 에너지공학과, 건축학과, 건축공학과

탐구주제

(7) 전자와 총알이 같은 속력으로 움직일 때, 어느 것의 파장이 더 길지를 물질파의 파장과 운동량으로 설명해보자. 또 가속 전압이 커질수록 회절격자를 통과한 전자선의 회절 무늬 간격이 짧아지는 이유를 조사하여 발표해 보자.

관련학과
전기공학과, 전자공학과, 제어계측공학과, 광학공학과, 에너지공학과

(8) 하이젠베르크의 불확정성 원리에 따르면 수소 원자 내에서 운동하는 전자의 위치를 정확히 측정하는 것은 불가능하다. 전자는 궤도의 어느 특정 지점에 정확히 위치할 수 없고 대신에 슈뢰딩거 파동함수와 같이 일정 정도의 분포(즉, 위치의 불확정성)를 가진다. 이를 이용하여 현대 수소 원자 모형을 설명해 보자.

관련학과
화학공학과, 전기공학과, 전자공학과, 제어계측공학과, 광학공학과, 에너지공학과

활용 자료의 유의점

- ⓘ 이론적 예상값과 결괏값이 일치하거나 다르게 나오는 이유에 대해서 추론하고, 근거를 제시하며 토의
- ⓘ 모둠별로 문제 해결 과제를 제시하여 해결
- ⓘ 자기장을 자기력선으로 표현하거나 글로 설명하는 과학적 의사소통능력도 중요
- ⓘ 일상생활에 사용되는 다양한 전기 소자에 대한 관심 필요

💬 **MEMO**

화학 I

핵심키워드

☐ 테플론　☐ 탄소 섬유 복합 재료　☐ 탄소 화합물　☐ 몰의 질량　☐ 현대 원자 모형　☐ 주기율표　☐ 전기 분해
☐ 이온 결합　☐ 전기 전도성　☐ 쌍극자 모멘트　☐ 루이스 전자점식　☐ 산과 염기
☐ 항산화제　☐ 구제역 방역　☐ 발열반응　☐ 흡열반응

영역 ## 화학의 첫걸음

성취기준

[12화학 I 01-01] 화학이 식량 문제, 의류 문제, 주거 문제 해결에 기여한 사례를 조사하여 발표할 수 있다.

> ▶ 화학이 문제 해결에 기여한 사례를 중심으로 다루며, 화학 반응식을 강조하지 않는다.

[12화학 I 01-02] 탄소 화합물이 일상생활에 유용하게 활용되는 사례를 조사하여 발표할 수 있다.

> ▶ 일상생활에서 사용하고 있는 메테인, 에탄올, 아세트산 등과 같은 대표적인 탄소 화합물의 구조와 특징을 다룬다.

[12화학 I 01-03] 아보가드로수와 몰의 의미를 이해하고, 고체, 액체, 기체 물질 1몰의 양을 어림하고 체험할 수 있다.

> ▶ 다양한 활동으로 1몰의 양을 가늠하게 한 후, 실제로 양을 측정하여 확인하게 한다.

[12화학 I 01-04] 여러 가지 반응을 화학 반응식으로 나타내고 이를 이용해서 화학 반응에서의 양적 관계를 설명할 수 있다.

[12화학 I 01-05] 용액의 농도를 몰 농도로 표현할 수 있다.

① 최근 아웃도어 의류들이 많은 관심 속에 성장하고 있다. 아웃도어 의류 소재의 하나인 고어텍스 섬유는 냄비나 프라이팬의 코팅에 사용되는 물질인 테플론(폴리테트라플루오로에틸렌)을 매우 얇게 늘려서 만든 섬유이다. 수많은 미세 구멍으로 이루어진 이 섬유는 빗방울과 같이 흐르는 물이 통과하지 못하도록 막아서 옷이 쉽게 젖지 않으며, 방풍 기능도 뛰어나 등산복의 소재로 많이 사용된다. 이같이 화학이 실생활의 문제 해결에 기여한 사례를 조사하여 발표해 보자.

관련학과

섬유공학과, 신소재공학과, 재료공학과, 화학공학과, 세라믹공학과, 환경공학과

---

② 자동차나 항공기의 차체를 더 가볍고 튼튼한 신소재로 만드는 연구가 많은데, 최근에 각광 받는 신소재로 탄소 섬유 복합 재료가 있다. 탄소 섬유 복합 재료인 탄소 섬유 강화 플라스틱은 가볍지만 부서지기 쉬운 플라스틱과 철보다 10배 정도 강하면서도 무게는 철의 1/5 정도밖에 되지 않는 매우 가는 섬유인 탄소 섬유를 결합하여 만든다. 탄소 섬유 복합 재료는 자동차나 항공 우주 산업 이외에도 건축, 스포츠 등 다양한 분야에서 사용된다. 탄소 섬유 복합 재료의 활용 사례를 조사하여 발표해 보자.

관련학과

건축공학과, 조경학과, 도시공학과, 교통공학과, 항공우주공학과, 기계공학과, 로봇공학과, 금속공학과, 자동차공학과, 제어계측공학과, 광학공학과, 에너지공학과, 섬유공학과, 신소재공학과, 재료공학과, 화학공학과, 환경공학과

---

③ 탄소의 원자가는 아주 소수인 경우를 제외하고는 4가로 화합물의 종류가 매우 많고, 또 겉보기의 산화수가 여러 가지 단계인 것이 존재한다. 탄소 화합물은 탄소 원자가 다른 탄소나 수소, 산소, 질소, 플루오린 등 여러 가지 원자들과 결합하여 이루어진 물질이다. 다양한 구조의 탄소 화합물이 존재하는 까닭을 탄소의 구조와 관련하여 설명해 보자.

관련학과

화학공학과, 섬유공학과, 신소재공학과, 재료공학과, 항공우주공학과, 환경공학과

---

④ 탄소 화합물의 대부분은 유기 화합물이지만, 일부 조성이 비교적 간단한 것은 무기 화합물로 분류된다. 우리 주변의 의약품, 장난감, 세제, 의류, 신발, 가구, 안경, 가전제품 등 생활 곳곳에 많은 탄소 화합물이 사용되고 있다. 이렇게 탄소 화합물이 일상생활에 유용하게 활용되는 사례를 조사하여 발표해 보자.

관련학과

화학공학과, 섬유공학과, 신소재공학과, 재료공학과, 환경공학과

---

⑤ 몰은 0.012kg의 12C 속에 존재하는 원자의 수(아보가드로수)와 같은 수의 물질 입자(원자·분자·자유라디칼·이온·전자)를 함유하는 계의 물질량이며, 그 기호는 mol이다. 주변 여러 가지 물질의 1몰의 양을 측정할 때 염화 나트륨, 알루미늄, 물 등은 질량을 측정하고, 산소, 헬륨 등은 부피를 측정하는 이유를 설명하고, 각 물질 1몰의 질량이 다른 까닭을 설명해 보자.

관련학과

화학공학과, 제어계측공학과, 환경공학과

---

⑥ 지름이 0.5mm이고 길이가 7cm인 샤프심 한 개의 질량이 0.03g이고 모두 탄소로만 이루어졌다고 가정하면, 탄소 1몰이 되려면 약 몇 개의 샤프심이 필요한지 계산과정을 정리하여 소개하고, 샤프심의 규격에 따라 개수가 달라질 수 있으므로, 본인이 가지고 있는 샤프심의 질량을 측정한 후 계산하여 발표해 보자.

관련학과

화학공학과, 제어계측공학과, 재료공학과, 환경공학과

원자의 세계

성취기준

[12화학 I 02-01] 양성자, 중성자, 전자로 구성된 원자를 원소 기호와 원자 번호로 나타내고, 동위 원소의 존재 비를 이용하여 평균 원자량을 구할 수 있다.

[12화학 I 02-02] 양자수와 오비탈을 이용하여 원자의 현대적 모형을 설명할 수 있다.

▶ 양자수 n, l, m, s 사이의 관계와 규칙을 s, p 오비탈 모양과 관련지어 설명한다.

[12화학 I 02-03] 전자 배치 규칙에 따라 원자의 전자를 오비탈에 배치할 수 있다.

[12화학 I 02-04] 현재 사용하고 있는 주기율표가 만들어지기까지의 과정을 조사하고 발표할 수 있다.

[12화학 I 02-05] 주기율표에서 유효 핵전하, 원자 반지름, 이온화 에너지의 주기성을 설명할 수 있다.

▶ 전기 음성도의 주기성은 고등학교 '화학 I '의 '화학 결합과 분자의 세계'에서 학습한다.

탐구주제

5.화학 I — 원자의 세계

(1) 원자를 구성하는 입자의 발견 과정 중 의미 있는 실험으로 톰슨의 음극선 실험, 러더퍼드의 α 입자 산란 실험, 러더퍼드의 양극선 실험, 채드윅의 베릴륨 박판 α 입자 충돌 실험 등이 있다. 이 실험에서 각 입자의 발견 과정을 조사하여 입자들의 특성을 설명해 보자.

관련학과
화학공학과, 기계공학과, 제어계측공학과, 전기공학과, 전자공학과, 광학공학과, 에너지공학과

(2) 현대 원자 모형의 기초가 된 보어 원자 모형은 수소 원자의 선 스펙트럼은 설명할 수 있었으나 다전자원자들의 스펙트럼은 설명하지 못하는 오류를 안고 있었지만, 원자의 에너지가 양자화되어 있음을 보여주는 의미가 있었다. 이의 연장선에서 현대의 원자 모형을 오비탈과 양자수를 이용하여 설명해 보자.

관련학과
화학공학과, 제어계측공학과, 전기공학과, 전자공학과, 광학공학과, 에너지공학과

(3) 원자를 구성하는 전자가 배치될 때 일정한 규칙이 있다. 이러한 규칙으로 쌓음 원리, 파울리 배타 원리, 훈트규칙 등이 있다. 이 원리에 따라 바닥상태 전자 배치를 나타내 보고, 가장 바깥 전자껍질의 전자 배치가 규칙적으로 변하면서 나타나는 물질세계의 규칙성과 질서에 대해 발표해 보자.

관련학과
화학공학과, 전자공학과, 광학공학과, 에너지공학과

(4) 멘델레예프의 주기율표와 모즐리 이후의 현대의 주기율표는 원소를 나열하는 기준에 어떤 차이가 있는지 조사해 보고, 주기율표에서 원소의 위치와 특성을 창의적으로 표현한 노래나 영상을 만들어 발표해 보자.

탐구주제

관련학과
화학공학과, 환경공학과, 신소재공학과, 재료공학과

⑤ 2주기 3주기 원소의 유효 핵전하, 원자 반지름, 이온화 에너지의 변화를 그래프에 표시해 보고, 같은 주기에서 원자번호가 커질 때 유효 핵전하와 원자 반지름이 각각 어떻게 달라지는지 정리하여 발표해 보자. 또 같은 족에서 원자번호가 커질 때 원자 반지름이 어떻게 달라지는지 경향성을 조사하여 발표해 보자.

관련학과
화학공학과, 환경공학과, 금속공학과, 신소재공학과

영역 | 화학 결합과 분자의 세계

성취기준

[12화학 I 03-01] 실험을 통해 화학 결합의 전기적 성질을 설명할 수 있다.

▶ 물이 전기 에너지로 쉽게 분해될 수 있음을 강조하여 수소와 산소 사이의 화학 결합이 전기적 인력에 의한 것임을 다룬다.

[12화학 I 03-02] 이온 결합의 특성과 이온 화합물의 성질을 설명하고 예를 찾을 수 있다.

▶ 이온 결합의 형성 과정을 이온의 거리 변화로 다루며, 이온 결정이 물에 녹아 이온이 생기는 것이 아니라 이온 결정 자체가 이온으로 구성되어 있음을 다룬다.

[12화학 I 03-03] 공유 결합, 금속 결합의 특성을 이해하고 몇 가지 물질의 성질을 결합의 종류와 관련지어 설명할 수 있다.

▶ 이온 결합, 공유 결합, 금속 결합의 상대적 세기 비교는 이온 결정, 공유 결정, 금속 결정의 녹는점을 비교하는 수준으로 다룬다.

[12화학 I 03-04] 전기 음성도의 주기적 변화를 이해하고 결합한 원소들의 전기 음성도 차이와 쌍극자 모멘트를 활용하여 결합의 극성을 설명할 수 있다.

▶ 수소, 물, 암모니아, 이산화 탄소 등과 같은 2, 3주기 전형 원소를 예로 든다.

[12화학 I 03-05] 원자, 분자, 이온, 화합물을 루이스 전자점식으로 표현할 수 있다.

▶ 수소, 물, 암모니아, 이산화 탄소 등과 같이 간단한 화합물을 다룬다.

[12화학 I 03-06] 전자쌍 반발 이론에 근거하여 분자의 구조를 모형으로 나타낼 수 있다.

[12화학 I 03-07] 물리적, 화학적 성질이 분자 구조와 관계가 있음을 설명할 수 있다.

탐구주제

(1) 물의 전기 분해 실험을 직접 해봄으로써 이를 통해 순수한 물은 왜 전류를 잘 통하지 않아 전기분해가 어려운지를 탐구해 보자. 또 전해질로 사용하는 물질은 어떠한 물질인지 조사하고 물이 산소와 수소의 공유 결합 물질임을 탐구하여 설명해 보자.

관련학과
화학공학과, 환경공학과, 기계공학과, 자동차공학과, 전기공학과, 제어계측공학과

---

(2) 이온 결합은 인력과 반발력이 균형을 이루는 에너지가 가장 낮은 거리에서 결합이 형성된다. 이온 결합의 형성에서 양이온과 음이온 사이의 거리에 따라 인력과 반발력에 의한 에너지가 어떻게 변화하는지 설명하고, 이온 사이의 거리에 따른 에너지 변화로부터 이온 결합이 형성되는 원리를 추론하여 발표해 보자.

관련학과
화학공학과, 환경공학과, 금속공학과, 전기공학과, 제어계측공학과

---

(3) 우리가 요리할 때 자주 사용하는 소금(염화 나트륨)은 고체상태의 물질에서는 전기 전도성을 나타내지 않지만, 용융이 되어 액체 상태가 되거나 물에 녹으면 전기 전도성을 나타낸다. 또 설탕은 고체에서도 물에 녹아서도 전기 전도성을 나타내지 않는다. 그 이유를 이온 결합 물질과 공유 결합 물질의 성질을 탐구하는 실험을 통해 설명해 보자.

관련학과
화학공학과, 환경공학과, 금속공학과, 전기공학과

---

(4) 공유 결합에서 공유 전자쌍을 끌어당기는 능력을 상대적 수치로 나타낸 것을 전기 음성도라고 하는데 이것의 차이로 인한 전자쌍의 분포를 예측하고 전기 음성도 차이와 쌍극자 모멘트를 활용하여 결합의 극성을 조사하여 발표해 보자.

관련학과
화학공학과, 에너지공학과, 제어계측공학과, 전기공학과

---

(5) 공유 결합을 설명하기 위해 원소 기호 주위에 원자가 전자를 점으로 찍어 나타내는 방법을 루이스 전자점식이라고 한다. 우리 주변의 원자, 분자, 이온, 화합물을 루이스 전자점식으로 다양하게 표현해 보고, 루이스 전자점식의 예외 조항을 찾아 발표해 보자.

관련학과
화학공학과, 전기공학과

---

(6) 공유 결합 분자에서 중심 원자를 둘러싸고 있는 공유 전자쌍이나 비공유 전자쌍들이 그들 사이의 정전기적 반발력을 최소화하기 위해 가능한 한 서로 멀리 떨어져 있으려 한다는 이론을 토대로 중심 원자와 그 주변의 전자쌍을 이용하여 $BeCl_2$, BCl_3, CH_4, NH_3, H_2O 분자의 구조를 모형으로 나타내 보자.

관련학과
화학공학과, 에너지공학과, 전자공학과, 전기공학과

---

(7) 물, 에탄올, 노말헥세인의 극성 여부를 알아보는 실험으로 흐르는 액체에 대전체를 가까이 가져가 보면 일부 물질은 대전체 쪽으로 끌려오는데, 이러한 변화가 생긴 이유를 분자의 극성을 이용하여 설명해 보자. 또 분산력과 유발쌍극자에 대한 현상도 조사하여 발표해 보자.

관련학과
화학공학과, 에너지공학과, 환경공학과, 전자공학과, 전기공학과

역동적인 화학 반응

성취기준

[12화학 I 04-01] 가역 반응에서 동적 평형 상태를 설명할 수 있다.

▶ 용해 평형, 상평형 현상 등을 가역 반응의 예로 들어 동적 평형 상태를 정성적으로 다룬다.

[12화학 I 04-02] 물의 자동 이온화와 물의 이온화 상수를 이해하고, 수소 이온의 농도를 pH로 표현할 수 있다.

▶ 브뢴스테드 산과 염기의 정의를 다룬다. 산·염기 중화 반응은 수용액 반응으로 제한하고, 그 양적 관계는 알짜 이온 반응식을 중심으로 다룬다.

[12화학 I 04-03] 산·염기 중화 반응을 이해하고, 산·염기 중화 반응에서의 양적 관계를 설명할 수 있다.

[12화학 I 04-04] 중화 적정 실험을 계획하고 수행할 수 있다.

▶ 중화 적정은 식초 속의 아세트산 함량을 확인하는 것으로 제한하며 적정 곡선과 완충 용액은 다루지 않는다.

[12화학 I 04-05] 산화·환원을 전자의 이동과 산화수의 변화로 설명하고, 산화수를 이용하여 산화·환원 반응식을 완성할 수 있다.

▶ 산화제와 환원제는 특정 산화·환원 반응에서 상대적 세기에 의해 결정되는 것임을 강조한다.

[12화학 I 04-06] 화학 반응에서 열의 출입을 측정하는 실험을 수행할 수 있다.

▶ 화학 반응의 열 출입에서 열화학 반응식, 엔탈피, 반응열을 다루지 않는다.

탐구주제

5.화학 I — 역동적인 화학 반응

① 온도에 따라 그림이나 색깔이 바뀌는 신기한 컵이 있다. 컵에 뜨거운 물을 부으면 처음에는 보이지 않던 그림이 나타나거나 컵의 색깔이 바뀐다. 그런데 시간이 흘러 물이 식으면 그림이 사라지거나 색깔이 원래대로 돌아간다. 이 컵에 다시 뜨거운 물을 담으면 어떤 일이 일어날지를 가역 반응과 비가역 반응을 이용해 설명해 보자. 또 파란색 $CuSO_4$ 오수화물 결정을 가열하면 흰색으로 변하고 물을 떨어뜨리면 다시 색깔이 파란색으로 변하는 이유를 실험 결과를 분석하여 발표해 보자.

관련학과
화학공학과, 에너지공학과, 환경공학과, 섬유공학과, 신소재공학과, 재료공학과

② 김치와 탄산수는 모두 신맛이 난다. 신맛이 나는 것은 산이 들어있기 때문인데 오렌지나 포도 같은 과일이나 식초가 신맛을 내는 이유도 이와 관련이 있다. 물질에서 이렇게 공통적인 성질을 나타내는 경우처럼 산과 염기의 공통적인 성질을 실험으로 탐구하여 발표해 보자.

관련학과
화학공학과, 조경학과, 환경공학과

탐구주제

(3) 화학 반응에서 비공유 전자쌍을 받는 물질을 루이스의 산이라 하고, 비공유 전자쌍을 주는 물질을 루이스의 염기라 한다. 산과 염기에 대한 정의는 다양하다. 아레니우스의 정의, 브뢴스테드·로리의 정의 등 기존 산과 염기의 정의가 계속 확장되어 새로운 정의가 나타난 이유를 조사하여 발표해 보자.

관련학과
화학공학과, 환경공학과

(4) 중화 반응을 이용하여 농도를 모르는 산이나 염기 수용액의 농도를 알아내는 방법을 중화 적정이라고 하는데, 일상에서 사수 먹는 식초 속에 늘어있는 아세트산의 양을 중화 적정 실험을 통해 알아내고 그 결과를 데이터로 정리하고 중화점을 포함한 내용을 그래프로 그려 발표해 보자.

관련학과
화학공학과, 환경공학과

(5) 우리 주변에서 자주 볼 수 있는 붉은 양배추는 중화 적정 실험 및 산 염기의 공통적인 성질을 확인할 때 자주 사용하는 지시약으로 사용된다. 지시약은 용액의 pH 범위에 따라 색깔이 다르게 나타나는데 우리가 자주 사용하는 지시약의 변색 범위를 조사하여 발표해 보자. 그리고 변색 범위가 지시약마다 다른 이유도 설명해 보자.

관련학과
화학공학과, 제어계측공학과, 광학공학과, 환경공학과

(6) 우리가 좋아하고 자주 먹는 과일, 채소, 견과류, 콩, 생선, 고구마 등에는 항산화제인 비타민C, 플라보노이드, 카로티노이드가 많이 들어있다. 그러나 항산화제는 만병통치약이 아니다. 항산화제가 들어있는 비타민이나 건강보조식품에 어떤 부작용이 있는지 조사하고, 항산화제를 바르게 섭취하는 방법을 조사하여 발표해 보자.

관련학과
화학공학과, 환경공학과, 생명공학과

(7) 구제역은 소, 돼지, 양, 사슴 등 발굽이 둘로 갈라진 우제류에 속하는 동물에게 퍼지는 감염병이다. 구제역에 걸린 동물은 입안에 물집이 생기고, 침을 많이 흘리며, 발굽이 헐어서 제대로 서 있기가 힘들어지고, 치사율은 5~55%에 달한다. 얼마 전 발생했던 소나 돼지에게 치명적인 전염병인 구제역을 방역할 때는 물을 뿌린 뒤 산화 칼슘을 뿌린다. 산화 칼슘이 물에 녹는 반응은 발열반응인데, 이 방법으로 구제역을 방역할 수 있는 원리를 조사하여 발표해 보자.

관련학과
생명공학과, 화학공학과, 환경공학과

(8) 화학반응을 열 출입과 관련하여 발열반응과 흡열반응으로 구분한다. 철과 산소가 반응하는 열을 이용한 손난로는 발열반응의 예이고, 질산 암모늄이 물에 용해될 때 열을 흡수하는 휴대용 냉각 팩은 흡열반응의 예이다. 이렇게 화학반응의 반응열을 이용한 장치를 고안하여 발표해 보자.

관련학과
화학공학과, 환경공학과, 기계공학과, 재료공학과

활용 자료의 유의점

- ⚠ 만들기 활동 등을 통해 주기율표와 친숙해지고 주기적 특성 이해하기
- ⚠ 인터넷 정보 중에서 신뢰할 수 있는 사이트를 선별하고 필요한 정보를 활용해 표현
- ⚠ 조사 활동은 보고서, 포트폴리오 등으로 제작
- ⚠ 양적 관계 실험, 몰 농도 용액 제조와 같은 탐구 활동은 실험 보고서 등으로 정리

💬 MEMO

과학과

6

화학Ⅱ

핵심키워드

☐ 이상 기체 방정식　☐ 몰 분율　☐ 열용량　☐ 면심 입방 구조와 체심 입방 구조　☐ 퍼센트 농도　☐ ppm
☐ 몰랄 농도　☐ 끓는점 오름　☐ 어는점 내림　☐ 삼투 현상　☐ 엔탈피　☐ 헤스 법칙　☐ 동적 평형
☐ 화학 평형 이동　☐ 르샤틀리에 원리　☐ 염의 가수 분해　☐ 완충 용액
☐ 반응 속도식　☐ 촉매와 반응 속도　☐ 수소 연료 전지

영역 **물질의 세 가지 상태와 용액**

성취기준

[12화학Ⅱ01-01] 기체의 온도, 압력, 부피, 몰수 사이의 관계를 설명할 수 있다.

[12화학Ⅱ01-02] 이상 기체 방정식을 활용하여 기체의 분자량을 구할 수 있다.

[12화학Ⅱ01-03] 혼합 기체에서 몰 분율을 이용하여 분압의 의미를 설명할 수 있다.

[12화학Ⅱ01-04] 분자 간 상호 작용을 이해하고, 분자 간 상호 작용의 크기와 끓는점의 관계를 설명할 수 있다.

[12화학Ⅱ01-05] 물의 밀도, 열용량, 표면 장력 등 성질을 수소 결합으로 설명할 수 있다.

[12화학Ⅱ01-06] 액체의 증기압과 끓는점의 관계를 설명할 수 있다.

[12화학Ⅱ01-07] 고체를 화학 결합의 종류에 따라 분류하고, 간단한 결정 구조를 설명할 수 있다.

> ▶ 고체를 이온 결정, 분자 결정, 공유 결정, 금속 결정으로 구분하되 결정 구조는 면심 입방 구조와 체심 입방 구조를 소개하는 수준으로 다룬다.

[12화학Ⅱ01-08] 퍼센트 농도, ppm , 농도, 몰랄 농도의 의미를 이해하고, 여러 가지 농도의 용액을 만들 수 있다.

[12화학Ⅱ01-09] 묽은 용액의 증기압 내림, 끓는점 오름, 어는점 내림을 이해하고, 일상생활의 예를 들 수 있다.

[12화학Ⅱ01-10] 삼투 현상을 관찰하고, 삼투압을 설명할 수 있다.

탐구주제

1 기체 분자 운동론(kinetic molecular theory)은 기체의 온도, 압력, 부피, 몰수 사이의 관계를 나타내는 기체 법칙을 분자 운동으로 설명하는 이론이다. 이 이론을 이용하여 온도에 따른 기체 분자의 운동 속력 분포를 설명해 보자.

관련학과
화학공학과, 환경공학과, 제어계측공학과, 에너지공학과

2 프랑스 과학자 뒤마는 휘발성 액체를 기화시켜 분자량을 알아내는 방법을 고안하였는데, 질량과 부피를 아는 플라스크에 소량의 휘발성 액체를 넣고 중탕하여 기화시키는 방법으로 플라스크 속 기체의 압력, 부피, 질량, 온도를 측정하여 이상 기체 방정식에 대입함으로써 물질의 분자량을 구하는 방법을 제안하였다. 이 제안을 기초로 아이소프로판올(C_3H_8O)의 분자량을 구하는 실험을 하고 그 결과를 발표해 보자.

관련학과
화학공학과, 환경공학과, 제어계측공학과, 기계공학과, 에너지공학과

3 기체와 달리 고체와 액체는 분자들 사이의 거리가 짧아 분자 간 상호 작용이 강하며 분자 간 상호 작용 정도에 따라 물질의 성질이 달라진다. 물질의 성질을 결정짓는 분산력, 쌍극자·쌍극자 힘, 수소 결합 등 분자 간 상호 작용과 상호 작용의 크기를 결정하는 요인에 대해 토의해 보자.

관련학과
화학공학과, 환경공학과, 에너지공학과, 재료공학과

4 물질을 가열하면 같은 시간이라도 물질 종류와 질량 등에 따라 각기 다른 온도에 도달한다. 같은 질량일 때 온도가 달라지는 것은 물질의 비열이 다르기 때문이다. 특히 물은 물 분자들 사이에 수소 결합이 작용하여 다른 물질과 뚜렷하게 구별되는 비열을 가진다. 물의 비열과 열용량을 타 물질과 비교하고 이를 실생활에서 어떻게 활용할 수 있는지 토의해 보자.

관련학과
기계공학과, 화학공학과, 환경공학과, 생명공학과, 신소재공학과, 재료공학과

5 기체 분자는 끊임없이 빠르게 움직이며 용기 벽면에 충돌하면서 압력을 나타낸다. 물을 담아 마개를 열어 둔 PET병과 마개를 막아 둔 두 개의 PET병 속에 들어있는 기체의 조성과 압력이 어떨지 비교하고 그렇게 생각한 이유를 논리적으로 설명해 보자.

관련학과
화학공학과, 환경공학과, 제어계측공학과

6 금속 결정 구조는 단순 입방 구조, 체심 입방 구조, 면심 입방 구조 등이 있다. 다양한 교구나 스타이로폼 구를 이용하여 몇 종류의 금속 결정 구조 모형을 만들어 발표해 보자. 또 금속 원소들은 어떤 모양으로 쌓여 금속 결정을 이룰지 그 모양을 예측해 보자. 그리고 그렇게 예측한 까닭을 설명하고, 예상한 금속 결정을 그림으로 그려 발표해 보자.

관련학과
금속공학과, 자동차공학과, 화학공학과, 환경공학과, 에너지공학과

7 용액의 진하기를 용액 농도라고 하는데 용액의 농도를 정의하는 방법으로는 % 농도와 ppm 농도, 몰농도, 몰랄 농도 등이 있다. 5% 묽은 염산으로 0.05M 염산 수용액을 만들기 위한 방법을 탐구하고 농도변환식을 이용하여 물의 양을 계산하고 실험 과정과 결과를 발표해 보자.

관련학과
화학공학과, 환경공학과, 제어계측공학과

⑧ 여러 가지 농도의 포도당($C_6H_{12}O_6$) 수용액을 만드는 방법을 조사하여 발표해 보자. 1% 포도당 수용액, 1ppm 포도당 수용액, 1M(몰농도) 포도당 수용액, 1m(몰랄농도) 포도당 수용액을 농도가 묽은 용액부터 순서대로 나타내고, 각 농도 용액의 진하기를 실험을 통해 비교하는 방법을 조사해 보자.

관련학과

화학공학과, 환경공학과, 생명공학과, 제어계측공학과

⑨ 용액은 순수한 용매에 비해 증기 압력은 낮고 끓는점은 높으며 어는점도 낮다. 이것은 용액이 순수한 용매와는 다른 성질을 나타내기 때문인데, 물과 소금물, 설탕물의 어는점을 측정하고 이를 이용하여 용액을 구성하는 용질 분자의 분자량을 계산하여 발표해 보자.

관련학과

화학공학과, 환경공학과, 제어계측공학과

⑩ 김장 배추를 소금에 절임하는 것과 같이 반투막을 사이에 두고 맞닿아 있는 농도가 서로 다른 두 용액 중 저농도 용액에서 고농도 용액으로 용매가 이동하는 것을 삼투 현상이라 한다. 우리 주변에서 일어나는 다양한 삼투 현상을 조사하여 발표해 보자.

관련학과

화학공학과, 생명공학과, 환경공학과, 제어계측공학과

영역 ## 반응 엔탈피와 화학 평형

성취기준

[12화학 II 02-01] 열화학 반응식을 엔탈피를 이용하여 표현할 수 있다.

> ▶ 화학 반응에서 열의 출입에 관련된 내용으로 제한한다.

[12화학 II 02-02] 엔탈피와 결합 에너지의 관계를 이해하고, 헤스 법칙을 설명할 수 있다.

[12화학 II 02-03] 가역 반응에서 동적 평형을 이해하고, 평형 상수를 이용해서 반응의 진행 방향을 예측할 수 있다.

[12화학 II 02-04] 농도, 압력, 온도 변화에 따른 화학 평형의 이동을 관찰하고 르샤틀리에 원리로 설명할 수 있다.

[12화학 II 02-05] 상평형 그림을 이용하여 물질의 상태 변화를 설명할 수 있다.

[12화학 II 02-06] 이온화 상수를 이용하여 산과 염기의 세기를 이해하고, 염의 가수 분해를 설명할 수 있다.

[12화학 II 02-07] 완충 용액이 생체 내 화학 반응에서 중요함을 설명할 수 있다.

> ▶ 완충 용액의 작용을 설명할 때, 생체 내 화학 반응에서 완충 용액의 중요성을 정성적으로 다룬다.

① 화학 반응에서 출입하는 열을 표현하기 위해 엔탈피 변화(ΔH)를 함께 나타낸 화학 반응식을 열화학 반응식이라고 하는데, 메테인(CH_4)의 연소 반응에서 반응조건(물질의 양, 상태)에 따른 반응 엔탈피의 변화를 계산하여 발표해 보자.

관련학과
화학공학과, 환경공학과, 제어계측공학과, 광학공학과, 항공우주공학과, 에너지공학과

② 화학 반응에서 반응물 및 생성물의 종류와 상태가 같은 경우에는 반응 경로가 다르더라도 반응 엔탈피의 총합은 같다는 헤스 법칙을 확인하기 위한 실험을 설계해보자. 그리고 염산과 수산화 나트륨 수용액의 중화 반응 실험에서 열량과 반응 엔탈피를 측정하여 헤스의 법칙을 설명해 보자.

관련학과
화학공학과, 환경공학과, 제어계측공학과, 에너지공학과

③ 화학 반응의 평형 상태에서 농도, 압력, 온도를 변화시키면 르샤틀리에 원리에 따라 그 변화를 감소시키는 방향으로 화학 평형이 이동한다. 농도 또는 압력을 변화시켜 평형이 이동할 때에는 평형 상수는 변하지 않지만, 온도를 변화시키면 평형이 이동하면서 평형 상수도 달라진다. 평형 상태에서 온도 변화를 주었을 때 평형 상수의 변화와 평형의 이동 방향을 탐구하여 발표해 보자.

관련학과
화학공학과, 환경공학과, 생명공학과, 에너지공학과

④ 상평형 그림은 온도 및 압력에 따른 고체, 액체, 및 기체의 평형 관계를 나타내며 이를 통해 우리 생활에서 일어나는 상태 변화를 설명할 수 있다. 물과 이산화 탄소의 상평형 그림을 이용하여 온도와 압력이 변할 때 일어나는 상태 변화를 탐구 실험을 통해 설명해 보자.

관련학과
화학공학과, 환경공학과, 제어계측공학과, 에너지공학과

⑤ 우리가 주방이나 욕실에서 많이 사용하는 락스는 염소계 표백제로 하이포아 염소산 나트륨($NaOCl$)을 물에 녹여 만드는데, 하이포아 염소산 이온(OCl^-)은 가수 분해되어 수산화 이온(OH^-)을 생성하고, 하이포아 염소산이 약한 산이므로 짝염기인 하이포아 염소산 이온은 상대적으로 강한 염기이다. 락스를 피부에 닿지 않게 사용하고 주로 흰색 의류에 사용하는 이유를 조사하여 발표해 보자.

관련학과
화학공학과, 환경공학과, 생명공학과, 제어계측공학과

⑥ 완충 용액에 산과 염기를 가하여도 pH 가 거의 변하지 않는 현상을 화학 반응식을 이용하여 설명해 보자. 또 생체 내 완충 용액의 역할을 탐구하는 활동을 통해 완충 용액이 우리 몸과 밀접한 관련이 있음을 조사하여 발표해 보자. 또한 폐에서의 호흡 및 신장에서의 배설과 주로 관련된 완충계를 찾아, 해당 기관에서 pH 가 생리적으로 조절되는 원리를 화학 반응식으로 발표해 보자.

관련학과
화학공학과, 환경공학과, 생명공학과, 제어계측공학과

반응 속도와 촉매

[12화학II03-01] 화학 반응의 속도가 다양하다는 것을 알고, 화학 반응 속도를 계산할 수 있다.

[12화학II03-02] 자료 해석을 통하여 반응 속도식을 구할 수 있다.

[12화학II03-03] 1차 반응의 반감기를 구할 수 있다.

▶ 반응 속도 및 반감기를 구하는 활동은 복잡한 계산보다 원리의 이해를 중심으로 다룬다.

[12화학II03-04] 화학 반응에서 활성화 에너지의 의미를 설명할 수 있다.

[12화학II03-05] 농도에 따라 반응 속도가 달라짐을 설명할 수 있다.

▶ 농도에 따른 반응 속도 변화는 1차 반응으로 제한하여 다룬다.

[12화학II03-06] 온도에 따라 반응 속도가 달라짐을 설명할 수 있다.

[12화학II03-07] 촉매가 반응 속도를 변화시킬 수 있음을 설명할 수 있다.

[12화학II03-08] 촉매가 생명 현상이나 산업 현장에서 중요한 역할을 하는 예를 찾을 수 있다.

탐구주제

6.화학II — 반응 속도와 촉매

① 100m 달리기 선수의 빠르기를 나타내는 방법으로 이동거리를 시간으로 나눈 값을 사용한다. 이와 관련하여 화학 반응의 빠르기는 어떻게 나타내는 것이 좋을지 마그네슘과 묽은 염산이 반응할 때 발생하는 기체의 부피를 일정한 시간 간격으로 측정한 자료 해석을 토대로 발표해 보자.

관련학과
화학공학과, 환경공학과, 제어계측공학과

② 대기 중에서 번개가 칠 때 생성된 일산화 질소는 산소와 반응하여 이산화 질소가 된다. 이 반응에서 일산화 질소의 농도, 산소의 농도와 반응 속도 사이의 관계를 구체적으로 어떻게 나타낼 수 있을지 구상하고 이를 정리하여 발표해 보자. 또 이 반응에서 반응물의 초기 농도를 변화시키면서 초기 반응 속도를 측정한 자료를 해석하여 반응 속도식을 표현해 보자.

관련학과
화학공학과, 환경공학과, 도시공학과, 교통공학과, 자동차공학과, 제어계측공학과

③ 반응 속도가 반응물의 농도에 영향을 받는 정도는 화학 반응에 따라 다양하다. 반응물의 농도에 따라 반응 속도가 일정하게 변하는 1차 반응에서 반응물의 초기 농도가 절반으로 되는 데까지 걸리는 시간인 반감기를 일상생활에서 이용하는 다양한 사례를 조사하여 발표해 보자.

관련학과
화학공학과, 환경공학과, 제어계측공학과

(4) 탄소의 동위 원소 중 불안정한 원자핵을 가진 ^{14}C 의 절반이 스스로 붕괴하여 ^{14}N 이 되는데 걸리는 시간이 약 5,700 년인데 이것을 이용하여 유물의 연대를 측정한 사례를 찾아 반감기와 관련하여 설명해 보자. 또 반감기를 이용한 질병의 진단 사례를 조사하여 발표해 보자.

관련학과
화학공학과, 환경공학과, 재료공학과, 생명공학과, 제어계측공학과

---

(5) 화학 반응은 반응물 입자들이 반응이 일어날 적합한 방향으로 충분히 빠르게 충돌할 때 일어날 수 있고 반응물이 반응물과 생성물 사이에 존재하는 에너지 장벽을 넘을 수 있는 에너지를 가질 때만 반응이 활성화될 수 있다. 화학반응이 일어나는 데 필요한 최소한의 에너지인 활성화 에너지를 설명할 수 있는 비유를 일상생활에서 찾아 설명해 보자.

관련학과
화학공학과, 환경공학과, 생명공학과, 제어계측공학과

---

(6) 우리가 먹는 과자 중에는 장기보관을 위해 봉지에 질소를 충전하는 것도 있다. 질소와 산소가 반응하여 일산화 질소가 만들어지는 반응($N_2(g) + O_2(g) \rightarrow 2NO(g)$)도 있지만, 질소 충전제를 사용하면 유통기간을 늘릴 수 있기 때문이다. 그 이유를 화학반응에 필요한 활성화 에너지를 이용하여 설명해 보자.

관련학과
화학공학과, 환경공학과, 생명공학과

---

(7) 화학 반응이 일어나려면 반응물의 입자들이 서로 충돌해야 하는데 반응물의 농도가 증가할수록 단위 부피당 입자 수가 많아지므로 단위 시간당 충돌수가 많아진다. 입자의 충돌수가 많아지면 일정한 시간 동안에 반응을 일으킬 수 있는 입자 수도 많아지므로 반응 속도가 빨라진다. 이와 관련하여 보통 비가 내리는 지역보다 산성비가 내리는 지역에서 대리석상이 더 빠르게 훼손되는 이유에 대해 설명해 보자.

관련학과
화학공학과, 환경공학과, 조경학과, 도시공학과, 교통공학과, 제어계측공학과

---

(8) 일상생활에서는 온도를 조절하여 반응 속도를 변화시킨다. 커피를 찬물과 뜨거운 물에 녹였던 경험 등 일상에서 온도에 따라 반응 속도가 달라짐을 설명할 수 있는 예를 조사하고 이를 온도에 따른 분자의 운동 에너지 분포와 관련지어 설명해 보자.

관련학과
화학공학과, 환경공학과, 에너지공학과, 제어계측공학과

---

(9) 과산화 수소의 분해 실험에서 염화 나트륨, 설탕, 이산화 망간 등 여러 물질을 첨가하는 실험을 수행하면서 일정 시간이 지난 후 나타나는 거품의 높이를 측정하여 반응 속도가 가장 빠른 것부터 순위를 나타내고 이 결과를 활성화 에너지와 관련지어 설명해 보자.

관련학과
화학공학과, 에너지공학과, 제어계측공학과

---

(10) 현대 산업에서 촉매는 다양한 분야에 활용되고 있다. 표면 촉매, 유기 촉매, 광촉매 등 현대 산업에서 다양하게 활용되는 촉매의 예를 찾아 발표해 보자. 또 현재의 촉매 관련 기술은 어느 수준까지 발전해 왔는가를 조사해 보고, 촉매에 대한 인포그래픽을 만들어 설명해 보자.

관련학과
금속공학과, 화학공학과, 환경공학과, 에너지공학과, 재료공학과, 생명공학과, 제어계측공학과

성취기준

[12화학 II 04-01]   화학 전지의 작동 원리를 산화·환원 반응으로 설명할 수 있다.

▶ 화학 전지에서는 산화·환원 반응을 통하여 전기 에너지가 만들어지는 원리를 강조하여 다룬다.

[12화학 II 04-02]   전기 분해의 원리를 산화·환원 반응으로 설명할 수 있다.

[12화학 II 04-03]   수소 연료 전지가 활용되는 예를 조사하여 설명할 수 있다.

탐구주제

① 스마트폰이나 전기자동차는 화학 전지 없이 작동이 어렵다. 화학 전지는 산화·환원 반응을 통해 전기 에너지를 만드는 장치로, 화학 전지를 구성하는 구성 요소와 전지가 작동할 때 각 반응에서 일어나는 화학 반응을 통해 전지의 작동 원리를 설명해 보자. 또 몇 가지 금속과 소금물 등을 이용하여 다양한 종류의 화학 전지를 만들어 보고, 그 결과를 공유해 보자.

관련학과
화학공학과, 환경공학과, 금속공학과, 자동차공학과, 기계공학과, 로봇공학과, 전기공학과, 전자공학과, 신소재공학과, 재료공학과, 제어계측공학과

② 외부에서 전기 에너지를 공급하면 비자발적인 산화·환원 반응을 일으킬 수도 있는데 이와 같이 전기 에너지를 이용하여 물질을 분해하는 것을 전기 분해라고 한다. 염화 나트륨($NaCl$) 수용액을 전기 분해하면 각 전극에서 어떤 물질이 생성될지 예상해 보고, 그렇게 예상한 까닭을 기록하고 실험을 통해 확인하고 발표해 보자.

관련학과
화학공학과, 환경공학과, 전기공학과, 에너지공학과, 제어계측공학과

③ 최근 많은 관심을 받고있는 매연과 소음이 없는 자동차에 사용되는 것이 수소 연료 전지이다. 수소 연료 전지는 수소를 연료로, 공기 중 산소를 산화제로 사용하는 연료 전지이다. 화학 전지의 일종인 수소 연료 전지의 각 전극 간 반응과 수소 연료 전지의 실생활 활용 사례를 조사하여 발표해 보자.

관련학과
화학공학과, 환경공학과, 자동차공학과, 기계공학과, 전기공학과, 제어계측공학과

④ 최근 화학전지의 기술발달로 자동차의 패러다임이 화석 연료 자동차에서 전기자동차로 변화되고 있다. 전기자동차는 충전식 전기자동차와 수소 연료 전지 전기자동차로 구분할 수 있다. 두 자동차의 차이와 장단점을 비교하고 향후 미래의 전망에 대해 토의해 보자.

관련학과
화학공학과, 환경공학과, 자동차공학과, 도시공학과, 교통공학과, 항공우주공학과, 기계공학과, 전기공학과, 에너지공학과, 재료공학과, 제어계측공학과

활용 자료의 유의점

⚠ 화학 평형 이동과 관련한 실험은 보고서 등으로 작성

⚠ 현대 산업에서 다양하게 활용되는 촉매의 예를 들어 정리

⚠ 화학전지가 작용하는 원리를 모형을 통해 이해하고 다양한 사례를 조사

💬 **MEMO**

생명과학 Ⅰ

핵심키워드

☐ 물질대사 ☐ ATP ☐ 대사성 질환 ☐ 시냅스 ☐ 흥분 전달 ☐ 근수축의 원리 ☐ 중추 신경계
☐ 말초 신경계 ☐ 항상성 조절 ☐ 감염성 질병 ☐ 백신의 작용 원리 ☐ DNA ☐ 염색체의 조합
☐ 상유전병의 종류 ☐ 체군 내의 상호 작용 ☐ 우점종 ☐ 방형구법 ☐ 물질 순환 ☐ 생물 다양성 ☐ 생태계 평형

영역 **생명과학의 이해**

성취기준

[12생과Ⅰ01-01] 생물의 특성을 이해하고, 생물과 비생물의 차이점을 설명할 수 있다.

▶ 생물과 비생물을 대상으로 구조와 기능적인 면에서의 공통점과 차이점을 스스로 찾아 정리하는 활동을 함으로써 생명에 대한 이해도를 높이도록 한다.

[12생과Ⅰ01-02] 생명과학의 통합적 특성을 이해하고, 다른 학문 분야와의 연계성을 예를 들어 설명할 수 있다.

▶ 현대 생명과학 분야의 성과는 여러 학문 분야의 성과와 결합되어 나타난다는 것을 이해하도록 한다.

[12생과Ⅰ01-03] 생명과학 탐구 방법을 이해하고 생명과학에서 활용되고 있는 다양한 탐구 방법을 비교할 수 있다.

▶ 실생활에서 쉽게 접할 수 있는 구체적인 탐구 사례를 통해 탐구 방법의 절차에 대한 이해를 높이도록 한다.

탐구주제

7.생명과학Ⅰ — 생명과학의 이해

① 최근 반려동물을 키우는 인구가 증가하고 있어 반려견과 산책하는 모습을 주변에서 쉽게 볼 수 있다. 이러한 생물 반려견과 강아지 로봇의 구조와 기능적인 면에서 공통점과 차이점을 찾아 보자. 그리고 그 내용을 바탕으로 생물의 특성을 조사하고, 생물과 비생물의 차이점을 비교하여 설명해 보자.

관련학과
기계공학과, 로봇공학과, 전자공학과, 소프트웨어공학과, 생명공학과, 메카트로닉스공학과

② 눈에 보이지도 않는 작은 코로나바이러스는 사람들에게 많은 고통을 안겨주고, '언택트'라는 삶의 방식에서의 변화를 요구하고 있다. 이 바이러스는 세균보다 크기가 작으며, 가장 큰 것으로 알려진 바이러스도 그 크기가 수백 nm밖에 되지 않는다. 바이러스의 일종인 T4 박테리오파지 모형을 만들고, 이 모형이 바이러스의 특징을 설명하는 데 어떤 한계가 있는지 토의해 보자. 또 바이러스의 생물적 특징과 비생물적 특징을 비교하여 설명해 보자.

관련학과
환경공학과, 생명공학과

③ 생명과학은 생물의 형태와 생물이 살아가는 과정, 생물과 생물 사이의 관계, 생물과 환경의 관계 등을 연구 대상으로 한다. 그래서 연구 대상의 규모가 아주 작은 분자에서부터 세포, 조직, 기관, 기관계, 개체와 생태계, 지구 위의 모든 생물을 포함하는 생물권에 이르기까지 다양하다. 그리고 아주 짧은 시간 동안 일어나는 변화부터 수십억 년에 걸쳐 일어나는 것까지 매우 다양한 현상들을 연구 대상으로 하고 있다. 이러한 생명과학이 물리학이나 화학과 같은 과학의 연구 결과를 활용하여 비약적으로 발전한 사례를 찾아 발표해 보자.

관련학과
화학공학과, 환경공학과, 생명공학과, 유전공학과

④ 우리는 일상생활에서 과학적 방법이라는 말을 자주 사용하는데, 그 예로 '과학적인 방법을 이용한 유산소 운동', '과학적인 방법으로 암기하는 학습법', '과학적인 방법으로 훈련하는 국가 대표팀' 등을 들 수 있다. 과학적 방법이란 '과학을 할 때 사용하는 방법'으로, 생명과학에서는 어떤 과학적인 방법으로 생명 현상을 탐구할지를 조사하여 발표해 보자.

관련학과
생명공학과, 유전공학과

영역
사람의 물질대사

성취기준

[12생과Ⅰ02-01] 물질대사 과정에서 생성된 에너지가 생명 활동에 필요한 ATP로 저장되고 사용됨을 이해하고, 소화, 호흡, 순환 과정과 관련되어 있음을 설명할 수 있다.

▶ 물질대사에서 에너지가 ATP로 저장되고 사용된다는 수준에서 다룬다.

[12생과Ⅰ02-02] 세포 호흡 결과 발생한 노폐물의 배설 과정을 물질대사와 관련하여 설명할 수 있다.

▶ 세포 호흡 과정에서 발생한 노폐물이 배출되는 과정을 호흡, 순환, 배설과 연계하여 통합적으로 다룬다.

[12생과Ⅰ02-03] 물질대사와 관련 있는 질병을 조사하고, 대사성 질환을 예방하기 위한 올바른 생활 습관에 대해 토의하고 발표할 수 있다.

탐구주제

① 우리가 오랫동안 음식물을 먹지 못한다면 결국 목숨을 잃게 되는데 이는 우리가 섭취한 음식물이 여러 기관계를 거치면서 생명 활동을 유지하는 중요한 에너지원이 되기 때문이다. 그렇다면 우리 몸의 기관계는 에너지를 얻기 위해 어떤 상호 작용을 하고 있는지 조사하고, 세포 호흡에 필요한 영양소, 산소, 이산화 탄소의 이동을 소화·호흡·순환 과정의 상호 연관된 작용으로 설명해 보자.

관련학과
화학공학과, 생명공학과

② 살이 찌는 것에 대한 두려움 등에서 기인하는 거식증은 먹는 것을 거부하거나, 먹은 음식을 토하는 것을 반복하는 대표적인 섭식 장애이다. 심한 다이어트로 생명을 잃을 수 있는 이유를 조직 세포의 물질대사와 소화·순환·호흡·배설의 통합 조절 작용으로 설명해 보자.

관련학과
생명공학과

③ 우리가 음식물을 통해 섭취한 영양소가 체내에서 세포호흡에 의해 분해되면 에너지와 함께 노폐물이 생성된다. 우리 몸속 배설계의 이상으로 노폐물이 몸 밖으로 배출되지 못한다면 몸속에 해로운 질소 노폐물과 남아도는 물이 쌓여 결국 생명을 유지하지 못하게 된다. 질소 노폐물인 요소를 콩즙으로 분해할 수 있는 이유를 추론해 보자. 또 콩즙을 이용하여 오줌 속에 들어있는 요소를 확인하는 방법을 실험으로 확인해 보자.

관련학과
화학공학과, 환경공학과, 생명공학과

④ 최근 들어 도시화된 생활환경과 과도한 영양 섭취 등으로 고장난 세포의 화학 반응이 대사성 질환으로 나타나 우리 몸을 위협하고 있다. 대사성 질환은 사람이 섭취한 영양소의 물질대사 과정에 문제가 생겨서 발생하는 질병을 말한다. 대표적인 대사성 질환에는 당뇨병, 페닐케톤뇨증이 있는데 이러한 질환을 예방하기 위해서는 어떤 생활 습관이 필요한지 조사하여 발표해 보자.

관련학과
화학공학과, 환경공학과, 생명공학과

영역

항상성과 몸의 조절

성취기준

[12생과Ⅰ03-01] 활동 전위에 의한 흥분의 전도와 시냅스를 통한 흥분의 전달을 이해하고, 약물이 시냅스 전달에 영향을 미치는 사례를 조사하여 발표할 수 있다.

▶ 사례 조사 시 각성제, 환각제, 진정제 등이 신경계의 기능에 심각한 영향을 미칠 수 있다는 수준에서 다룬다.

[12생과Ⅰ03-02] 근섬유의 구조를 이해하고, 근수축의 원리를 활주설로 설명할 수 있다.

[12생과 I 03-03] 중추 신경계와 말초 신경계의 구조와 기능을 이해하고, 신경계와 관련된 질환을 조사하여 토의할 수 있다.

▶ 중추 신경계의 핵심인 대뇌 중심으로 뇌의 구조와 기능을 설명하고 중뇌, 소뇌, 연수, 간뇌는 간략하게 설명한다.

[12생과 I 03-04] 내분비계와 호르몬의 특성을 이해하고, 사람의 주요 호르몬의 과잉·결핍에 따른 질환에 대해 설명할 수 있다.

▶ 신경계와 호르몬의 통합적 작용에 의한 항상성 조절에 초점을 두어 다루도록 한다.

[12생과 I 03-05] 신경계와 내분비계의 조절 작용을 통해 우리 몸의 항상성이 유지되는 과정을 설명할 수 있다.

▶ 감염성 질병을 일으키는 병원체들의 특징을 감염이나 예방과 관련지어 이해하도록 한다.

[12생과 I 03-06] 다양한 질병의 원인과 우리 몸의 특이적 방어 작용과 비특이적 방어 작용을 이해하고, 관련 질환에 대한 예방과 치료 사례를 조사하여 발표할 수 있다.

[12생과 I 03-07] 백신의 작용 원리를 항원 항체 반응과 관련지어 이해하고, 백신으로 예방하기 힘든 질병을 조사하여 그 이유를 토의할 수 있다.

탐구주제

① 활동 전위는 주변의 세포막에 또 다른 자극으로 작용하여 흥분이 옆으로 이동하도록 하는데, 세포막에서 활동 전위에 의해 신호가 이동하는 현상을 '흥분의 전도'라고 한다. 말이집 신경과 민말이집 신경에서 흥분의 전도가 어떤 차이가 있는지 도미노 모형을 활용하여 관찰하고, 말이집 신경과 민말이집 신경에서 흥분의 전도 차이를 비교하여 발표해 보자.

관련학과
생명공학과

② 컴퓨터의 CPU에 해당하는 사람의 중추 신경계인 뇌를 구성하는 세포에는 크게 2종류의 세포가 존재하는데 바로 신경(Neuron)과 교세포(Glial cell)이다. 특히 사람의 뇌에 있는 세포의 70%는 교세포로 신경보다 많다. 이러한 교세포가 어떤 기능을 하는지 조사하여 발표해 보자.

관련학과
생명공학과

③ 골격근의 수축은 근육 원섬유 마디를 기본 단위로 하여 일어난다. 골격근이 수축할 때, 골격근을 구성하는 액틴 필라멘트와 마이오신 필라멘트의 길이가 변하지 않으면서 근육이 수축하는 원리를 빨대를 활용한 근육 모형으로 실험하고 발표해 보자.

관련학과
생명공학과

④ 뇌는 대뇌, 간뇌, 소뇌, 뇌줄기로 구분되고, 뇌의 각 부분은 정신 활동, 항상성 조절, 몸의 균형 및 운동 조절 등 기능을 수행한다. 이러한 복잡한 기능을 수행하는 뇌의 구조와 기능에 대한 이해를 돕기 위해 뇌 도미노를 제작하는 활동을 수행하고, 설계한 뇌 도미노를 이용하여 뇌의 기능을 설명해 보자.

관련학과
생명공학과

(5) 세포와 세포 사이의 소통은 화학적 신호 전달자인 호르몬에 의해 이루어지며 매우 적은 양으로 세포의 활성에 영향을 미치게 된다. 우리 주변에서 호르몬의 과잉·결핍에 따른 질병으로 고통받고 있는 사람들의 다양한 사례를 조사하고 호르몬 질환의 원인, 증상, 치료 방법을 조사하여 발표해 보자.

관련학과
생명공학과, 화학공학과

(6) 뜨거운 삼계탕을 먹으면 온몸에 땀이 날 정도로 체온이 올라가지만, 우리 몸은 땀을 흘려 체온을 37℃로 유지한다. 그리고 차가운 냉면을 먹으면 갑자기 추위를 느끼기도 하지만, 곧 우리 몸은 정상 상태로 돌아온다. 그렇다면 사람은 어떻게 체온을 일정하게 유지할 수 있는지를 설명해 보자. 또 운동 전후의 우리 몸의 변화를 측정하고 신경과 호르몬 작용으로 인한 체온 조절이 어떻게 진행되는지 발표해 보자.

관련학과
생명공학과

(7) 우리 주변에는 코로나19를 비롯한 감염성 질병의 원인이 되는 병원체가 존재한다. 이러한 병원체 중 하나인 세균은 인체의 부위뿐 아니라 주변의 사물에 서식하고 있으며 이러한 세균이 체내에 들어오면 질병을 유발할 수 있다. 인체와 사물에 있는 세균을 배양하고 그 수를 측정하여 어디에 세균이 많이 서식하는지 조사해 보자. 또 이를 바탕으로 질병을 예방하고 건강한 생활을 할 수 있는 방법에 대해 토의해 보자.

관련학과
환경공학과, 생명공학과

(8) 우리가 병원에서 접종하는 백신은 1차 면역 반응을 유발하기 위해 독성이 다소 약해진 병원체나 죽은 병원체, 독소 물질 등을 인위적으로 주입하는 물질이다. 어떤 질병은 백신을 한 번 접종하면 일생 동안 예방되는가 하면 어떤 질병은 백신의 개발이 어렵거나 예방 기간이 짧다. 독감과 에이즈(AIDS)가 백신으로 예방하기 힘든 원인에 대해 백신의 개발 및 작용 기작을 바탕으로 조사하여 발표해 보자.

관련학과
생명공학과

(9) 백신은 인간을 비롯한 동물에 특정 질병 혹은 병원체에 대한 후천성 면역을 부여하는 의약품이다. 우리 주변에서 매우 흔하게 걸리는 감기를 유발하는 리노바이러스, 코로나바이러스, 아데노바이러스의 종류를 조사해 보자. 또 이러한 감기를 예방하는 백신이 만들어지지 않는 이유에 대하여 토의해 보자.

관련학과
생명공학과

(10) 백신은 주로 질병을 일으키는 미생물 병원체의 항원 인식 부위와 유사한 구조를 가지지만, 병원체와는 달리 병원성이 없다. 다양한 질병과 인체의 방어 작용 간 관계에 대해 정리해 보고, 흑사병에서 에이즈, 코로나19에 이르기까지 인류를 괴롭혀온 다양한 질병에 대하여 방어 작용이 어떤 기능을 해 왔는지 조사하여 발표해 보자.

관련학과
환경공학과, 생명공학과

성취기준

[12생과 I 04-01] 염색체, 유전체, DNA, 유전자의 관계를 이해하고, 염색분체의 형성과 분리를 DNA 복제와 세포 분열과 관련지어 설명할 수 있다.

▶ 염색체, 유전체, DNA, 유전자의 상호 관계를 명확히 이해하도록 다룬다.

[12생과 I 04-02] 생식 세포 형성 과정에서 일어나는 염색체의 조합을 이해하고, 이 과정을 통해 유전적 다양성을 획득할 수 있음을 설명할 수 있다.

▶ 생식 세포 형성의 중요성을 생명의 연속성과 연관 지어 다루도록 한다.

[12생과 I 04-03] 사람의 유전 현상을 가계도를 통해 이해하고, 상염색체 유전과 성염색체 유전을 구분하여 설명할 수 있다.

[12생과 I 04-04] 염색체 이상과 유전자 이상에 의해 일어나는 유전병의 종류와 특징을 알고, 사례를 조사하여 발표할 수 있다.

탐구주제

7.생명과학 I ─ 유전

① 염색체, 유전체, DNA, 유전자의 개념에 대하여 정리해 보고, 이들 간의 상호 관계를 구체적이고 통합적으로 설명해 보자. 또 염색체의 수와 모양을 핵형 분석을 통해 조사하고, 핵형 분석을 통해 태아의 성별과 염색체 돌연변이를 알아가는 방법을 발표해 보자. 그리고 여러 가지 Type의 핵형 분석 자료를 토대로 결과를 토의해 보자.

관련학과
생명공학과, 유전공학과

② 정자, 난자 등 생식 세포 형성 과정을 체세포 분열과 비교해 보고, 생식 세포 형성의 중요성을 생명의 연속성과 관련지어 설명해보자. 또 부모의 유전 형질이 다음 세대의 유전자에 전달되는 과정을 설명해 보고, 클레이 아트를 활용한 생식 세포 형성 과정을 동영상으로 제작하여 발표해 보자.

관련학과
생명공학과, 유전공학과

③ 가계도 분석 활동에서는 염색체 비분리나 돌연변이에 의한 유전병 발생을 이미 잘 알려진 특정 가계의 가계도 상에서 연계하여 분석해 보자. 가계도 분석을 통해 상염색체와 성염색체에 의한 유전 현상을 조사하고, 미래의 2세 얼굴을 합성하는 앱을 이용하여 얼굴에서 나타나는 여러 유전 현상을 분석하여 발표해 보자.

관련학과
생명공학과, 유전공학과

④ 다운 증후군, 터너 증후군, 낫모양 적혈구 빈혈증, 알비노증 등 유전 형질이 자손에게 전달되는 과정에서 염색체 이상과 유전자 이상에 의해 일어나는 유전병의 종류와 특징을 파악하고, 다양한 사례를 조사하여 발표해 보자.

관련학과
생명공학과, 유전공학과

생태계와 상호 작용

성취기준

[12생과 I 05-01] 생태계, 군집, 개체군 관계를 이해하고, 예를 들어 설명할 수 있다.

[12생과 I 05-02] 개체군과 군집의 특성을 이해하고, 개체군과 군집 내의 상호 작용을 설명할 수 있다.

> ▶ 개체군 내의 상호 작용은 텃세, 순위제, 리더제, 사회생활, 가족생활, 군집 내의 상호 작용은 경쟁, 분서, 공생, 기생, 포식과 피식 등을 다룬다.

[12생과 I 05-03] 군집 내에서 중요치와 우점종의 개념을 이해하고, 식물의 군집 조사 방법을 통해 우점종을 결정할 수 있다.

> ▶ 식물 군집 조사 방법으로 방형구법을 중심으로 다루고 우점종을 결정하는 과정을 이해하도록 한다.

[12생과 I 05-04] 군집의 천이를 이해하고 천이 과정에 영향을 미치는 환경 요인을 설명할 수 있다.

[12생과 I 05-05] 생태계의 에너지 흐름을 이해하고, 에너지 흐름을 물질 순환과 비교하여 차이를 설명할 수 있다.

> ▶ 생태계를 하나의 살아있는 유기체와 같은 개념으로서 이해하도록 하여 외부 환경의 변화에 의해 생태계 평형이 깨질 수 있음을 다룬다.

[12생과 I 05-06] 생물 다양성의 의미와 중요성을 이해하고 생물 다양성 보전 방안을 토의할 수 있다.

> ▶ 생태계 평형 유지에 생물 다양성이 어떻게 기여하는지를 사례 중심으로 이해하도록 하며, 생물자원의 가치를 인식할 수 있도록 한다.

탐구주제

7.생명과학 I — 생태계와 상호 작용

① 생태계를 구성하는 생물적 요소는 물, 빛, 온도, 토양과 같은 비생물적 요인의 영향을 받는다. 생물의 몸의 형태나 생활 방식은 주어진 환경에 따라 변화한다. 생물에 영향을 미치는 비생물적 요인과 비생물적 요인에 영향을 미치는 생물적 요인의 상호 작용을 조사하고 발표해 보자.

관련학과
환경공학과, 조경학과, 생명공학과

② 개체군이 생장할 때 개체군의 밀도가 높아지면 서식 공간과 먹이가 부족해지고 경쟁이 증가하며, 노폐물이 축적되고 환경 오염이 일어난다. 그 결과 개체군의 생장이 점차 둔화되어 개체수가 더 이상 증가하지 못하고 일정한 수를 유지하는 S자 모양의 생장 곡선을 나타낸다. 효모 개체군의 생장에 영향을 줄 수 있는 요인을 조사하고, 어떤 환경적 요인이 개체군의 생장에 영향을 주는지 가설을 세운 후, 이를 검증하는 실험을 수행해 보자.

관련학과
환경공학과, 생명공학과

③ 식물 군집의 우점종은 군집의 특성을 결정하는 종으로 중요치가 가장 높은 종이고, 방형구법은 식물 군집을 조사하는 대표적인 방법이다. 모의실험에서 방형구법을 통해 각종의 상대 밀도, 상대 피도, 상대 빈도, 중요치를 구하고 우점종을 결정하여 발표해 보자.

관련학과
환경공학과, 생명공학과

④ 지금 살고 있는 생태계는 늘 변함없을 것만 같지만 생태계의 구조와 구성은 계속 바뀌고 있다. 빛, 토양, 수분 등 환경 조건이 바뀌면서 특정 개체군에서 생존의 유불리가 변하고 이로 인해 군집의 구성과 구조가 바뀌는 현상을 천이라고 한다. 천이의 종류에는 무엇이 있는지 알아보고, 천이와 비교되는 자연 현상이나 사회 현상을 조사하여 발표해 보자.

관련학과
환경공학과, 생명공학과

⑤ 물질의 순환과 에너지의 흐름은 여러 단계를 거쳐 일어나고 각 단계마다 적절한 평형을 이루고 있다. 이러한 평형이 어떠한 요인에 의해 깨어지게 되면 연쇄적인 효과가 나타날 수 있다. 우리 주변에서 생태계 평형이 깨어진 사례나 위협 받는 사례를 조사하고 그 원인을 분석해 대안과 방안을 토의해 보자.

관련학과
환경공학과, 생명공학과

⑥ 우리 주변에서는 다양한 생태계가 존재하며 각 생태계에는 매우 많은 종의 생물이 살고 있다. 하지만 산업이 발달하고 사람들의 활동이 증가하면서 생물의 다양성은 위협받고 있다. 또한 많은 생물의 멸종, 일부 생태계의 파괴로 이를 막기 위한 노력이 진행 중이다. 생물 다양성이 왜 보전되어야 하는지 토의해 보고, 생물 다양성을 지키기 위한 개인적, 사회적, 국가적 활동 사례를 조사하여 발표해 보자.

관련학과
환경공학과, 생명공학과

활용 자료의 유의점

- ⚠ 구체적인 사례를 조사하여 발표하고 의사소통능력, 참여도, 발표 능력 등을 높이도록 노력
- ⚠ 각 기관계의 구조와 기능을 통합적으로 이해
- ⚠ 근수축의 원리는 모식도와 동영상 자료를 활용하여 이해
- ⚠ 질환 조사 활동은 조사 보고서 작성 능력이나 발표 능력이 중요

과학과

8

생명과학 II

핵심키워드

☐ 원핵세포 ☐ 진핵세포 ☐ 능동 수송 ☐ 활성화 에너지 ☐ 기질 특이성 ☐ 탄소 고정 반응 ☐ 산화적 인산화 과정
☐ 산소 호흡 ☐ 전자 전달 과정 ☐ 산화·환원 반응 ☐ 광합성의 전자 전달계 ☐ DNA 복제 과정 유전암호
☐ 유전 정보 해독 ☐ 계통 유연 관계 ☐ 변이 ☐ 하디-바인베르크 법칙 ☐ DNA 재조합 기술
☐ 단일클론항체 ☐ 줄기세포 ☐ LMO

영역 **생명과학의 역사**

성취기준

[12생과 I 01-01] 생명과학의 역사와 발달 과정을 알고, 주요 발견을 시기에 따라 나열하고 설명할 수 있다.

▶ 과학, 기술, 사회의 관련성과 과학의 본성에 대한 이해를 함양한다.

[12생과 I 01-02] 생명과학 발달에 기여한 주요 발견들에 사용된 연구 방법들을 조사하여 발표할 수 있다.

탐구주제

8.생명과학 II — 생명과학의 역사

(1) 최근 생명과학이 빠른 속도로 발전하면서 생명에 대한 놀라운 사실들이 드러나기도 한다. 이러한 생명과학의 주요 발견을 조사하고 시간 순서에 따라 연대표로 작성해보자. 또 생명과학의 여러 분야 중 세포학, 생리학, 진화학, 생태학, 유전학, 분자생물학 등 한 분야를 선택한 후 연대표에 들어갈 주요 발견을 선정하여 발표해 보자.

관련학과
생명공학과, 유전공학과

(2) 과학기술이 발전하면서 생명과학은 경제적으로 가치가 있는 고부가 가치 산업과 연계되고 있으며, 범죄를 예방하는 데에도 도움을 주고 있다. 또한 식량 문제 해결, 질병의 치료, 환경 문제 해결에도 도움을 줄 것으로 기대하고 있다. 플레밍과 페니실린, 파스퇴르와 백신 등 우리 생활과 밀접하게 관련된 생명과학의 발달에 기여한 주요 발견과 이때 사용된 연구 방법을 조사하여 발표해 보자.

관련학과
생명공학과, 화학공학과, 환경공학과

세포의 특성

성취기준

[12생과 II 02-01] 동물과 식물의 유기적 구성을 비교할 수 있다.

▶ 물질대사에서 에너지가 ATP로 저장되고 사용된다는 수준에서 다룬다.

[12생과 II 02-02] 탄수화물, 지질, 단백질, 핵산의 기본 구조와 기능을 설명할 수 있다.

▶ 탄수화물, 지질, 단백질, 핵산의 기본 구조와 기능은 이 물질들의 중요 특성과 역할을 이해하는 수준에서 다룬다.

[12생과 II 02-03] 원핵세포와 진핵세포의 차이점을 비교할 수 있다.

▶ 원핵세포와 진핵세포의 차이를 DNA, 세포 내 막구조, 리보솜, 세포벽을 중심으로 다룬다.

[12생과 II 02-04] 세포 소기관들이 기능적으로 유기적인 관계를 이루고 있음을 이해하고, 이들 간의 관계성을 설명할 수 있다.

▶ 다양한 세포 소기관의 구조와 기능을 물질의 합성과 분비와 같은 세포 내 생명 활동과 관련지어 다룬다.

[12생과 II 02-05] 세포막을 통한 물질 출입 현상을 이해하고, 확산, 삼투, 능동 수송을 실험이나 모형을 통해 설명할 수 있다.

[12생과 II 02-06] 효소의 작용을 활성화 에너지와 기질의 특이성을 중심으로 이해하고, 온도와 pH 가 효소 작용에 영향을 미칠 수 있음을 실험을 통해 설명할 수 있다.

▶ 생물체 내에서 일어나는 여러 가지 화학 반응이 효소에 의해 조절됨을 이해하게 한다.

탐구주제

8.생명과학 II — 세포의 특성

1 다세포생물은 수많은 세포로 이루어져 있으며, 각각의 세포는 독자적인 생명 활동을 유지하고 유기적으로 결합하여 정교한 체제를 이룬다. 다세포생물 중 하나인 동물은 어떤 구성 단계를 갖는지 알아보고, 동물의 유기적 구성을 비주얼 씽킹으로 발표해 보자.

관련학과
생명공학과

2 우리 생명체는 많은 부분이 물과 탄소 화합물로 이루어져 있고, 이 탄소 화합물은 종류에 따라 구성 비율이 다르며, 생명 활동에 중요한 역할을 한다. 생명체를 구성하는 주요 탄소 화합물인 탄수화물, 지질, 단백질, 핵산의 기본 구조와 기능을 조사하여 발표해 보자.

관련학과
생명공학과, 화학공학과

탐구주제

③ 세포는 크게 원핵세포와 진핵세포로 나눌 수 있다. 원핵세포로 이루어진 생물을 원핵생물, 진핵세포로 이루어진 생물을 진핵생물이라고 하며, 대표적인 원핵생물에는 대장균이 있고, 진핵생물에는 식물, 동물, 버섯 등이 있다. 원핵세포와 진핵세포의 구조와 분류 기준을 조사하고, 이들의 차이점과 공통점을 비교하여 발표해 보자.

관련학과
생명공학과

④ 세포는 생명 활동에 필요한 여러 가지 물질을 합성하여 세포 내에서 이용하거나 세포 밖으로 분비한다. 세포가 합성하는 여러 가지 물질 중 단백질은 세포를 구성하는 주요 성분이며, 세포 내에서 일어나는 다양한 생명 활동을 조절한다. 세포에서 단백질의 합성, 운반, 저장, 분비 과정에 관여하는 세포 소기관을 조사하고, 이 과정을 그림으로 표현하여 발표해 보자.

관련학과
생명공학과, 화학공학과

⑤ 식물 세포에서 물질의 이동은 뿌리 끝부터 줄기 끝까지 이루어진다. 세포에서 물질의 이동은 확산, 삼투, 능동 수송 등으로 일어나는데 식물 세포 사이에서 물이 이동하는 원리를 확인하는 탐구 실험을 설계하고 그 결과를 발표해 보자.

관련학과
생명공학과, 화학공학과

⑥ 효소는 생명체 내에서 활성화 에너지를 낮추는 역할을 한다. 이와 같은 효소의 작용은 온도, pH, 기질의 농도, 저해제 등 다양한 요인의 영향을 받고, 특히 단백질로 구성된 효소는 온도에 영향을 많이 받는다. 온도가 효소 작용에 미치는 영향에 대하여 탐구실험을 수행하고 그 결과를 발표해 보자.

관련학과
생명공학과, 화학공학과

영역
세포 호흡과 광합성

성취기준

[12생과 II 03-01] 미토콘드리아와 엽록체의 구조와 기능을 이해하고, 두 세포 소기관을 비교하여 공통점과 차이점을 설명할 수 잇다

▶ 미토콘드리아의 기질과 엽록체 스트로마의 공통적 특성을 알게 하여 세포 호흡과 광합성을 이해하기 위한 기초를 제공

[12생과 II 03-02] 세포 호흡 과정과 광합성의 탄소 고정 반응을 단계별로 구분하여 이해하고, 산화적 인산화 과정을 화학 삼투로 설명할 수 있다.

▶ 세포 호흡 과정은 개괄적으로 탄소수의 변화, 반응 중 탈수소 효소가 작용하는 단계나 과정, ATP가 필요한 곳과 생성되는 곳 정도의 수준에서 다룬다.

[12생과 II 03-03] 산소 호흡과 발효의 차이를 이해하고 실생활 속에서 발효를 이용한 사례를 조사하여 발표할 수 있다.

▶ 전자 전달 과정에서 이루어지는 인산화 반응을 에너지, 효소, 산화·환원 반응에 초점을 두어 다룬다.

[12생과 II 03-04] 광계를 통한 명반응 과정을 모형을 이용해 설명할 수 있다.

[12생과 II 03-05] 세포 호흡과 광합성의 전자 전달계를 비교하여 공통점과 차이점을 설명할 수 있다.

탐구주제

8.생명과학 II — 세포 호흡과 광합성

① 세포 소기관 중 미토콘드리아와 엽록체는 세포 호흡과 광합성을 수행하여 물질로부터 에너지를 방출시키거나 물질에 에너지를 저장하는 역할을 한다. 세포 호흡과 광합성은 완전히 다른 물질대사로 생각할 수 있지만 둘 사이에 많은 공통점이 있다. 미토콘드리아와 엽록체도 마찬가지로 구조와 기능에서 공통점을 가지고 있는데, 이 두 세포의 소기관이 가진 공통점과 차이점을 조사하여 발표해 보자.

관련학과
생명공학과

② 세포 호흡은 당을 비롯한 여러 가지 호흡 기질을 이산화 탄소로 산화시켜 에너지를 생성하는 일련의 화학 반응이고, 광합성은 이산화 탄소를 환원시켜 당을 합성하는 일련의 화학 반응이다. 세포 호흡과 광합성은 서로 연계되어 있으며, 세포 호흡 내의 각 반응과 광합성 내의 각 반응 또한 정교하고 복잡하게 연결되어 있다. TCA 회로와 탄소 고정의 공통점과 차이점을 조사하고 다양한 표현 방법을 이용하여 발표해 보자.

관련학과
생명공학과, 화학공학과

③ 최근 학생들이 선호하는 직업으로 제빵사가 있는데, 사람들이 선호하는 빵을 만들고 새로운 맛이나 질감의 식재료를 만들기 위해서는 효모, 젖산균 등을 이용한다. 발효를 수행하는 효모는 산소가 있는 환경에서는 산소 호흡을, 산소가 없는 환경에서는 발효되어 ATP를 합성하는 생물이다. 제빵과정에서 빵 반죽이 시간에 따라 부풀어 오르는 이유가 무엇인지 조사해 보고, 와인과 김치가 숙성되기 전과 숙성된 후에 맛이 다른 이유가 무엇인지 발효와 관련하여 설명해 보자.

관련학과
생명공학과, 화학공학과

④ 우리 주변에서 흔히 관찰되는 식물들은 거의 대부분 초록색을 띠고 있다. 잎이 특정한 색을 띠는 이유는 잎에 그 색을 띠는 색소가 포함되어 있기 때문이다. 색소가 특정한 색을 띠는 이유는 특정 파장의 빛은 통과시키거나 반사하고 다른 파장의 빛은 흡수하기 때문이다. 녹색 잎과 단풍이 든 잎의 색소 구성이 어떻게 다른지 조사해 보고, 가을이 되면 엽록소가 줄어드는 이유를 탐구하여 발표해 보자.

관련학과
생명공학과

⑤ 미토콘드리아의 내막과 엽록체의 틸라코이드막에는 전자 전달계가 존재한다. 전자 친화도가 상대적으로 낮은 물질에서 전자 친화도가 높은 물질로 전자가 옮겨갈 때 방출되는 에너지로 수소 이온(H)이 능동 수송되면 화학 삼투가 형성된다. 이렇게 형성된 화학 삼투는 ATP 합성에 필요한 에너지를 제공한다. 세포 호흡에서 일어나는 전자 전달 과정과 광합성에서 일어나는 전자 전달 과정의 공통점과 차이점을 조사하여 발표해 보자.

관련학과
생명공학과, 화학공학과

유전자의 발현과 조절

성취기준

[12생과II 04-01] 원핵세포와 진핵세포의 유전체 구성과 유전자 구조를 이해하고 차이를 비교할 수 있다.

[12생과II 04-02] 반보존적 DNA 복제 과정을 이해하고, 모형을 이용하여 DNA 복제 과정을 모의실험 할 수 있다.

▶ 필요한 경우 용어 수준에서 언급하며, 반보존적 복제가 갖는 의미를 중심으로 다루도록 한다.

[12생과II 04-03] 전사와 번역 과정을 거쳐 유전자가 발현됨을 이해하고, 모형을 이용하여 유전자 발현 과정을 설명할 수 있다.

[12생과II 04-04] 유전 암호를 이해하고, 유전 암호 표를 사용하여 유전 정보를 해독할 수 있다.

[12생과II 04-05] 원핵생물과 진핵생물의 전사 조절 과정을 비교하여 설명할 수 있다.

▶ 원핵생물의 전사 조절 과정을 주로 다루고, 진핵생물의 경우는 원핵생물의 전사 조절과 다른 점만을 간략하게 다룬다.

[12생과II 04-06] 진핵생물의 발생과 세포 분화에서 유전자 발현 조절 과정을 설명할 수 있다.

▶ 혹스 유전자 발현 조절 사례를 들어 발생 초기 단계의 조절 과정을 다룬다.

탐구주제

8.생명과학II ─ 유전자의 발현과 조절

① 생명체가 가지고 있는 유전 정보의 완전한 한 세트를 유전체라고 한다. 생물마다 정도의 차이는 있지만 유전체의 일부분만 단백질을 암호화하고 있으며, 생물체가 가지고 있는 유전체의 크기는 유전자의 수와 비례하지 않는다. 원핵세포와 진핵세포 유전체의 구성과 유전자 구조의 차이점을 조사하여 설명해 보자.

관련학과
생명공학과, 유전공학과

② 키가 크거나 손상된 조직을 재생하는 과정에서 체세포 분열이 일어나 세포의 수를 증가시킨다. 이때 만들어지는 딸세포 DNA의 유전 정보는 모세포와 일치해야 하며, 이를 위해 세포가 분열하기 전에 DNA를 복제하는 일은 매우 정확하게 일어나야 한다. DNA 복제 과정에 대한 자료를 조사해 보고, 이를 바탕으로 반보존적 복제가 갖는 의의에 대해 토의해 보자.

관련학과
생명공학과, 유전공학과

③ 생물의 유전 정보는 생명에 대한 정보이며 생명체의 형질을 결정하는 정보이다. DNA의 염기 서열 형식으로 저장되어 있는 유전 정보는 단백질을 구성하는 아미노산의 서열을 지정함으로써 생명체의 형질 결정에 관여한다. DNA의 염기 서열을 이용하여 단백질의 아미노산 서열이 결정되는 과정에 mRNA라는 또 다른 핵산이 두 물질 사이의 정보 전달을 매개한다. 전사와 번역 과정에서 일어나는 유전 정보의 전달 과정을 다양한 방법을 이용하여 발표해 보자.

관련학과
생명공학과, 유전공학과

탐구주제

④ 일상에서 중요한 문서를 전달할 때 암호를 사용하여 전달한다. 단백질을 합성하는 과정에서 mRNA에 염기 서열로 저장되어 있는 유전 정보는 단백질을 구성하는 아미노산의 서열을 결정하는 정보로 전환되어야 한다. 이러한 유전 정보의 변환 과정이 암호의 해석 과정임을 알고, 20가지의 아미노산을 암호화하기 위한 mRNA 염기 암호의 조건을 조사하고, 직접 암호를 번역하여 아미노산 서열을 만들어 발표해 보자.

관련학과
생명공학과, 유전공학과

---

⑤ 원핵생물은 주변의 미시적인 환경이 쉽게 변할 수 있는 조건에 살아가고 있으며 이러한 변화에 보다 빠르게 적응하는 것이 생존과 번식에 무엇보다 중요하다. 이러한 적응은 유전자 발현 조절을 통해 이루어지며 효율적인 조절을 위해 오페론이라 부르는 유전자 구조를 갖고 있다. 대장균의 젖당 오페론이 조절되는 과정을 통해 원핵생물이 어떻게 환경에 적응하는지를 조사하여 발표해 보자.

관련학과
생명공학과, 유전공학과

---

⑥ 최근 유전자의 발현과 조절을 활용하여 유전병을 치료하는 연구들이 진행되고 있다. 다세포 진핵생물을 구성하는 많은 세포들은 저마다 독특한 형태와 기능을 지니고 있다. 진핵생물의 발생 과정에서 세포의 분화에 중요한 기능을 하는 혹스 유전자와 miRNA에 의한 유전자 발현 조절에 대한 연구 결과를 조사하고 그 영향력에 대하여 발표해 보자.

관련학과
생명공학과, 유전공학과

영역
생물의 진화와 다양성

성취기준

[12생과 II 05-01] 원시세포의 탄생 과정을 알고, 막 형성의 중요성을 논증할 수 있다.

▶ 막의 중요성을 부각하여 설명하되, 물질의 이출입과 관련하여 막의 구조와 기능을 중심으로 다룬다.

[12생과 II 05-02] 원핵생물에서 진핵생물로, 단세포에서 다세포로 생물이 진화하는 과정을 모형으로 설명할 수 있다.

[12생과 II 05-03] 3역 6계의 분류 체계를 이해하고 각 분류군의 차이를 설명할 수 있다.

[12생과 II 05-04] 동물과 식물 분류군의 특징을 문 수준에서 이해하고, 이들 간의 유연관계를 계통수를 이용하여 표현할 수 있다.

▶ 최신의 식물과 동물의 계통수를 도입하여 문 간의 계통 유연관계를 이해할 수 있도록 한다.

[12생과 II 05-05] 진화의 증거 사례를 조사하여 변이와 자연선택에 의한 진화의 원리를 설명할 수 있다.

▶ 하디-바인베르크 법칙을 이해하고, 유전자 풀의 변화로 진화를 설명할 수 있도록 한다.

[12생과 II 05-06]   지리적 격리에 의한 종 분화 과정을 이해하고, 종 분화의 사례를 조사하고 발표할 수 있다.

▶ 동소적 종 분화는 다루지 않으며, 사례 중심으로 지리적 격리에 의한 종 분화에 대해 이해하도록 한다.

탐구주제

8.생명과학 II — 생물의 진화와 다양성

① 지구상 생명체는 원시 세포의 탄생 과정에서 막이 형성됨으로써 외부와 독립된 세포 내부 환경을 형성한 것으로부터 기원했을 것이라 추측된다. 코아세르베이트, 마이크로스피어, 리포솜 막의 공통점을 조사하고, 이를 바탕으로 원시 세포의 탄생 과정에서 막 형성이 가진 중요성을 세포막의 기능과 관련지어 설명해 보자.

관련학과
생명공학과

② 원시 지구에서 세포의 진화 과정으로 원핵생물이 진화하여 훨씬 더 크고 복잡한 새로운 형태의 세포 구조를 가진 진핵생물이 출현했다. 이 과정에서 막함입으로 핵막과 소포체가, 세포내 공생을 통해 미토콘드리아와 엽록체가 만들어졌다. 원핵생물에서 진핵생물로 진화하는 과정을 모형과 동영상으로 제작해 발표해 보자.

관련학과
생명공학과

③ 과거에는 5계 분류 체계에 따라 원핵세포와 진핵세포를 강조하여 생물을 분류했지만, 현재는 3역 6계 분류 체계에 의해 생물을 분류하고 있다. 5계 분류 체계와 3역 6계 분류 체계를 비교하고, 이렇게 분류 체계가 변화하게 된 이유를 조사하여 발표해 보자.

관련학과
생명공학과

④ 모든 생물은 공통 조상에서 진화했다는 생명의 연속성에 따라 하나의 줄기에서 여러 갈래로 뻗은 각 가지의 끝에 위치하는 나무의 모습으로 묘사할 수 있는데, 이러한 나무 모양의 그림을 계통수라고 한다. 계통수 작성을 통해 동물과 식물의 유연관계를 분석할 수 있다. 이달의 학교 급식표를 보고, 급식표에 나타난 동물과 식물의 계통수 작성을 통해 유연관계를 분석하고 발표해 보자.

관련학과
환경공학과, 생명공학과

💬 **MEMO**

성취기준

[12생과II06-01] DNA 재조합 기술의 원리를 이해하고, 활용 사례를 조사하여 발표할 수 있다.

▶ 우리 생활과 밀접한 사례를 중심으로 하여 학생들의 흥미를 유도하도록 한다.

[12생과II06-02] 핵치환, 조직 배양, 세포 융합의 원리를 이해하고, 활용 사례를 조사하여 발표할 수 있다.

▶ 우리 생활과 밀접한 사례를 중심으로 하여 학생들의 흥미를 유도하도록 한다.

[12생과II06-03] 단일클론항체, 유전자 치료, 줄기세포를 난치병 치료에 적용한 사례를 이해하고, 이러한 치료법의 전망에 대해 토의할 수 있다.

▶ 우리 생활과 밀접한 사례를 중심으로 하여 학생들의 흥미를 유도하도록 한다.

[12생과II06-04] LMO가 인간의 생활과 생태계에 미치는 긍정적인 영향과 부정적인 영향을 조사하고 토론할 수 있다.

[12생과II06-05] 생명공학의 발달 과정에서 나타나는 생태학적, 윤리적, 법적, 사회적 문제점을 이해하고, 미래 사회에 미칠 영향을 예측하여 발표할 수 있다.

탐구주제

8.생명과학II ─ 생명공학 기술과 인간생활

(1) 인슐린, 홍합의 접착 단백질 등을 대량 생산할 수 있는 유전자 재조합 기술의 원리에서 제한 효소, DNA 연결 효소, 플라스미드의 역할에 대해 조사하고 이를 발표해 보자. 또 플라스미드 모형, 인슐린 유전자가 포함된 DNA 모형을 이용하여 재조합 DNA를 만들어 보고, 재조합 DNA를 만들 때 유전자 재조합 기술의 원리의 각 과정은 어떻게 나타낼지 토의해 보자.

관련학과
생명공학과, 유전공학과

(2) 최근 논란이 되고 있는 동물 복제 기술에 사용되는 핵치환은 체세포에서 꺼낸 핵을 핵이 제거된 난자에 이식하여 완전한 개체로 발생시키는 기술이다. 조직 배양은 생물 조직의 일부나 세포를 떼어 내어 인공적인 환경에서 증식시키는 기술로 하나의 세포에서 유전적으로 동일한 개체를 대량으로 생산할 수 있다. 이러한 핵치환 기술을 사용하여 대량의 복제 인간을 만든다고 할 때 윤리적인 측면을 생각하여 자신의 견해를 발표해 보자.

관련학과
생명공학과, 유전공학과

(3) 세포 융합은 서로 다른 두 종류의 세포를 융합시켜 하나의 세포로 만드는 기술이다. 이 기술을 이용하면 원래의 두 세포가 가지는 장점만을 골라 원하는 특성을 가진 세포를 만들 수도 있다. 세포 융합 기술의 원리를 이해하고 실생활에 적용된 예와 최근 연구 사례를 조사하여 발표해 보자.

관련학과
생명공학과, 유전공학과

탐구주제

④ GMO(Genetically Modified Organism)는 생명공학 기술을 이용하여 자연적으로 발생하지 않는 유전적 형질(DNA)을 인위적으로 바꾸어 만든 생명체로 이미 우리 농업과 식생활에 깊숙이 자리 잡고 있는데도 일상생활에서는 쉽게 체감하기 어렵다. GMO로 만들어진 물질들의 종류를 조사해 보고, 이것이 어떻게 일상에서 쓰이고 있는지 찾아 발표해 보자.

관련학과

화학공학과, 환경공학과, 생명공학과, 유전공학과

⑤ 2008년 영국에서 불치병에 걸린 형제나 자매를 치료하기 위해 동일한 유전 형질을 지닌 이른바 '맞춤형 아기'의 출생을 공식 허용했다. 이 같은 결정에 대해 유전 질환 자녀를 둔 부모들은 석극 환영한다는 입장을 표명했으나 의료계 일부와 시민단체들은 심각한 윤리적 갈등을 초래할 것이라며 반대의 뜻을 밝혔다. 의료용 맞춤형 아기를 허용해야 하는가라는 생명 윤리 쟁점에 대한 자신의 의견을 정해 친구와 논리적인 토론을 하고 그 결과를 공유해 보자.

관련학과

생명공학과, 유전공학과

활용 자료의 유의점

- ① 생명과학의 기본 개념 이해, 정보 활용 중요성 인식
- ① 최근 연구 동향과 성과를 소개하고 생명과학에 관심과 호기심을 가지도록 노력
- ① 인터넷 서핑이나 관련 서적 등을 활용하여 조사하고, 스토리텔링 형식으로 학습
- ① 최신 연구 자료 조사 활동에서는 관련 홈페이지나 서적 등을 참조하여 탐구

💬 **MEMO**

핵심키워드

☐ 대륙이동설 ☐ 해저 음향 측심 ☐ 고지자기 분석과 연령 측정 ☐ 맨틀 상부 운동 ☐ 맨틀-핵의 경계
☐ 플룸 상승류 ☐ 화성암 생성 ☐ 지층 형성 구조 ☐ 암석의 절대 연령 ☐ 방사성 동위 원소
☐ 고기후 연구 방법 ☐ 태풍의 발생 ☐ 용존 산소량 ☐ 대기 대순환 ☐ 표층 해류
☐ T-S 다이어그램 ☐ 용승과 침강 ☐ 남방진동 ☐ 기후 변화 문제 ☐ 지구온난화

영역 **지권의 변동**

성취기준

[12지과 Ⅰ 01-01] 대륙이동설로부터 판구조론까지의 정립 과정을 탐사 기술의 발달과 관련지어 설명할 수 있다.

▶ 대륙 이동에 대한 가설이 판구조론으로 정립되기까지 해저에 대한 음향 측심, 해저 암석에 대한 고지자기 분석과 연령 측정, 해저에서 대륙으로 이어진 변환 단층의 발견, 섭입대 주변 지진의 진원 깊이 분석 등 탐사 기술의 진보와 밀접하게 관계됨을 이해하도록 한다.

[12지과 Ⅰ 01-02] 지질 시대 전체에 걸친 대륙 분포의 변화와 현재 대륙 이동 속도 자료를 통해 미래의 변화를 추정할 수 있다.

▶ 현재의 판 이동 속도를 기준으로 미래의 대륙과 해양의 분포를 그려 보도록 한다.

[12지과 Ⅰ 01-03] 판을 움직이는 맨틀의 상부 운동과 플룸에 의한 구조 운동을 구분하여 설명할 수 있다.

▶ 상부 맨틀의 대류에 의한 판 운동과 맨틀-핵의 경계에서 올라오는 플룸 운동을 구분하여 이해하며, 플룸 상승류의 시례로 열점을 설명한다.

[12지과 Ⅰ 01-04] 변동대에서 마그마가 생성되고, 그 조성에 따라 다양한 화성암이 생성됨을 설명할 수 있다.

▶ 판의 경계부에서 안산암질, 유문암질, 현무암질 마그마가 생성된다는 것을 다룬다. 마그마의 조성에 차이가 있다는 것만 다룬다.

탐구주제

① 베게너가 대륙이동설을 주장하였을 때 이를 비판하는 학자들도 많았다. 대륙이동설에 대한 가설이 판구조론으로 정립되기까지 해저에 대한 음향 측심, 해저 암석에 대한 고지자기 분석과 연령 측정, 해저에서 대륙으로 이어진 변환 단층의 발견, 섭입대 주변 지진의 진원 깊이 분석 등 탐사 기술의 진보가 있었다. 이를 이용하여 베게너의 주장을 논리적으로 검증하고 이를 발표해 보자.

관련학과
토목공학과, 환경공학과, 항공우주공학과

② 지질 시대 동안 대륙들은 하나의 초대륙으로 모였다가 다시 분리되는 과정을 여러 차례 거쳤다. 현재 세계 지도의 대륙별 이동 속력과 방향을 이용하여 2억년 후 각 대륙의 위치를 추정해 보고, 미래의 대륙은 지구상에 어떻게 분포할까를 토의해 보자. 또 대륙의 이동 속력과 방향을 살펴봤을 때, 대륙의 이동 속도가 가장 빠른 곳과 그곳의 속력은 얼마인지 계산해 보자.

관련학과
토목공학과, 환경공학과

③ 우리나라 사람들이 자주 찾는 하와이는 화산 활동이 활발한 곳이다. 화산 활동은 대부분 판의 경계 부근에서 일어난다. 그런데 화산 활동이 많은 하와이는 판의 경계와 멀리 떨어져 있다. 하와이에서 화산 활동이 활발하게 일어나는 까닭과 화산 활동을 일으키는 다양한 원인을 조사하여 발표해 보자.

관련학과
토목공학과, 환경공학과, 항공우주공학과

영역

지구의 역사

성취기준

[12지과 I 02-01] 지층에서 나타나는 다양한 퇴적 구조와 퇴적 환경의 관계를 설명할 수 있다.

▶ 지층 형성의 과정에서 지층 형성 구조와 더불어 퇴적암이 만들어지는 과정을 설명한다.

[12지과 I 02-02] 다양한 지질 구조의 생성 과정과 특징을 설명할 수 있다.

▶ 지각 변동에 수반된 다양한 지질 구조의 형성 과정을 이해하도록 하며, 대표적인 지질 구조의 종류와 특징을 구별함과 동시에, 사진 자료를 통해 확인한다.

[12지과 I 02-03] 지층의 선후 관계 해석에 사용되는 다양한 법칙을 통해 지구의 역사를 추론할 수 있다.

▶ 지층 형성의 선후 관계를 결정짓는 법칙들을 이해하고, 시간과 암석에 따라 층의 순서를 결정하고 지구의 역사에 대해 설명한다.

[12지과Ⅰ 02-04] 암석의 절대 연령을 구하는 원리를 이해하고, 방사성 동위 원소 자료를 이용해 절대 연령을 구할 수 있다.

> ▶ 지층의 나이를 결정하는 데 상대 연령과 절대 연령이 있음을 이해하고, 절대 연령의 경우 방사성 동위 원소를 이용하는 원리를 설명하고 간단한 계산을 통해 적용해 본다.

[12지과Ⅰ 02-05] 지질 시대를 기(紀) 수준에서 구분하고, 화석 자료를 통해 지질 시대의 생물 환경과 기후 변화를 해석할 수 있다.

> ▶ 지질 시대의 특징을 화석 자료 및 지각 변동의 역사를 통해 확인함으로써 지구 환경의 변화를 설명한다. 지구의 역사를 통하여 기후가 어떻게 변해왔는지를 고기후 연구 방법을 조사하여 설명한다.

탐구주제

① 진안 마이산, 태백 구문소 등 퇴적물이 쌓여서 만들어진 퇴적암은 퇴적 당시의 환경을 알려주는 증거들을 가지고 있다. 우리나라에는 다양한 퇴적암 지형이 있으며, 이들 지역은 지형 경관이 멋있어 지질공원이나 관광지로 유명하다. 우리나라의 대표적인 퇴적암 지형을 찾아, 지질학적 특징 및 당시의 퇴적 환경 등을 조사하여 발표해 보자.

관련학과
토목공학과, 환경공학과, 항공우주공학과

---

② 지층을 이루는 암석은 과거의 기록이 보관된 지구의 역사책이다. 암석에는 그것이 만들어지고 진행되어 온 과정이 고스란히 남아 있어 이를 바탕으로 어떤 사건이 일어났는지 알 수 있다. 우리 주변의 다양한 지질 구조를 이용하여 지형의 생성과 변화 과정을 발표하고, 지사 해석의 원리가 타당한지 서로 토의해 보자.

관련학과
토목공학과, 환경공학과

---

③ 지층에 대한 연구를 위한 방법으로 현상과 상황을 보고, 그것이 일어난 과정을 탐구하는 경우가 많다. 이러한 탐구 과정을 귀추법이라고 한다. 노두에 나타난 많은 암석들을 보고, 암석의 생성 순서를 결정하는 것을 상대 연대라고 한다. 귀추법을 통해 암석의 생성 순서를 결정해 보자. 또 지사를 해석하는데 활용하는 지사의 해석법칙에 대해 발표해 보자.

관련학과
토목공학과, 환경공학과, 항공우주공학과

---

④ 우리는 사람들의 생년월일을 보고, 실제 나이를 판단할 수 있다. 암석의 실제 나이는 방사성 동위 원소의 반감기를 이용하여 알아낼 수 있다. 암석의 절대 연령을 알아보는 방법에 대해 조사하고, 지질 단면도를 이용하여 암석의 절대 연령, 암석 및 지질 구조의 생성 과정을 발표해 보자.

관련학과
화학공학과, 토목공학과, 환경공학과, 항공우주공학과

---

⑤ 지구의 기후가 어떻게 변해왔는지를 고기후 연구 방법 등으로 알 수 있다. 지질 시대 지구의 환경을 알기 위해서는 지층과 암석의 특징, 퇴적 구조 등 자료를 이용한다. 이 외에도 동굴의 석순, 해양 플랑크톤인 유공충 화석, 빙하 시추 코어, 산소 동위 원소 등이 있는데 이러한 고기후 연구 방법을 이용한 실제 사례를 조사하여 발표해 보자.

관련학과
화학공학과, 토목공학과, 환경공학과, 항공우주공학과

대기와 해양의 변화

성취기준

[12지과Ⅰ03-01] 저기압과 고기압이 통과할 때 날씨의 변화를 일기도와 위성 영상 해석을 통해 설명할 수 있다.

▶ 날씨의 변화를 실제 우리나라 주변의 일기도와 관련지어 설명한다.

[12지과Ⅰ03-02] 태풍의 발생, 이동, 소멸 과정을 이해하고 태풍이 통과할 때의 날씨 변화를 일기도와 위성 영상 해석을 통해 설명할 수 있다.

▶ 태풍의 발생 시기, 진로, 대기와 해수의 상호 작용, 대기와 육지의 상호 작용 등을 설명한다.

[12지과Ⅰ03-03] 뇌우, 국지성 호우, 폭설, 황사 등 우리나라의 주요 악기상의 생성 메커니즘을 이해하고, 피해를 최소화 할 수 있는 방법에 대해 토의할 수 있다.

▶ 우리나라의 주요 악기상을 소개하고 이들의 생성 메커니즘을 간단히 다룬다.

[12지과Ⅰ03-04] 해수의 물리적, 화학적 성질을 이해하고, 실측 자료를 활용하여 해수의 온도, 염분, 밀도, 용존 산소량 등 분포를 설명할 수 있다.

탐구주제

9.지구과학Ⅰ — 대기와 해양의 변화

(1) 우리나라는 편서풍대에 속하는 중위도 지역으로 온대 저기압이 통과하면서 나타나는 날씨의 변화를 자주 느낄 수 있다. 인터넷에 올라온 실제 일기도를 해석하거나 위성 영상을 활용하여 대기와 해양에서 발생하는 다양한 현상들이 우리 생활에 미치는 영향을 조사해 보자. 또 이를 통해 지구 내에서 기권 및 수권, 지권, 생물권의 상호 작용을 설명해 보자.

관련학과

환경공학과, 항공우주공학과, 조선해양공학과

(2) 최근에 발생했던 태풍 중 우리나라에 영향을 준 태풍의 자료를 인터넷 기상청 누리집에서 찾아보고, 태풍의 발생지점과 경로를 파악하여 위험 반원과 가항 반원에 해당하는 지역을 구분해 보자. 또 태풍의 발생 원인과 진행경로의 예측 과정을 조사하여 발표해 보자.

관련학과

환경공학과, 항공우주공학과

(3) 우리 생활에서 날씨는 여러 가지 활동에 많은 영향을 준다. 최근 다양한 악기상(뇌우, 국지성 집중 호우, 폭설, 황사, 미세먼지 등)이 빈번하게 발생하여 우리 삶에 큰 피해를 주고 있다. 악기상의 발생 원인을 조사하고 피해를 최소화 할 수 있는 방안에 대해 발표해 보자.

관련학과

환경공학과, 항공우주공학과

탐구주제

④ 해수 중에 녹아 있는 여러 가지 무기물들을 염류라 하고, 해수 1kg 속에 녹아 있는 염류의 양을 g 수로 나타낸 것을 염분이라고 한다. 전 세계 해양의 표층 염분을 보면 위도에 따라 다르게 나타나는데 그 이유를 조사해 보고, 해수의 표층 염분에 영향을 주는 요인에 대해 발표해 보자.

관련학과
화학공학과, 환경공학과, 조선해양공학과

영역
대기와 해양의 상호 작용

성취기준

[12지과Ⅰ04-01] 대기의 대순환과 해양의 표층 순환과의 관계를 주요 표층 해류를 중심으로 설명할 수 있다.

▶ 대양별 주요 해류 분포를 다루되 우리나라 주변 해류 분포에 대해서도 북태평양의 표층 순환과 관련지어 다룬다.

[12지과Ⅰ04-02] 심층 순환의 발생 원리와 분포를 이해하고, 이를 표층 순환 및 기후 변화와 관련지어 설명할 수 있다.

▶ 해수의 밀도가 수온과 염분에 따라 영향을 받음을 T-S 다이어그램을 통해서 이해하게 한다. 심층 순환에서 주요 해류는 단순화시킨 바다 단면을 이용해서 다룬다.

[12지과Ⅰ04-03] 대기와 해수의 상호 작용의 사례로서 해수의 용승과 침강, 남방진동의 발생 과정과 관련 현상을 이해한다.

▶ 실제 자료나 사례를 활용하여 해류의 변화, 해수면 온도 변화 등과 같은 해양의 변화가 초래할 수 있는 기후 변화를 기후 시스템의 관점에서 이해하게 한다.

[12지과Ⅰ04-04] 기후 변화의 원인을 자연적 요인과 인위적 요인으로 구분하여 설명하고, 인간 활동에 의한 기후 변화의 환경적, 사회적 및 경제적 영향과 기후 변화 문제를 과학적으로 해결하는 방법에 대해 토의할 수 있다.

▶ 자연적 요인을 지구 외적 요인과 지구 내적 요인으로 구분하여 다룬다. 인간 활동에 의한 기후 변화를 지구온난화를 중심으로 다룬다.

탐구주제

① 우리나라 주변 해수의 이동을 보면 바람과 밀접한 관계가 있음을 알 수 있다. 대기 대순환에서 지표에 부는 계절풍 등은 해수의 이동에도 영향을 미치게 되는데 바람이 해수의 이동에 어떤 영향을 미치는지 조사해 보자. 또 바람이 부는 방향과 해류가 흐르는 방향이 다르게 나타나는 이유에 대해서도 조사하여 발표해 보자.

관련학과
환경공학과, 조선해양공학과

탐구주제

② 바다에서는 표층뿐만 아니라 수심이 깊은 심층에도 해류가 존재한다. 해수에서 수온과 염분에 따라 다양한 현상이 나타난다. 이와 관련하여 심층 순환이 일어나는 주요 원인을 조사하고 T-S 다이어그램을 이용하여 해수의 이동을 발표해 보자.

관련학과
환경공학과, 조선해양공학과

③ 엘니뇨는 '남자아이'를 뜻하는 스페인어에서 비롯된 말로 적도부근의 무역풍이 약해지고 찬 해류가 흐르지 못함에 따라 페루와 칠레 연안의 동태평양 해수 온도가 평년보다 0.5℃ 이상 올라 수개월 간 시속되는 상태로 지구촌 곳곳에 기상이변을 일으킨다. 이러한 엘니뇨, 라니냐 등의 현상이 우리나라에 어떤 영향을 미치는가를 조사하여 발표해 보자.

관련학과
환경공학과, 조선해양공학과

④ 최근 들어 이산화 탄소의 배출량의 증가로 인한 지구온난화가 가속되고 있다. 우리나라 기상청 홈페이지에서 제공하는 '전지구 기온편차와 이산화 탄소 농도 비교' 자료(http://www.climate.go.kr/home/09_monitoring/meteo/temp_rel)를 통해 지구온난화 경향을 조사하여 발표해 보자.

관련학과
환경공학과, 화학공학과

⑤ 기후 변화의 원인을 자연적 요인과 인위적 요인으로 구분하여 설명하고, 인간 활동에 의한 기후 변화의 환경적, 사회적 및 경제적 영향과 기후 변화 문제를 과학적으로 해결하는 방법에 대해 토의해 보자. 또 다양한 관측 자료를 활용하여 한반도의 기후 변화 경향성을 파악하여 발표해 보자.

관련학과
환경공학과, 제어계측공학과, 에너지공학과, 화학공학과

영역

별과 외계 행성계

성취기준

[12지과 I 05-01] 별의 스펙트럼과 광도로부터 별의 온도와 크기를 결정하는 방법을 설명할 수 있다

▶ 동일한 온도에서도 광도계급에 따라 광도가 다르게 나타난다는 사실과 스테판-볼츠만 법칙을 적용하여 별의 크기를 알아낼 수 있음을 이해한다.

[12지과 I 05-02] H-R도 상에서의 위치에 따른 별의 특징을 물리량과 관련지어 설명할 수 있다.

▶ H-R도 상에서의 위치에 따른 별의 물리량(온도, 광도, 반경 등)의 변화 양상에 대하여 다룬다.

[12지과 I 05-03] 태양과 비슷한 질량을 가진 별의 진화 과정에 따른 특징을 설명할 수 있다.

> ▶ 별들의 진화 경로를 제시하고 비교하며, 특히 진화의 마지막 단계가 질량에 따라 백색왜성, 초신성, 중성자성, 블랙홀 등으로 서로 다른 종말을 맞는다는 것을 다룬다.

[12지과 I 05-04] 주계열성의 에너지 생성 메커니즘과 내부 구조를 설명할 수 있다.

> ▶ 별의 내부 구조를 다룰 때 별이 정역학적 평형 상태에 놓여 있는 기체구라는 사실을 다룬다.

[12지과 I 05-05] 외계 행성계의 탐사 방법을 이해하고, 지금까지 발견된 외계 행성계의 특징을 설명할 수 있다.

> ▶ 외계 행성계를 탐사하는 다양한 방법들을 설명하고 각 방법의 특징과 한계를 다룬다.

[12지과 I 05-06] 외계 생명체가 존재할 가능성이 있는 행성의 일반적인 조건을 파악할 수 있으며 탐사의 의의를 토의할 수 있다.

> ▶ 외계 행성계의 생명체 존재 여부에 대한 판단은 중심별의 온도에 따른 생명 가능 지대(habitable zone)와 관련이 있으며, 항성이 행성을 거느린다는 것이 일반적인 것임을 인식시킨다.

탐구주제

(1) 천체를 연구하는데 천체의 스펙트럼 특징을 분석하는 분야가 분광 관측이다. 이를 통해 별의 물리량에 대해 많은 정보를 얻게 된다. 별의 분광 관측학이 발달하는데 중요한 역할을 한 과학자를 조사하고, 과학자들이 관측한 스펙트럼의 종류와 스펙트럼의 해석 방법을 조사하여 발표해 보자.

관련학과
항공우주공학과, 화학공학과

(2) 헤르츠스프룽(E. Hertzsprung)과 러셀(H. N. Russell)은 각자 독자적으로 별의 표면 온도와 광도를 축으로 하는 그래프에 별들을 나타냈는데, 현재는 이 두 가지를 하나로 묶어 H-R도라고 부른다. 지구 가까운 곳의 별들을 표면 온도와 광도를 축으로 하는 그래프에 나타내서 별들의 표면 온도와 광도 사이의 관계와 별의 물리적 특징을 비교하여 비슷한 특징을 가진 별들의 집단으로 분류해 보자.

관련학과
항공우주공학과, 화학공학과

(3) 인간이 태어나서 성장하고 죽음을 맞이하듯이, 별도 탄생해서 진화함에 따라 물리량이 변하고 최종적으로 소멸을 맞이한다. 별이 맞이하는 최후는 질량에 따라 다른데, 질량이 태양과 비슷한 별의 진화에 대하여 조사하고, 태양의 미래를 예측하여 발표해 보자.

관련학과
환경공학과, 생명공학과, 항공우주공학과

(4) 별이 대부분의 일생을 주계열성에 머문다는 것은 안정적인 핵융합 반응을 통해 기체압과 중력이 평형을 이루어 별의 크기가 일정하게 유지된다는 것을 의미한다. 주계열성은 질량에 따라 에너지를 생성하는 메커니즘이 다르고, 그로 인해 별의 내부 구조가 변한다는 것을 조사하여 그 결과를 다양한 형태로 발표해 보자.

관련학과
항공우주공학과

탐구주제

(5) 우리는 태양계 밖에 존재하며 별 주위를 행성이 공전하는 행성계를 외계 행성계라고 한다. 일반적으로 행성은 중심별의 밝기에 비해 어둡기 때문에 외계 행성을 직접 관측하는 것은 어렵다. 그래서 대부분의 외계 행성계 탐사는 간접적인 방법으로 이루어진다. 현재까지 진행된 외계 행성계 탐사 프로젝트의 특징과 성과, 한계 등을 조사하고 새로운 외계 행성계 탐사 프로젝트를 제안해 보자.

관련학과
항공우주공학과

(6) 태양계 밖 외계 행성계의 생명체 존재 여부는 다양한 조건에 따라 결정되지만, 무엇보다 중심별의 표면 온도나 광도와 밀접한 관련이 있다. 중심별의 표면 온도나 광도에 따라 액체 상태의 물이 존재할 수 있는 범위가 달라지기 때문이다. 생명체가 존재하는 데 꼭 필요한 요소 중의 하나인 액체 상태의 물은 다양한 종류의 화학 물질을 녹일 수 있으므로 물에서 복잡한 유기물 분자가 탄생하는 것이 가능하다. 생명 가능 지대는 중심별의 표면 온도 및 광도와 어떤 관련이 있는지 조사하여 발표해 보자.

관련학과
환경공학과, 화학공학과, 생명공학과, 항공우주공학과

영역

외부 은하와 우주 팽창

성취기준

[12지과 I 06-01] 허블의 은하 분류 체계에 따라 외부 은하를 분류하고, 전파 은하, 퀘이사 등과 같은 특이 은하와 충돌 은하의 특징을 설명할 수 있다.

▶ 허블의 은하 분류 체계가 은하의 진화 순서와 상관이 없는 형태학적 분류임을 다룬다.

[12지과 I 06-02] 우주 배경 복사, 우주 망원경 관측 등 최신 관측 자료를 바탕으로 급팽창 우주와 가속 팽창 우주를 포함하는 빅뱅(대폭발) 우주론을 설명할 수 있다.

▶ 대폭발 우주론의 관측적 증거를 가급적 최신 자료를 통해 제시하고, 대폭발 우주론의 모순점을 해결하기 위한 급팽창 우주론의 특징을 간략히 다룬다.

[12지과 I 06-03] 우주의 대부분이 암흑 에너지와 암흑 물질로 이루어져 있음을 설명할 수 있다.

▶ 최근의 연구 결과로 알게 된 표준 모형의 도입 배경을 다루고 표준 모형의 특징을 암흑 에너지와 암흑 물질 등을 소개하면서 간략히 다룬다.

탐구주제

① 허블이 외부 은하의 존재를 밝혀내기 전까지 많은 사람들은 우리은하가 우주의 전부라고 생각하였다. 허블은 윌슨산 천문대의 100인치 반사 망원경을 사용하여 외부 은하를 관측하였고, 그 결과 많은 외부 은하들이 존재할뿐만 아니라 외부 은하들의 모양, 크기, 색깔, 질량 등이 다양하다는 사실을 알게 되었다. 이후 허블은 관측 결과를 분석하여 무질서하게 보이는 은하들에서 공통점을 찾아내어 외부 은하들을 분류하였다. 허블이 어떤 방법으로 다양한 외부 은하들을 분류하는 기준을 만들었는지에 대해 조사하여 발표해 보자.

관련학과
항공우주공학과, 제어계측공학과, 광학공학과

② 외부 은하의 후퇴 속도가 외부 은하까지의 거리에 비례한다는 허블 법칙은 우주가 팽창하고 있다는 확실한 증거이다. 허블은 허블 법칙을 통해 우주가 정적인 시공간이 아니라 팽창하는 동적인 시공간이라는 것을 최초로 밝힌 과학자이다. 허블이 외부 은하들의 후퇴 속도를 계산한 원리를 조사하고, 외부 은하의 거리와 후퇴 속도 사이의 관계를 설명해 보자.

관련학과
항공우주공학과, 제어계측공학과, 광학공학과

③ 과학기술의 발달로 밝혀진 우주 전체에 존재하는 에너지와 물질 가운데 약 27%는 암흑 물질이고 약 68%는 암흑 에너지이다. 결국 우리가 관측할 수 있는 보통 물질은 5%에 지나지 않는다. 이 5%에 해당하는 물질의 대부분은 우주 공간에 흩어져 있는 성간 먼지나 기체이다. 우리가 암흑 물질과 암흑 에너지의 실체를 알게 된다면 우주의 탄생과 진화 과정에 대해 더 깊이 이해할 수 있을 것이다. 우주의 많은 부분을 이루고 있는 암흑 물질과 암흑 에너지를 조사하고 그것을 다양하게 발표해 보자.

관련학과
항공우주공학과, 제어계측공학과, 광학공학과

활용 자료의 유의점

- ! 암석이 우리의 실생활에 다양하게 사용되고 있는 사례 탐색
- ! 화성암이 생성되는 고유의 환경이 가지는 의미 이해
- ! 지질 조사나 탐구 활동을 하고 탐구 결과물 제작

💬 **MEMO**

지구과학Ⅱ

핵심키워드

☐ 지각평형설   ☐ 광물의 물리적 특성   ☐ 암석 형성 환경   ☐ 퇴적 작용   ☐ 광상 형성   ☐ 선캄브리아 변성암 복합체
☐ 중생대 화성 활동   ☐ 에크만 수송   ☐ 조석 발생   ☐ 기조력   ☐ 거름 발생 원리   ☐ 지구의 열수지
☐ 지구중심설과 태양중심설   ☐ 케플러의 법칙   ☐ 쌍성계   ☐ 색등급도(C-M도)   ☐ 세페이드 변광성
☐ 주기-광도 관계   ☐ 나선팔 구조   ☐ 은하 장성(Great Wall)

영역

지구의 형성과 역장

성취기준

[12지과Ⅱ01-01] 원시 태양계 성운에서 지구가 형성되는 물리적 과정을 설명할 수 있다.

> ▶ 원시 태양계 성운에서 행성계인 태양계가 형성되는 물리적 과정을 알아보고, 행성으로서 지구가 탄생하고 진화되는 모습을 설명한다.

[12지과Ⅱ01-02] 지구 내부 에너지의 생성 과정을 설명할 수 있다.

> ▶ 지구 탄생의 초창기에 생성된 에너지를 이해하도록 하며, 지구 역사를 통해 지구 내부에서 발생되고 축적된 에너지가 지구 변동의 원동력임을 설명한다.

[12지과Ⅱ01-03] 지진파를 이용하여 지구의 내부 구조를 알아내는 과정과 지각의 두께 차이를 지각평형설로 설명할 수 있다.

> ▶ 지진파의 특성으로부터 지구 내부 구조를 알아낼 수 있음을 이해하고, 지각의 분포와 두께 차이로부터 지각평형설을 설명한다.

[12지과Ⅱ01-04] 표준 중력의 의미를 이해하고 중력 이상의 다양한 요인들을 설명할 수 있다.

> ▶ 중력과 지구 내부 물질의 분포에 대한 이해로부터 표준 중력의 의미와 중력 이상의 다양한 요인을 설명한다.

[12지과Ⅱ01-05] 지구 자기장의 발생 과정과 특성 및 자기장의 변화를 이해한다.

> ▶ 지구 내부의 외핵의 성질로부터 지구에 자기장이 발생함을 이해하고, 자기장의 세 가지 요소를 설명하고 극성이 주기적으로 변화해 왔음을 파악한다.

탐구주제

1 지진 기록에 나타난 P파와 S파의 도달 시간 차이를 이용하면 지진으로부터 지진 관측소까지의 거리를 결정할 수 있고, 진앙과의 거리를 알고 있는 지진 관측소가 세 곳 이상이면 삼각법을 이용하여 정확한 진앙의 위치를 알아낼 수 있다. 또한 진앙의 위치가 확인되면 도형의 성질을 활용하여 진앙에서 진원까지의 거리도 구할 수 있다. 관측소에서 측정한 자료를 이용하여 최근 우리나라에서 발생한 지진에 대한 진앙과 진원의 위치를 찾아 발표해 보자.

관련학과
토목공학과, 제어계측공학과

2 지각평형설은 마치 물 위에 얼음이 떠 있듯이 지각이 맨틀 위에 평형을 이루고 떠 있는 것으로 생각하는 이론이다. 우리는 지구 내부를 통과하는 지진파의 속도 분포 자료를 분석하여 지구 내부의 구조와 구성 물질을 추정할 수 있다. 지진파 연구를 통해 알아낸 지각의 분포와 두께 차이를 지각평형설로 설명해 보자.

관련학과
토목공학과, 제어계측공학과

영역 지구 구성 물질과 자원

성취기준

[12지과 II 02-01] 규산염 광물의 구조를 통해 광물의 물리적 특성을 설명하고 광물을 구분할 수 있다.

▶ 규산염 광물의 기본 골격인 SiO_4 사면체를 이해하고, 그로부터 여러 규산염 광물들이 분류됨을 설명하며, 광물들의 물리적 특성을 탐색한다.

[12지과 II 02-02] 편광 현미경을 이용하여 주요 광물을 식별하고 광물의 조직과 생성의 선후 관계 등을 해석하여 암석의 형성 환경을 유추할 수 있다.

▶ 암석의 조직적 특징을 이용하여 암석을 구분하고 암석의 형성 환경을 설명한다.

[12지과 II 02-03] 화성, 변성, 퇴적 작용을 통해 광상이 형성되는 과정을 예를 들어 설명할 수 있다.

▶ 화성, 변성, 퇴적 작용을 통해 광상이 형성되는 과정을 이해하고, 대표적인 광상에 수반되는 자원의 종류를 조사하여 설명한다.

[12지과 II 02-04] 광물과 암석이 우리 생활의 여러 분야에 다양하게 이용되는 예를 조사하여 발표할 수 있다.

▶ 우리 생활에서 활용되는 암석과 광물의 사례를 조사하여 발표함으로써 지구의 구성 물질이 실생활에 유용하게 쓰일 수 있음을 이해한다.

[12지과 II 02-05] 해양에서 얻을 수 있는 에너지와 물질 자원의 종류와 분포를 알고, 이를 활용하는 사례와 자원 개발의 중요성을 조사하여 발표할 수 있다.

▶ 세계적인 자원의 추이를 조사하여 발표하며, 해양과 지질 자원의 현황과 개발의 중요성에 대해 이해한다.

탐구주제

(1) 생물의 세포를 현미경으로 관찰할 수 있듯이 편광 현미경을 이용하면 암석을 구성하는 광물의 모습과 여러 가지 광학적 특성을 관찰할 수 있다. 편광 현미경 사용법을 익히며, 주요 광물의 박편 사진을 미리 조사하고 여러 가지 광물의 특징을 탐구하여 발표해 보자.

관련학과
제어계측공학과, 광학공학과

(2) 리튬, 희토류, 철, 알루미늄 등 최근에 우리는 지각을 구성하는 광물이나 암석을 우리 생활과 산업 활동에 다양한 형태로 사용하고 있다. 스마트폰에 사용되는 화학 전지 등 일상생활에 활용되고 있는 광물과 암석을 사례 중심으로 조사하고 발표해 보자.

관련학과
토목공학과, 화학공학과, 환경공학과, 신소재공학과, 금속공학과, 재료공학과

(3) 최근 들어 바다가 가진 가치는 더욱 높아지고 있다. 지표면의 70% 이상을 차지하는 바다는 우리가 살고있는 지구를 태양계에서 생명체가 살 수 있는 행성으로 만든 중요한 조건이다. 바다는 인류의 먹을거리인 해산물뿐 아니라 개발 가능한 풍부한 지하자원을 매장하고 있다. 바다로부터 얻을 수 있는 자원의 종류와 분포를 조사하고 발표해 보자.

관련학과
조선해양공학과, 환경공학과

영역 | # 한반도의 지질

성취기준

[12지과II03-01] 지질도에 사용되는 기본 기호를 통해 암석의 종류와 지질 구조를 파악할 수 있다.

▶ 지질도에 표시된 색과 기본적인 기호를 이해하고, 이를 통해 어떤 지역의 지질 요소를 파악해 본다.

[12지과II03-02] 한반도의 지질 자료를 통해 한반도의 지사를 설명할 수 있다.

▶ 한반도의 지체 구조를 살펴보고, 지질 분포의 경우 시대별로 구분해 보고, 대표적인 지각 변동의 특징을 파악한다.

[12지과II03-03] 한반도 지질의 구조적인 특징 자료 분석을 통해 한반도 주변의 판구조 환경에 대해 조사하여 발표할 수 있다.

▶ 한반도 주변의 판구조 환경을 이해하고, 현재의 모습으로 한반도가 형성된 과정을 시기별로 알아본다.

[12지과II03-04] 한반도의 기반을 이루는 선캄브리아 변성암 복합체를 통해 광역 변성 작용을, 중생대 화성 활동과 주변 퇴적암의 관계를 통해 접촉 변성 작용을 설명할 수 있다.

▶ 광역 변성 작용과 접촉 변성 작용의 차이를 이해하고, 대표적인 변성암으로부터 변성 작용의 종류와 변성 정도를 설명한다.

(1) 우리나라의 모습은 베게너가 제시한 판게아 형성과 밀접한 관련이 있다. 처음부터 하나의 대륙으로 존재했던 것이 아니라, 대륙 이동에 의한 여러 대륙의 충돌로 형성되었기 때문이다. 한반도를 이루고 있는 암석을 주변의 지체 구조와 비교하여 형성 과정을 설명해 보자.

관련학과

토목공학과, 환경공학과

(2) 에클로자이트는 고철질 화성암이 섭입대에서 맨틀 내로 섭입되면서 고압의 변성 작용을 받아 만들어진다. 에클로자이트는 채취 가능한 암석들 중 가장 높은 압력을 경험하는 변성암이다. 지하 100km 정도 깊이에서 안정하기 때문에 매우 두꺼운 지각 하부나 섭입하는 해양 지각이 변성되어 만들어진다. 한반도와 중국 대륙에서 발견된 에클로자이트의 분포를 통해 한반도를 포함한 동북아시아의 지체 구조 형성 과정을 조사하여 발표해 보자.

관련학과

토목공학과, 환경공학과

(3) 변성 작용은 퇴적 작용과 속성 작용보다는 온도와 압력이 높은 조건에서 이루어진다. 우리나라의 선캄브리아 시대 변성암과 중생대 화성암 주변에 나타나는 변성암은 각각 어떤 변성 작용을 받았는지 근거를 찾아 탐구하고 그 결과를 사진 자료를 이용해서 발표해 보자.

관련학과

토목공학과, 환경공학과

영역

해수의 운동과 순환

성취기준

[12지과 II 04-01] 정역학 평형을 이용하여 수압의 연직 분포 및 해수를 움직이는 힘을 정량적으로 설명할 수 있다.

[12지과 II 04-02] 에크만 수송과 연계하여 지형류의 발생 원리를 이해하고, 서안 경계류와 동안 경계류의 특징을 비교하여 설명할 수 있다.

[12지과 II 04-03] 해파의 발생 과정을 이해하고, 천해파와 심해파의 차이점을 비교하여 설명할 수 있다.

▶ 해파는 해수면이 주기적으로 상하 운동하면서 에너지를 전파하는 현상으로 바닷물이 직접 이동하는 것은 아니라는 사실을 파악한다.

[12지과 II 04-04] 해일이 발생하는 여러 가지 원인을 이해하고, 피해 사례와 대처 방안을 조사하여 발표할 수 있다.

▶ 해일 발생 당시의 기압, 만조 시기, 해안 및 해저 지형에 따라서도 해일의 피해가 달라질 수 있음을 이해한다.

[12지과 II 04-05] 조석의 발생 과정을 이해하고, 자료 해석을 통해 각 지역에서의 조석 양상을 설명할 수 있다.

▶ 기조력을 정성적으로 도입하고, 달에 의한 기조력이 태양보다 2배 정도 크다는 것을 다룬다.

탐구주제

① 해수는 일정한 바람이나 일정한 밀도 차이에 의해 해류를 생성하여 한 방향으로 흘러간다. 그러나 상대적으로 짧은 시간의 바람, 해저지진에 의해 바닷물에 에너지가 공급이 되면 해수면이 교란되고 출렁거림이 일어나 파동 형태로 퍼져 나가는 해파가 발생한다. 해파는 해수면이 주기적으로 상하 운동하면서 에너지를 전파하는 현상으로 바닷물이 직접 이동하는 것이 아니라 파동의 형태로 전파되는 것이다. 해파의 발생과 전파 과정을 실험을 통해 탐구하고 그 결과를 발표해 보자.

관련학과
조선해양공학과, 에너지공학과, 환경공학과

② 2011년 동일본 대지진에 의한 쓰나미로 많은 인명 및 재산 피해가 발생했다. 쓰나미는 자주 발생하지는 않지만 큰 피해를 준다. 쓰나미에 의한 피해 사례를 조사하고 발생 시 대처 방안에 대해 토의해 보자. 해일이 발생하는 원인에 따라 폭풍 해일과 쓰나미가 있음을 조사하고, 해일 발생 당시의 기압, 만조 시기, 해안 및 해저 지형에 따라서도 해일의 피해가 달라짐을 조사하여 발표해 보자.

관련학과
조선해양공학과, 에너지공학과, 제어계측공학과, 환경공학과

③ 달과 태양 그리고 지구의 인력에 의해 밀물과 썰물이 생긴다. 이러한 현상을 조석이라고 하고, 조석에 의한 간조와 만조는 같은 지역에서도 매일 매일 달라진다. 우리나라의 여러 지역에서 측정한 조석 자료를 이용하여 그래프로 변환하고 이를 통해 어떠한 특징이 있는지 조사해 보자. 또 한 달 동안의 조석 그래프에서 조차가 가장 클 때와 가장 작을 때를 찾고, 달의 위상과 비교하여 발표해 보자.

관련학과
항공우주공학과, 조선해양공학과, 에너지공학과

④ 국립해양조사원(www.khoa.go.kr)에서 얻은 실시간 조석 자료를 이용하여 하루 동안의 조석 그래프로 알 수 있는 것이 무엇인지 토의해 보자. 또 슈퍼문이 뜰 때, 해안 저지대에 침수 피해가 나타나는 이유를 설명해 보자. 그리고 우리나라의 동해, 남해, 서해 지역의 조차를 비교해 보고, 조차가 서로 다른 이유를 조사하여 발표해 보자.

관련학과
항공우주공학과, 조선해양공학과, 에너지공학과

영역

대기의 운동과 순환

성취기준

[12지과 II 05-01]   단열 변화의 과정을 이해하고, 건조 단열 변화와 습윤 단열 변화의 차이점을 설명할 수 있다.

[12지과 II 05-02]   대기의 상태와 안정도의 관계를 이해하고, 안개 및 구름의 발생 원리와 유형을 추론할 수 있다.

| [12지과II 05-03] | 정역학 평형을 이용하여 대기압의 연직 분포 및 대기를 움직이는 힘을 정량적으로 설명할 수 있다. |

▶ 대기를 움직이게 하는 힘인 기압 경도력을 이해하고, 이를 계산할 수 있는 수식을 정역학 평형으로부터 유도하게 한다.

| [12지과II 05-04] | 지균풍, 경도풍, 지상풍의 발생 원리를 비교하여 설명할 수 있다. |

| [12지과II 05-05] | 편서풍 파동의 발생 과정을 이해하고, 이와 관련지어 지상 고·저기압의 발생 과정을 설명할 수 있다. |

▶ 편서풍 파동을 지상 고·저기압의 발생 및 지구의 열수지 유지와 관련지어 이해하게 한다.

| [12지과II 05-06] | 대기의 운동을 시·공간적 규모에 따라 구분하고, 지구적 순환의 관점에서 대기 대순환을 설명할 수 있다. |

▶ 단일 세포 순환 모델과 3세포 순환을 비교하여 대기 대순환의 구조와 패턴을 파악할 수 있도록 한다.

탐구주제

(1) 대기 안정도는 기온의 연직 분포에 따라 결정되며, 강제로 상승시키거나 하강시킨 공기 덩어리의 기온을 같은 높이의 주위 기온과 비교하여 판단할 수 있다. 따라서 대기 안정도를 판단하기 위해서는 여러 고도에서 측정한 기온 자료가 필요하다. 높이에 따른 기온 자료와 단열선도를 이용하여 대기 안정도를 판단해 보자.

관련학과
항공우주공학과, 환경공학과

(2) 대기의 상층에서 편서풍 파동의 진폭이 커질 때에는 지상에서 저기압과 고기압 활동이 활발하게 나타난다. 상층에서 나타나는 편서풍 파동은 지상 고·저기압의 발생 및 발달과 밀접하게 관련되어 있다. 상층 일기도를 분석하여 상층의 편서풍 파동과 지상에서 나타나는 기압 배치의 관계를 설명해 보자.

관련학과
항공우주공학과, 환경공학과

(3) 북반구에서 날아가는 물체는 오른쪽으로 휘어지기 때문에 포병이 표적을 향해 포를 쏠 때는 항상 표적의 왼쪽을 겨냥해서 쏜다. 회전 원판을 이용한 전향력 실험을 통해 편서풍의 발생을 설명해 보자. 또 대기를 움직이게 하는 힘인 기압 경도력을 조사하고, 전향력, 구심력, 마찰력과 같이 바람에 작용하는 힘들을 설명해 보자.

관련학과
제어계측공학과, 항공우주공학과, 환경공학과

(4) 우리나라가 속한 중위도의 편서풍은 적도 지방의 열이 극지방으로 수송되는 걸 막는 역할을 한다. 지구에서 편서풍 파동이 발생하는 원인을 조사하고, 편서풍 파동이 어떻게 적도와 극지방의 온도 차이를 해소하는지 설명해 보자. 또 회전 수조를 이용한 편서풍 파동 실험을 통해 대기의 운동을 발표해 보자.

관련학과
조선해양공학과, 환경공학과

행성의 운동

성취기준

[12지과II 06-01] 천체의 위치 변화를 지평 좌표와 적도 좌표를 이용하여 나타낼 수 있다.

▶ 좌표의 기본이 되는 방위와 시각의 개념, 지구의 경도와 위도의 개념을 먼저 다루고 좌표계를 도입한다.

[12지과II 06-03] 지구중심설과 태양중심설 중 금성의 위상과 크기 변화 관측 사실에 부합하는 태양계 모형을 찾을 수 있다.

▶ 우주관의 변천사를 과학사적 접근을 통해 다루는 것이 바람직하다.

[12지과II 06-04] 회합 주기를 이용하여 공전 주기를 구하는 원리를 이해하고, 겉보기 운동 자료로부터 행성의 궤도 반경을 구할 수 있다.

▶ 행성의 겉보기 운동에서 내행성과 외행성의 공전 궤도 반경을 구하는 과정을 구체적인 자료를 도입하여 설명한다.

탐구주제

10.지구과학II — 행성의 운동

(1) 밤하늘을 무심히 보면 행성이나 별이나 크게 다를 것 없어 보인다. 그러나 지속적으로 별들과 행성의 위치 관계를 살펴본다면 별과 행성의 운동이 다르다는 것을 알 수 있다. 옛날 사람들은 별과 행성이 다르다는 것을 어떻게 알게 되었는지 조사해 보자. 또 수성과 화성의 위치 자료를 성도에 나타내어 수성과 화성의 겉보기 운동과 역행 현상을 설명해 보자.

관련학과
항공우주공학과

(2) 케플러는 티코 브라헤가 남긴 화성 관측 자료를 이용하여 화성의 공전 궤도를 그려서 타원 궤도의 법칙을 발견하였다. 케플러가 타원 궤도의 법칙을 찾았던 방법으로 화성의 공전 주기와 상대적 위치 자료를 이용하여 화성의 공전 궤도 반경을 찾아 발표해 보자.

관련학과
항공우주공학과

(3) 다양한 자료로 수성, 지구, 이카루스의 공전 궤도를 조사하여 비교해 보자. 소행성 이카루스와 지구의 공전 궤도 및 공전 주기를 고려하여 두 천체의 충돌 가능성을 발표해 보자. 또 교과서에서 주어진 이심률과 장반경으로 타원 궤도를 작도해 보자.

관련학과
항공우주공학과

우리은하와 우주의 구조

성취기준

[12지과 II 07-01] 성단의 색등급도(C-M도)를 이용한 주계열 맞추기 및 세페이드 변광성의 주기-광도 관계를 이용하여 천체의 거리를 구할 수 있다.

▶ 성단의 C-M도를 비교하여 성단의 특징과 진화 상태를 설명한다.

[12지과 II 07-02] 우리은하의 구성원인 산개 성단과 구상 성단의 특징을 알고 이들의 공간 분포를 통해 우리은하의 구조를 설명할 수 있다.

[12지과 II 07-03] 성간 티끌에 의한 별빛의 소광 및 적외선 관측 등을 통해 성간 티끌과 성간 기체가 존재함을 설명할 수 있다.

▶ 우리은하를 구성하는 성간 물질에 의해 별빛의 흡수, 산란, 적색화 등 현상이 나타나므로 관측 결과는 보정되어야 함을 다룬다.

[12지과 II 07-04] 성간 티끌에 의한 별빛의 소광 및 적외선 관측 등을 통해 성간 티끌과 성간 기체가 존재함을 설명할 수 있다.

▶ 우리은하를 구성하는 성간 물질에 의해 별빛의 흡수, 산란, 적색화 등 현상이 나타나므로 관측 결과는 보정되어야 함을 다룬다.

[12지과 II 07-05] 우리은하의 속도 곡선을 이용하여 우리은하의 질량과 빛을 내지 않는 물질이 존재함을 설명할 수 있다.

▶ 우리은하의 회전 속도 곡선으로부터 구한 은하의 질량이 별의 광도로부터 추정한 은하의 질량에 비해 크게 나온다는 사실로부터 빛을 내지 않는 물질이 있음을 설명한다.

[12지과 II 07-06] 은하들이 은하군, 은하단, 초은하단으로 집단을 이루고 있으며 우리은하가 국부은하군의 중심 은하임을 안다.

▶ 우리은하가 속한 은하군과 은하단의 특성을 알아보고, 우리은하가 안드로메다은하와 함께 국부은하군의 중심 은하임을 설명한다.

탐구주제

10.지구과학 II — 우리은하와 우주의 구조

(1) 우리는 표준 주계열성의 색지수와 절대 등급이 표시된 C-M도에 성단을 이루는 별의 색지수 간 겉보기 등급을 비교하여 거리 지수를 구할 수 있다. C-M도에서 성단을 이루는 별의 분포 형태를 분석하면 성단의 나이를 대략 추정할 수 있다. 거리 지수를 이용하여 구한 성단의 거리와 성단의 나이를 추정하고 좀 더 정확한 추정을 위한 방법을 조사해 보자.

관련학과
광학공학과, 항공우주공학과

탐구주제

② 우리은하를 구성하는 별들은 대부분 흩어져 있지만 무리를 지어 성단을 이루기도 한다. 우리은하의 구성원인 성단의 특징을 살펴보고, 성단의 공간 분포를 통해 우리은하의 구조를 조사해 보자. 또 우리은하의 모습을 가장 바르게 알아 내고 정확하게 이해하는 가장 타당한 방법을 토의해 보자.

관련학과
광학공학과, 항공우주공학과

③ 성간 기체는 수소의 상태와 온도 밀도에 따라 다양한 상태로 분포하고 있는데, 별이 성간 티끌에 가려져 있으면 밝기 가 감소하거나 보이지 않는 경우도 있다. 띠기시 별을 관측할 때는 성간 소광의 효과를 고려하여야 한다. 이러한 소광 이 얼마나 나타나는지 조사해 보고, 영역에 따라 소광량의 차이가 나타나는 이유를 토의해 보자.

관련학과
광학공학과, 항공우주공학과

④ 21cm 전파의 관측 결과를 해석하면 중성 수소의 대부분이 우리은하의 원반에 나선팔 형태로 분포하고 나선팔이 서 로 다른 속도로 회전하고 있음을 알 수 있다. 우리은하를 구성하는 별들의 분포를 기초로 예상한 나선팔의 속도 분포 와 실제 관측한 속도 분포를 비교해 보고, 그 결과를 정리하여 발표해 보자.

관련학과
제어계측공학과, 항공우주공학과, 광학공학과

⑤ 우주에는 우리은하뿐 아니라 수많은 은하들이 분포하고 있다. 이들은 끼리끼리 모여 더 큰 구조를 만들기도 하면서 우주를 구성한다. 우리은하가 속한 은하단 및 초은하단의 공간 분포를 통해 우주에서 우리은하의 위치를 알아내어 발 표해 보자.

관련학과
항공우주공학과

활용 자료의 유의점

- ⚠ 탐구 분석 학습, 발표·토론 학습, 프로젝트 학습 실행
- ⚠ 전체의 관련성을 추론하는 과정 및 결과물 작성 후 발표
- ⚠ 탐구 보고서 작성에 비교 분석 내용 기록

💬 **MEMO**

과학사

핵심키워드

☐ 과학과 자연의 관계 ☐ 베이컨의 귀납주의 ☐ 포퍼의 반증주의 ☐ 쿤의 과학관 ☐ 근대 과학의 특징
☐ 고전 역학 혁명 ☐ 다윈의 진화론 ☐ 양자론과 상대성 이론 ☐ DNA 구조 발견 ☐ 대륙 이동설
☐ 맨틀 대류설 ☐ 신약 개발 ☐ 신소재 개발 및 나노 화학 ☐ 우주 개발 ☐ 생명 윤리 ☐ 사회와의 관련성

영역 ## 과학이란 무엇인가?

성취기준

[12과사01-01]	과학과 자연의 관계에 대한 다양한 인식론적 주장을 알아보고, 과학이 지향하는 목표와 방향을 이해할 수 있다.
[12과사01-02]	연역 추론과 귀납 추론의 차이점을 이해하고, 베이컨의 귀납주의와 그 한계를 설명할 수 있다.
[12과사01-03]	가설 연역적 방법의 의미를 알고, 포퍼의 반증주의의 내용과 그 한계를 설명할 수 있다.
[12과사01-04]	과학의 역사를 패러다임의 전환으로 보는 쿤의 과학관을 이해하고 그 한계를 설명할 수 있다.
[12과사01-05]	과학의 역사적 발전을 이해하는 방법으로 내적 접근과 외적 접근의 차이와 이들의 상호 보완성을 설명할 수 있다.
[12과사01-06]	과학을 다른 학문과 비교하여 생각해 보고, 과학의 본성이 무엇인지 설명할 수 있다.

탐구주제

11.과학사 — 과학이란 무엇인가?

---

① 경험주의 접근법을 바탕으로 하는 귀납적 추론은 특정한 관찰이나 감각적인 경험에서 시작하여 그것들로부터 일반 결론을 유도한다. 반면 이성주의적 접근법을 토대로 하는 연역적 추론은 일반적 진실(또는 전제)에서 시작하고 논리적 주장을 통해서 특정한 결론에 도달한다. 과학에서 연역 추론과 귀납 추론의 차이점을 조사하고, 베이컨의 귀납주의와 그 한계를 발표해 보자.

관련학과
전 공학계열

탐구주제

2 과학의 역사적 발전을 이해하는 방법으로 내적 접근과 외적 접근의 차이와 이들의 상호 보완성을 조사하여 발표해 보자.

관련학과

전 공학계열

영역 ## 서양 과학사

성취기준

[12과사02-12] 왓슨과 크릭의 DNA 구조 발견을 비롯한 20세기의 유전에 대한 연구를 포함한 생명공학 연구의 의의를 설명할 수 있다.

[12과사02-14] 여러 과학 혁명이 끼친 사회적 영향에 대해서 설명할 수 있다.

[12과사02-15] 신약 개발, 신소재 개발 및 나노 화학, 우주 개발 등과 같은 현대 과학의 발전과 그 의의를 설명할 수 있다.

탐구주제

1 최근 백신 개발에 뛰어든 바이오 기업들 사이에서 'RNA백신'이라는 기법이 유행하고 있다. 바이러스 그 자체를 넣는 대신 바이러스의 유전정보를 담은 RNA를 파편화해 인체 내에 투입하는 방식이다. RNA는 몸 안으로 들어갔을 때, 바이러스의 유전정보에 따른 단백질을 생성하는데, 이를 우리 몸이 마치 병원균으로 인식하고 면역반응을 일으키도록 한다. 왓슨과 크릭의 DNA 구조 발견을 비롯한 20세기의 유전에 대한 연구와, 코로나19에 대응하는 생명공학 연구의 의미를 발표해 보자.

관련학과

생명공학과, 유전공학과

2 우리가 흔히 말하는 일반 의약품은 대부분 천연 물질에서 약효가 인정된 단일 성분만을 분리한 후 이를 화학적으로 합성해서 개발한 것이다. 이렇게 만든 하하 합성 약품은 빠른 약효와 간편성 넉분에 제2차 세계대전 이후 눈부신 발전을 거듭하였다. 코로나19에 대응하는 신약 개발, 신소재 개발 및 나노 화학, 우주 개발 등과 같은 현대 과학의 발전과 그 의의를 발표해 보자.

관련학과

생명공학과, 유전공학과, 세라믹공학과, 신소재공학과, 재료공학과, 화학공학과

동양 및 한국 과학사

성취기준

[12과사03-05]	삼국 시대부터 조선 시대에 이르기까지 한국에서의 과학과 기술이 발전하는 과정을 이해하고 우리 과학의 독창성과 우수성에 대해 설명할 수 있다.
[12과사03-06]	한국 현대 과학의 발전 과정을 이해하고, 최근 세계 과학계에서의 한국 과학이 갖는 위상을 소개할 수 있다.

탐구주제

11. 과학사 — 동양 및 한국 과학사

① 신기전은 세계우주학회 IAF가 인정한 세계 1호 로켓의 기록을 소유하고 있던 그 당시 우리 과학의 우수성을 보여주는 흥미로운 역사적 사건이다. 이와 같이 최근 세계 과학계에서의 한국 과학의 독창성과 우수성을 드러낸 사례를 찾아 카드뉴스 형태로 발표해 보자.

관련학과
전 공학계열

② 2020년에 우리나라가 세계에서 높은 기술과 점유율로 주목받고 있는 분야는 수소차, 2차전지, 반도체, 디스플레이, 스마트폰 등이 있다. 특히 메모리 반도체는 압도적으로 생산기반과 공급의 주도권을 확보하고 있다. 이렇게 세계 과학계에서 한국 과학기술의 우수성을 드러낸 사례를 찾아 친구들 앞에서 발표해 보자.

관련학과
전 공학계열

과학과 현대 사회

성취기준

[12과사04-01]	과학의 역사에서 찾을 수 있는 과학과 종교, 정치, 문화 등 연관성을 통해 사회 속에서의 과학이 갖는 역할을 토의할 수 있다.
[12과사04-02]	최근의 과학기술의 발전에 따른 윤리적인 쟁점 사례를 이용하여 과학자로서 갖추어야 할 연구 윤리, 생명 윤리 등에 대하여 토의할 수 있다.
[12과사04-03]	현대 사회에서 과학과 기술, 사회와의 관련성에 대해서 토의할 수 있다.

탐구주제

① 현대 사회는 과학, 종교, 정치, 문화 등이 서로 영향을 미치며 밀접하게 연관되어 있다. 역사에서 찾을 수 있는 과학과 종교, 정치, 문화 등 연관성을 조사해 보고, 현대 사회 속에서의 과학이 갖는 역할에 대해 조사하여 발표해 보자. 또한 과학의 발전이 세상의 변화를 견인한 예를 찾아 신문 기사 형태로 작성해 보자.

관련학과
전 공학계열

---

② 과학이 우리 사회에 미치는 막대한 영향에 비하여 공학의 산물을 만들어 내는 공학인의 윤리 의식에 대한 관심은 그리 많지 않다. 우리 삶에 많은 영향을 끼치는 공학 산물의 일차적인 생산자인 공학자들의 윤리 의식의 부재는 큰 문제를 일으킬 수 있다. 급격한 의학과 과학기술의 발전에 따른 윤리적인 쟁점 사례를 이용하여 과학자로서 갖추어야 할 연구 윤리, 생명 윤리 등에 대하여 토의해 보자.

관련학과
전 공학계열

활용 자료의 유의점

ⓘ 과학의 변화 과정과 사회 문화적인 요소와의 관련성 등을 포괄적으로 이해

ⓘ 과학사의 내용을 통해서 현대 과학의 과제와 21세기 과학의 전망을 이해

ⓘ 과학 개념이 형성되는 과정을 과학 철학적 맥락에서 이해할 수 있도록 많은 과학사 사례를 접목

💬 **MEMO**

과학과 12

생활과 과학

핵심키워드

☐ 질병 ☐ 의약품 ☐ 예방 접종 ☐ 인류 건강 ☐ 수명 연장 ☐ 약물 오남용 ☐ 첨가제 ☐ 보존 방법
☐ 권장 식료품 목록 ☐ 화장품 개발 윤리 ☐ 과학과 의복의 발달 ☐ 의복의 소재와 기능 ☐ 건축물 과학적 원리
☐ 환경 생태적 건축물 ☐ GPS ☐ 환경 보존과 에너지 절약 ☐ 미디어 아티스트

영역 ## 건강한 생활

성취기준

[12생활01-01]	질병, 의약품, 위생, 예방 접종, 진단, 치료 등과 관련된 과학 원리를 조사하고 설명할 수 있다.
[12생활01-02]	인류 문명사에 있어서 과학이 인류 건강 및 수명 연장에 영향을 준 대표적인 몇몇 사례를 조사하고 토론할 수 있다.
[12생활01-03]	과학적이고 합리적으로 건강한 신체를 유지하여 관리하기 위한 가족의 식품 및 신체 활동을 조사하고 분석할 수 있다.
[12생활01-04]	약물 오남용의 폐해에 대해 경각심을 높이고, 약물의 올바른 이해와 사용을 권장하는 캠페인을 기획하고 발표할 수 있다.
[12생활01-05]	식품 재료, 첨가제, 보존 방법, 영양소 등에 포함된 과학적 원리를 조사하고 설명할 수 있다.
[12생활01-06]	과학이 인류 식생활에 미친 긍정적 영향과 부정적 영향에 대해 조사하고 토론할 수 있다.
[12생활01-07]	식품 소비자로서 주변 식료품의 구성 성분을 조사하여, 권장 식료품 목록을 작성할 수 있다.
[12생활01-08]	방사능 물질, 수은, 중금속 등 환경 오염원에 노출된 먹거리에 대한 위험성을 조사하고 토론할 수 있다.

1 코로나 19와 관련하여 비대면 접촉, 외출 을 자제하는 움직임으로 전염병 확산 방지를 위해 노력하고 있다. 이렇게 움직임이 위축된 상황에서 과학적이고 합리적으로 건강한 신체를 유지하기 위한 신체 활동을 조사하여 발표해 보자. 또 건강한 먹거리도 조사하여 친구들과 함께 공유해 보자.

관련학과
환경공학과, 생명공학과

2 각종 바이러스, 수은, 중금속 등 환경 오염원에 노출된 먹거리에 대한 위험성이 증가하고 있다. 안전한 먹기리글 확인하고 구매될 수 있는 방법을 조사하고 그 결과를 발표해 보자.

관련학과
환경공학과, 생명공학과

3 암모니아 합성과 같은 과학의 발달은 식량 증산에 중요한 역할을 했다. 식물에게 단백질의 기본적인 원료인 질소를 공급해 줄 수 있는 질소 비료의 발견, 생산 등으로 식량 증산을 획기적으로 개선했기 때문이다. 그러나 다른 한편으로 폭탄 제조 등의 무기 생산이 가능해짐으로써 인류의 살상 무기로 활용되는 역작용이 나타났다. 이렇게 과학기술의 발전이 인류에게 편리함만을 제공하지 않는 다양한 사례를 찾아 발표해 보자.

관련학과
전 공학계열

영역 아름다운 생활

성취기준

[12생활02-01]	샴푸와 세안제, 화장품, 염색, 파마 등에 포함된 과학적 원리를 조사하고 설명할 수 있다.
[12생활02-02]	아름다움은 건강한 신체와 정신에 기반한다는 것을 이해하고, 미용의 올바른 가치를 담은 광고, 동영상 등 홍보물을 제작할 수 있다.
[12생활02-03]	자신에게 맞는 미용 제품을 선택하기 위해서 고려해야 할 사항들을 조사하고 발표할 수 있다.
[12생활02-04]	화장품 개발의 윤리와 동물 보호 등과 관련된 내용을 조사하고 토론할 수 있다
[12생활02-05]	의복의 소재, 기능 등에 관련된 과학적 원리 및 개념을 설명할 수 있다.
[12생활02-06]	과학이 의복의 발달에 미친 영향을 조사하고 발표할 수 있다.
[12생활02-07]	일상생활 속에서 특정 상황을 설정하고 목적과 기능에 적합한 의복을 설계할 수 있다.
[12생활02-08]	등산복, 운동복, 방화복, 방수복, 방탄복 등 안전과 관련된 의복의 소재 및 기능 등을 조사하고 비교함으로써 안전 의복들의 장점과 개선점에 대해 토론할 수 있다.

탐구주제

① 2020년 개봉한 '기기괴괴 성형수'란 영화는 우리 사회의 외모 지상주의를 풍자하는 애니메이션으로 아름다움에 대한 생각을 되돌아보게 한다. 모둠별로 진정한 아름다움에 대해 논의하고, 모둠별로 아름다운 사람을 선정하여 그 이유를 발표해 보자. 또 화장품의 올바른 사용과 미용의 올바른 가치를 담은 광고, 동영상 등 홍보물을 제작해 SNS에 공유해 보자.

관련학과
화학공학과, 환경공학과, 생명공학과

② 최근 기능성 섬유에 대한 수요가 많이 증가하고 있다. 등산복, 운동복, 방화복, 방수복, 방탄복 등 안전과 관련된 의복의 소재 및 기능 등이 이전과는 다른 형태로 나타나고 있다. 이러한 기능성 섬유를 조사하고 기능성 섬유의 장점과 개선점에 대해 보고서를 만들어 발표해 보자.

관련학과
섬유공학과, 신소재공학과, 재료공학과

영역

편리한 생활

성취기준

[12생활03-01]	초고층 건물, 경기장, 음악 공연장, 지붕, 다리 구조 등 다양한 건축물을 조사하고 각 건축물에 관련된 과학적 원리를 설명할 수 있다.
[12생활03-02]	인간의 외부 환경, 주거의 개념, 건물의 기능, 편안함, 쓰레기, 안전 등 건축물을 설계할 때 고려해야 하는 사항들을 조사하고 발표할 수 있다.
[12생활03-03]	화재, 지진, 붕괴 등의 안전사고에 대한 대처법을 조사하고 정리할 수 있다.
[12생활03-04]	환경과 생태적 측면에서의 건축물 설립의 장점과 제한점을 실제 사례들을 조사하고 비교함으로써 설명할 수 있다.
[12생활03-05]	자동차, 기차, 선박, 비행기, 신호등, GPS 등에 관련된 과학적 원리를 조사하고 설명할 수 있다.
[12생활03-06]	과학이 교통수단의 발달에 미친 영향을 조사하고 발표할 수 있다.
[12생활03-07]	건강한 신체 유지, 환경 보존과 에너지 절약을 위한 건강한 걷기 활동을 위해 인포그래픽을 작성하고 토의할 수 있다.
[12생활03-08]	교통사고의 유형 및 비율을 조사하고, 교통사고를 줄일 수 있는 방안 및 전략을 만들어 토론할 수 있다.

탐구주제

① 중동의 사막에 위치한 바레인 세계 무역 센터에는 연일 뜨거운 태양이 비칠 때, 달궈진 건물의 온도를 내리기 위해 많은 에너지를 쓸 것 같지만, 이중 구조의 창문이 태양열을 85% 차단하기 때문에 냉방에 쓰는 에너지를 절약할 수 있다. 롯데타워와 같은 초고층 건물, 경기장, 음악 공연장, 지붕, 다리 구조 등의 다양한 건축물을 조사하고 각 건축물과 관련된 과학적 원리를 발표해 보자.

관련학과
건축학과, 건축공학과, 조경학과, 토목공학과, 도시공학과

② 최근 과학기술의 발전으로 이동 수단의 획기적인 발전을 많이 접하게 된다. 전기자동차, 고속열차, 이지스함, 초음속 비행기, 내비게이션, GPS 등과 관련한 첨단과학 분야 중 자신의 관심 분야를 선택하고 그와 관련된 과학적 원리를 조사하고 발표해 보자.

관련학과
전 공학계열

영역 ## 문화생활

성취기준

[12생활04-01]	스포츠, 음악, 미술, 사진, 문학 등에 관련된 과학적 원리 및 개념을 조사하고 설명할 수 있다.
[12생활04-02]	인류 문명사의 관련된 몇몇 사례를 통하여 과학의 발달이 스포츠, 음악, 미술, 사진, 문학 등에 끼친 영향을 조사하고 발표할 수 있다.
[12생활04-03]	과학과 관련된 다큐멘터리, 전시회 등 문화생활을 체험하고, 그 안에 포함된 과학 논쟁거리를 찾아 토론할 수 있다.
[12생활04-04]	안전, 음악 또는 미술 작품의 표절, 문화재 보존 및 복원 기술, 보안 유지, 자료·정보 유출 및 도난 방지 등을 위하여 고려해야 할 내용들과 관련된 사례들을 조사하고 발표할 수 있다.
[12생활04-05]	공연, 영화, 미디어 아트 등 종합 예술과 관련된 과학적 원리 및 개념을 조사하고 설명할 수 있다.
[12생활04-06]	과학적 원리 및 활용이 공연, 영화 등의 종합 예술의 발달에 영향을 끼친 몇몇 대표적인 사례를 조사하고 발표할 수 있다.
[12생활04-07]	카메라 발명으로 인한 인상파 화가 등장, 미디어 아티스트, SF 소설 등 과학과 관련된 작품 등의 조사를 통하여 과학이 사고의 지평, 직업 영역의 지평을 창출 또는 확대한 사례를 조사하고, 그 과정에서 과학과 창의성이 어떤 역할을 하였는지 토의할 수 있다.
[12생활04-08]	문화생활이 인간의 정신 건강과 육체 건강에 미치는 영향을 조사 분석하고 설명할 수 있다.

탐구주제

① 최근 뉴로컴퓨팅·자연어 처리·컴퓨터비전 및 패턴인식·음성인식·인터넷 에이전트 제작과 관련한 연구는 괄목할 만한 성장을 이룩하고 있다. 이와 관련하여 다양한 과학적 원리 및 활용이 공연, 영화 등의 종합 예술의 발달에 영향을 끼친 몇몇 대표적인 사례를 조사하여 발표해 보자.

관련학과
기계공학과, 로봇공학과, 전자공학과, 컴퓨터공학과, 소프트웨어공학과, 정보통신공학과

② 영상기기의 발명과 과학기술의 발전으로 인한 미디어 아티스트, SF 소설 등 과학과 관련된 작품 등이 증가하고 있다. 이러한 사례의 조사를 통하여 과학이 사고의 지평, 직업 영역의 지평을 창출 또는 확대한 사례를 조사하여 발표해 보자.

관련학과
광학공학과, 컴퓨터공학과, 소프트웨어공학과, 정보통신공학과

활용 자료의 유의점

① 창의 융합적 문제 해결력 및 인성과 감성 함양에 도움이 되는 소재나 상황들을 적극적으로 활용
① 과학의 핵심 개념을 이해하고 적용하는 능력 개발
① 과학 학습 참여의 적극성, 협동성, 과학적으로 문제를 해결하는 태도, 창의성 등이 중요
① 과학 글쓰기와 토론을 통하여 과학적 사고력 및 과학적 의사소통능력 배양

💬 MEMO

융합과학

핵심키워드

☐ 허블 법칙 ☐ 빅뱅 증거 ☐ 우주 거대 구조 ☐ 태양 핵융합 ☐ 케플러의 법칙 ☐ 행성의 탈출 속도
☐ 밀러의 실험 ☐ 광합성 박테리아 ☐ 생물 화석의 변화 ☐ 유전자의 전달 ☐ 광통신 ☐ 종자은행
☐ 백신과 면역 ☐ 암의 진단과 치료 ☐ 태양 에너지 ☐ 엘니뇨, 라니냐 ☐ 지구온난화
☐ 방사성 에너지 자원 ☐ 신에너지 자원 ☐ 하이브리드 기술

영역 ## 우주의 기원과 진화

성취기준

[12융과01-01] 허블 법칙을 통하여 우주의 팽창을 설명하고 우주의 나이를 구할 수 있다.

[12융과01-02] 빅뱅 우주에서 기본 입자와 양성자 및 중성자, 헬륨 원자핵이 순차적으로 만들어짐을 모형으로 표현할 수 있다.

[12융과01-03] 수소, 헬륨 원자가 나타내는 선 스펙트럼으로부터 우주에 수소와 헬륨이 풍부하다는 것을 알 수 있으며 원자가 형성되면서 나온 빛이 우주배경복사로 검출된다는 것을 알고 이를 빅뱅의 증거로 설명할 수 있다.

[12융과01-04] 별이 탄생하고 적색거성, 초신성으로 진화하면서 탄소와 산소 등 무거운 원소가 만들어지는 과정을 설명할 수 있다.

[12융과01-05] 은하의 크기, 구조, 별의 개수 등이 다양하고, 은하와 은하 사이의 공간 등이 우주의 전체 구조를 이루고 있음을 우주 거대 구조를 관측한 결과를 활용하여 설명할 수 있다.

[12융과01-06] 성간 공간에서 수소, 탄소, 질소, 산소 원자들로부터 수소와 질소 분자, 그리고 일산화 탄소, 물, 암모니아 등과 같은 간단한 화합물이 만들어지는 과정을 설명할 수 있다.

탐구주제

(1) 허블의 법칙은 우주의 다른 은하들은 모두 우리은하로부터 멀어져가고 있으며 그 속도는 거리에 비례한다는 것이다. 우주가 빅뱅으로 시작됐으며 끊임없이 팽창하고 있다는 빅뱅이론이 만들어지기까지의 과정을 뉴스 형식으로 만들어 발표해 보자.

관련학과
항공우주공학과

(2) 우선 우주는 빅뱅이라고 하는 대폭발로 시작을 한다. 그렇게 빅뱅이 일어난 후 아주 짧은 시간 동안 쿼크, 전자 등의 기본 입자들이 생겨나고, 그 후 약 3분 후에 쿼크의 결합으로 양성자와 중성자가 생겨난다. 이후 38만년이 지나 우주가 충분히 식었을 때 양성자와 전자가 만나 수소 원자를 이루게 된다. 물론 헬륨 원자도 탄생한다. 우주의 성간 공간에서 수소, 탄소, 질소, 산소 원자들로부터 수소와 질소 분자, 그리고 일산화 탄소, 물, 암모니아 등과 같은 간단한 화합물이 만들어지는 과정을 사진이나 그림을 이용하여 설명해 보자.

관련학과
항공우주공학과, 화학공학과, 환경공학과, 생명공학과

영역 태양계와 지구

성취기준

[12융과02-01]	태양계의 형성 과정은 행성의 공전궤도와 방향, 지구형 행성과 목성형 행성 등 태양계의 여러 특징과 관련된다는 것을 알고, 태양에서 핵융합 반응이 일어나는 과정을 태양의 특성과 관련지어 설명할 수 있다.
[12융과02-02]	케플러의 법칙은 행성의 운동에 관한 법칙으로 뉴턴의 운동 법칙을 이용하여 케플러 법칙을 설명할 수 있다.
[12융과02-03]	지구와 달의 공전과 자전에 의해 식현상이 나타남을 모형으로 설명할 수 있다.
[12융과02-04]	행성의 탈출 속도를 구하고, 목성, 금성, 화성 등의 대기 성분 차이를 탈출속도 및 기체 분자의 특성과 관련지어 설명할 수 있다.
[12융과02-05]	지구의 진화 과정을 통하여 지권, 수권, 기권 등과 같은 지구계 각 권이 형성되었으며, 태양으로부터의 거리가 지구를 특별한 행성으로 만들었다는 것을 추론할 수 있다.
[12융과02-06]	지구의 원소 분포와 주변 화합물의 특성을 주기율과 관련지어 설명할 수 있다.
[12융과02-07]	지구의 자기장과 이온층의 형성 원인을 지구의 내부 물질과 지구의 자전과 관련지어 설명할 수 있다.

탐구주제

(1) 원자력 발전을 대체할 수 있는 미래에너지원으로 주목받고 있는 핵융합 방식이 최근 '한국핵융합에너지연구원'에서 우리나라의 「인공태양 KSTAR」가 1억도 초고온 플라즈마를 연속으로 20초간 운전 유지 하는데 성공함으로써 세계 최초로 신기록을 세웠다. 이와 같이 우리나라에서 현재 연구가 진행되고 있는 핵융합 반응과 관련하여 현재까지 연구 성과가 발표된 것을 조사하고, 특히 우리나라의 핵융합 기술 현황을 다양한 사진 자료를 활용하여 프리젠테이션 형태로 발표해 보자.

관련학과

항공우주공학과, 에너지공학과, 원자력공학과, 화학공학과, 산업공학과

(2) 2020년 일론 머스크는 줄곧 우주 진출에 대한 관심을 표명하면서 화성 이주 프로젝트를 제시하였다. 그는 오는 2024년엔 승객을 태워 화성으로 여행을 떠나고, 50년 내에는 100만 명을 이주시키겠다는 포부를 밝혔다. 최근 화성에 지구인 이주계획을 발표한 기업과 관련하여, 태양으로부터의 거리 등 생명체가 존재할 수 있는 환경 구축에 대해 추론하여 토론해 보자.

관련학과

항공우주공학과, 건축공학과, 조경학과, 토목공학과, 도시공학과, 환경공학과, 생명공학과

영역

생명의 진화

성취기준

[12융과03-01] 원시 바다에서 화학적 진화를 통해 간단한 화합물로부터 단백질과 같은 복잡한 탄소 화합물이 만들어지고 생명이 탄생하였음을 밀러의 실험 결과와 관련지어 설명할 수 있다.

[12융과03-02] 광합성 박테리아가 출현하여 태양에너지를 이용해 물을 분해하고 이때 나온 수소를 사용하여 이산화 탄소를 탄수화물로 환원시키면서 산소가 발생하고, 이 반응이 지구와 생명의 역사에 변혁을 가져온 과정을 과학적 근거를 들어 설명할 수 있다.

[12융과03-03] 지질 시대에 따른 생물 화석의 변화를 통해 생물 종의 진화 과정을 추론할 수 있으며, 생물 화석이 포함된 지층과 암석의 특징을 바탕으로 과거 생물의 생활 환경을 유추할 수 있다.

[12융과03-04] 원핵생물, 진핵생물, 단세포생물, 다세포생물의 차이를 근거로 하여 다양한 생물 종의 진화를 설명하는 진화론의 핵심을 설명할 수 있다.

[12융과03-05] 지구의 모든 생명체가 염색체, 유전자, DNA의 개념을 바탕으로 동일한 유전 암호를 사용하는 것에 근거하여 생명의 연속성을 설명할 수 있다.

[12융과03-06] 대립 유전자 쌍이 생식 세포 분열과 수정을 거쳐 복제, 분배, 조합을 이룸으로써 유전 현상이 나타남을 사례를 들어 설명할 수 있다.

[12융과03-07] 유전과 진화의 과정을 유전자의 전달과 변화로 설명할 수 있다.

탐구주제

(1) 지구의 원시 바다에서 화학적 진화를 통해 간단한 화합물로부터 단백질과 같은 복잡한 탄소 화합물이 만들어지고 생명이 탄생하였음을 나타내는 것을 조사해 보자. 그리고 각 단계별 과정을 그림이나 사진 자료를 사용하여 논리적으로 발표해 보자.

관련학과
화학공학과, 환경공학과, 생명공학과, 유전공학과

(2) 유전과 환경은 독립적인 변수가 아니라 상호 작용하는 변수이며, 어느 한 쪽이 더 중요하다는 주장은 무의미하다. 동일한 유전자를 갖고 있더라도 환경이 다르다면 발현되는 형질에는 차이가 있으며, 똑같은 환경이라도 게놈 차원에서 차이가 발견된다면 상이한 형실석 결과글 낳을 수 있다. 모든 생명체가 염색체, 유전자, DNA의 개념을 바탕으로 동일한 유전 암호를 사용하는 것에 근거하여 생명의 연속성을 설명해 보자.

관련학과
생명공학과, 유전공학과

영역 정보통신과 신소재

성취기준

[12융과04-01] 빛, 힘, 소리, 온도 변화, 압력 변화, 탄성파, 전자기파 등 자연계의 물리적 정보 발생 과정을 통해, 아날로그 정보와 디지털 정보의 의미와 차이를 설명할 수 있다.

[12융과04-02] 정보를 인식하는 여러 가지 센서의 기본 작동 원리를 이해하고, 휴대전화, 광통신 등 첨단 정보 전달기기에서 정보가 다른 형태로 변환되어 전달되는 과정을 설명할 수 있다.

[12융과04-03] 하드디스크 등 여러 가지 디지털 정보 저장 장치의 원리와 구조를 이해하고, 이 원리가 적용된 자기기록 카드 등에 대해 조사하여 발표할 수 있다.

[12융과04-04] 눈에서 색을 인식하는 세포의 특성과 빛의 3원색 사이의 관계를 이해하고, LCD 등 영상표현 장치와 디지털 카메라 등 영상 저장 장치의 원리와 구조를 과학적으로 설명할 수 있다.

[12융과04-05] 고체에 대한 에너지 띠구조를 바탕으로 도체, 부도체, 반도체의 차이가 나타난다는 것을 이해하고, 이는 초전도체와 액정 등 새로운 소재의 물리적 원리로 활용될 수 있음을 설명할 수 있다.

[12융과04-06] 반도체의 도핑과 반도체 소자의 전기적 특성을 이해하고, 이러한 특성이 다이오드와 트랜지스터, 고집적 메모리 등의 구조에 활용되는 사례를 제시할 수 있다.

[12융과04-07] 고분자 물질의 구조와 이에 따른 특성을 이해하고, 고분자 물질의 특성을 활용한 합성섬유, 합성수지, 나노 물질 등 다양한 첨단 소재를 조사하여 발표할 수 있다.

[12융과04-08] 중요한 광물 자원의 생성 과정과 유형, 분포와 탐사 방법을 설명할 수 있고, 광물 자원이 활용되는 사례를 조사하여 발표할 수 있다.

탐구주제

1 우리나라의 주력 산업인 반도체의 도핑과 반도체 소자의 전기적 특성을 탐구해 보자. 또한 지금도 새로운 반도체 재료와 현상들이 계속 개발되고 있으며, 트랜지스터, 다이오드, 집적회로소자, 열전자 방출체, 전자식 카메라 등 첨단 전자산업 부문에 매우 광범위하게 응용되고 있는데, 이렇게 반도체가 활용되는 사례를 조사하여 사진으로 발표해 보자.

관련학과

반도체공학과, 세라믹공학과, 신소재공학과, 재료공학과, 컴퓨터공학과, 전자공학과

2 고분자 물질은 일반적으로 여러 종류의 크기를 가진 분자의 혼합물로, 고체 또는 액체고민 편새하고, 분자량이 크기 때문에 분자간의 힘이 싱아다. 기계적인 강도가 크고 분자의 형상에 따라 탄성, 점성, 소성을 나타낸다. 따라서 실용적인 용도, 즉 각종의 성형품, 섬유품, 도료, 접착제 등에 사용되고 있다. 일상에서 많이 사용되는 고분자 물질의 구조와 이에 따른 특성을 이해하고, 고분자 물질의 특성을 활용한 합성섬유, 합성수지, 나노 물질 등 다양한 첨단 소재를 조사하여 발표해 보자.

관련학과

화학공학과, 환경공학과, 신소재공학과, 재료공학과

영역

인류의 건강과 과학기술

성취기준

[12융과05-04] 병원체로 작용하는 박테리아와 바이러스의 특징을 이해하고, 이들의 확산을 방지하기 위해 개발된 백신과 면역 과정에 대해 설명할 수 있다.

[12융과05-05] 의료에 사용되는 청진기, 혈압계, 내시경과 MRI를 비롯한 첨단 영상 진단 장치에는 물리적 원리가 적용되었으며, 혈액 검사 등에는 화학적 원리가 적용되었다는 것을 설명할 수 있다.

[12융과05-06] 생태계와 생물다양성의 가치를 천연 의약품과 관련지어 설명하고, 아스피린 등의 합성 의약품의 중요성에 대해 토의할 수 있다.

[12융과05-07] 암의 발생은 유전적·환경적 요인과 관련됨을 알고, DNA 염기 서열과 단백질의 상세 구조에 대한 지식을 바탕으로 개발된 신약이 암의 진단과 치료에 활용되는 사례를 설명할 수 있다.

탐구주제

1 박테리아 가운데 사람에게 감염돼 병을 일으키는 종류가 많이 있지만 바이러스의 공격 대상이라는 점에서는 동병상련의 존재들이다. 세포로 이루어진 생물은 모두 바이러스에서 자유롭지 못하다. 병원체로 작용하는 박테리아와 바이러스의 특징을 이해하고, 이들의 확산을 방지하기 위해 개발된 백신과 면역 과정에 대해 코로나19 등을 사례로 들어 설명해 보자.

관련학과

환경공학과, 생명공학과

탐구주제

(2) 암은 우리에게 두려움을 가져다주는 대상이다. 암 발생에는 많은 원인이 있겠지만 환경적인 요인이 높은 발생률에 영향을 미치는 만큼 건강에 좋지 않은 습관이나 생활 패턴 등을 개선해야 한다. 최근 증가하는 암의 발생은 유전적, 환경적 요인과 관련됨을 조사하고, DNA 염기 서열과 단백질의 상세 구조에 대한 지식을 바탕으로 개발된 신약이 암의 진단과 치료에 활용되는 사례를 조사하여 발표해 보자.

관련학과
환경공학과, 생명공학과, 유전공학과

영역 에너지와 환경

성취기준

[12융과06-01]	에너지는 다양한 형태로 존재하고, 자연이나 일상생활에서 에너지가 다른 형태로 전환되는 과정에서 에너지가 보존됨을 예를 들어 설명할 수 있다.
[12융과06-04]	대기와 해양의 순환은 지구의 에너지 순환 과정이며, 엘니뇨나 라니냐와 같은 해양 순환의 변화가 기후에 심각하게 영향을 준다는 것을 추론할 수 있다.
[12융과06-08]	태양, 풍력, 조력, 파력, 지열, 바이오 등과 같은 재생 에너지와 핵융합이나 수소 등과 같은 신에너지 자원을 이해하고, 지속 가능한 발전의 관점에서 신재생 에너지를 활용하는 방안을 설명할 수 있다.
[12융과06-09]	태양 전지, 연료전지, 하이브리드 기술은 환경적 관점에서 필요하다는 것을 논증할 수 있다.

탐구주제

(1) 최근 자주 발생하는 엘니뇨와 라니냐는 단순히 바닷물의 온도 변화에 머물지 않는다. 바닷물의 온도 변화에 따라 해양과 대기의 흐름이 달라져 기후현상 전반에 영향을 미친다. 이상 기상현상이 일어나는 원인으로 엘니뇨와 라니냐가 꼽히는데, 이와 같은 해양 순환의 변화가 기후에 심각하게 영향을 주는 과정을 논리적으로 발표해 보자.

관련학과
조선해양공학과, 환경공학과, 생명공학과

---

(2) 최근에 많은 관심을 받는 연료 전지는 연료와 산화제를 전기화학적으로 반응시키어 전기 에너지를 발생시키는 장치이다. 보통의 전지는 전지 내에 미리 채워놓은 화학물질에서 나오는 화학 에너지를 전기 에너지로 전환하지만 연료 전지는 지속적으로 연료와 산소의 공급을 받아서 화학반응을 통해 전기를 공급한다. 이러한 기술이 인류에게 미치는 영향과 이로 인한 산업 환경의 변화를 조사해 보자. 또 환경적인 관점에서 이 기술의 필요성을 논증해 보자.

관련학과
광학공학과, 에너지공학과, 원자력공학과, 환경공학과

활용 자료의 유의점

- ! '융합과학' 과목 내용과 관련된 기술, 공학, 예술, 수학 등의 다른 교과와 통합, 연계 활용
- ! 과학적인 근거에 기초하여 탐구 결과 발표
- ! 과학 글쓰기와 토론을 통하여 과학적 사고력, 창의적 사고력 및 의사소통능력을 함양
- ! 시사성 있는 과학 내용 등으로 지적 호기심과 학습 동기 촉진

💬 MEMO

영어과 교과과정

영어과

1

영어

핵심키워드

☐ 인구증가   ☐ 비닐봉투 vs 에코백   ☐ 깨끗한 물 접근   ☐ 팬데믹   ☐ 코로나19   ☐ 숨은 영웅
☐ 적정기술   ☐ 앱 개발   ☐ Sci-fi 영화   ☐ 온라인 수업   ☐ 해양 플라스틱
☐ 도핑   ☐ 쓰레기 제로   ☐ Earth Hour   ☐ 최신제품

영역 **듣기**

성취기준

[10영01-04]   친숙한 일반적 주제에 관한 말이나 대화를 듣고 화자의 의도나 말의 목적을 파악할 수 있다.

▶ 일상생활이나 학업과 관련된 친숙한 일반적 주제에 관한 말이나 대화를 듣고 맥락을 통하여 화자의 의도나 말의 목적을 이해할 수 있다는 의미이다. 전화의 메시지를 듣고 전화한 목적을 간단히 쓰거나, 연설문을 듣고 연설자의 의도를 기록하는 활동을 통하여 상황에 적절한 의사소통을 할 수 있도록 한다.

탐구주제

1.영어 ― 듣기

(1) 「Factfulness」의 저자인 Hans Rosling의 테드 강연 'Global Population Growth Box by Box'를 시청해 보자. 저자는 앞으로 50년 후에는 전 세계 인구가 90억 명으로 증가할 것이라고 예측했다. 이러한 인구 증가는 빈곤 국가들의 삶의 기준 향상을 통해 이루어질 것이라고 설명한다. 저자가 설명하는 빈곤 국가들의 삶의 기준 향상이 무엇인지 영어로 설명하고, 이에 관한 자신의 생각을 짧은 스피치로 공유해 보자.

관련학과
건축학과, 도시공학과, 토목공학과, 지상교통공학과, 항공우주공학과, 정보통신공학과, 전산학과, 컴퓨터공학과, 응용소프트웨어공학과

(2) 마트에서 카트를 가득 채우고 계산대에 갔다고 생각해 보자. 여기서 우리는 'What kind of bag should you use?'라는 질문을 받았을 때, 비닐봉투는 환경에 좋지 않으므로 종이봉투나 에코백이 환경에 더 도움이 된다고 생각한다. 하지만 이러한 생각이 진실일까? Luka Seamus Wright의 강연 'Which bag should you use?'를 통해 각각의 물질이 환경에 미치는 영향에 대해 알아보자.

관련학과
산업공학과, 화학공학과, 섬유공학과, 신소재공학과, 에너지공학과, 도시공학과, 환경공학과

탐구주제

③ 'Heroes of the pandemic' 영상을 시청하고, 코로나19 팬데믹 상황의 숨은 영웅에 대해 알아보자. 영상에 소개된 7인의 이야기 중에서 가장 인상 깊었던 인물과 그 이유를 영어로 말해 보자. 그리고 이들의 이야기가 자신에게 어떤 영향을 미쳤는지 이야기해 보자.

관련학과
전 공학계열

영역

말하기

성취기준

[10영02-03]   일상생활이나 친숙한 일반적 주제에 관해 자신의 의견이나 감정을 표현할 수 있다.

▶ 찬반 의견이 있는 주제에 대해 서로의 의견이나 감정을 주고받는 짝 활동, 학습자 수준에 맞는 흥미 있는 주제를 정하여 모둠별로 토론하거나 발표하는 활동을 통하여 의사소통능력을 향상시키도록 한다.

탐구주제

① UN에 따르면 6억 3천 3백만의 사람들이 깨끗한 물을 얻는데 어려움을 겪고 있다고 한다. 일상생활을 영위하기 위한 식수 및 생활용수를 공급하는 상하수도 시설이 여의치 않은 국가가 여전히 많다. 멀리 떨어진 강이나 공동 급수 지역으로 직접 가서 물을 가정에 공급하는 역할은 여성이나 아이들이 담당하고 있다. 이러한 문제를 해결하기 위한 'Q-Drum' 적정기술(Appropriate Technology)에 관한 영상을 시청하고 느낀 점을 영어로 발표해 보자.

관련학과
전 공학계열

② 우리는 스마트폰이 없는 삶을 상상할 수 없는 현실에 살고 있다. 여러분의 스마트폰에는 다양한 앱이 얼마나 많이 있는지 생각해 보자. 현재 삶의 불편함이 무엇인지 생각해 보고, 앱개발자의 입장이 되어 이러한 불편함을 개선하는 앱(개발의 목적, 대상, 효과)에 관하여 영어로 이야기해 보자.

관련학과
생명공학과

③ Science fiction(Sci-fi)이란 공상과학을 소재로 다룬 영화를 말한다. 과거에는 상상으로만 여겼던 영화 속 모습들이 현재에는 실제로 일어나는 경우가 많다. 그만큼 인간의 상상력은 인간의 진보에 큰 역할을 해왔다. 지금까지 봤던 Sci-fi 영화 중에서 가장 기억에 남는 작품이 무엇이었는지 생각해 보자. 이 영화가 가장 인상 깊은 이유를 영어로 발표해 보자.

관련학과
전 공학계열

성취기준

[10영03-06] 친숙한 일반적 주제에 관한 글을 읽고 함축적 의미를 추론할 수 있다.

▶ 문맥 속 낱말, 어구, 문장의 의미와 글 전체의 숨겨진 의미를 파악하는 등 행간의 의미를 제대로 이해하
도록 다양한 독해 전략을 지도하여 의사소통능력을 향상시키도록 한다.

탐구주제

1.영어 — 읽기

① 팬데믹 상황에서 학교는 유례 없는 온라인 개학을 시작했고, 원격수업의 형태로 교육활동을 지속해 오고 있다. 칸아카데미(Khan Academy)의 설립자인 Sal Khan은 인터뷰에서 원격수업의 한계점과 위험에 대해 말하고 있다. Seattletimes의 기사 'Khan Academy's Sal Khan shares advice for online learning : Do less, and turn off the camera'를 읽고 그가 말하는 "Do less, and turn off the camera"가 의미하는 바를 자신의 온라인 수업 경험에 비추어 영어로 설명해 보자.

관련학과
기계공학과, 로봇공학과, 금속공학과, 전기공학과, 전자공학과, 제어계측공학과, 광학공학과, 컴퓨터공학과, 소프트웨어공학과, 정보통신공학과,
정보보안학과, 산업공학과

② 호주 빅토리아주 멜버른에서 90분 거리에 있는 필립섬은 세계에서 가장 작은 '쇠푸른펭귄(페어리펭귄)' 서식지로 유명하다. 30㎝ 정도의 작은 키 때문에 요정 펭귄, 꼬마 펭귄이라고도 불리는 쇠푸른펭귄은 필립섬에만 약 3만2천마리가 살고 있다. 그러나 천혜의 자연환경을 자랑하는 호주 필립섬에도 플라스틱 쓰레기가 흘러들었다. 빅토리아 필립섬에 있는 자연공원에서도 플라스틱에 목이 졸린 펭귄 한 마리가 구조된 사실이 보도되었다. Newsweek의 기사 'Wildlife Rangers Save Little Penguin's Life after Spotting Plastic Wrapped Around Its Throat'를 읽고 느낀 점을 영어로 공유해 보자.

관련학과
전 공학계열

③ 역도 선수 장미란은 현역 은퇴를 앞두고 마지막으로 2012 런던 올림픽에 참여했지만 4위에 머물렀다. 그러나 아르메니아의 흐리프시메 쿠르슈다 선수가 대회 종료 후 4년 만에 가진 약물 검사에서 스테로이드의 일종인 스타노졸롤(Stanozolol)에 양성 반응을 보인 것으로 알려져 동메달을 박탈당했다. 4년이 지난 후에 동메달 승격에 관한 기사 'Doping revelation means Jang could claim bronze'를 읽고 느낀 스포츠맨십(Sportsmanship) 또는 페어플레이 정신(The spirit of fair play)에 관한 자신의 생각을 영어로 작성해 보자.

관련학과
에너지공학과, 원자력공학과, 반도체공학과, 세라믹공학과, 섬유공학과, 신소재공학과, 재료공학과, 컴퓨터공학과, 소프트웨어공학과, 정보통신공학과,
정보보안학과, 산업공학과, 산업경영공학과, 산업시스템공학과, 환경공학과, 생명공학과, 유전공학과

[10영04-01] 일상생활이나 친숙한 일반적 주제에 관하여 듣거나 읽고 세부 정보를 기록할 수 있다.

▶ 일상생활에서의 친숙한 일반적 주제에 관해 듣거나 읽고 대상이나 상황에 대한 구체적인 정보를 문장으로 기록할 수 있다는 의미이다. 대상, 상황, 그림, 사진, 도표 등에 관해 묘사 및 설명하는 글을 읽고 구체적이고 상세한 정보를 정확하게 파악하는 읽기 활동과 연계하여 의사소통능력을 신장하도록 한다.

탐구주제

1.영어 — 쓰기

① '쓰레기 제로(A Zero Waste)'인 삶을 상상할 수 있을까요? Lauren Singer의 테드 강의 'Why I live a zero waste life'를 시청하고, 강연자가 설명하는 쓰레기를 발생시키지 않는 삶을 살아가는 방법을 메모해 보자. 강연자의 방법 중 가장 인상 깊은 방법과 그 이유를 영어로 작성해 보자. 그리고 자신이 실천할 수 있는 방법이 있다면 일주일간 실천하고 이를 영어 일기(Journal)로 기록해 보자.

관련학과
전 공학계열

② Earth Hour는 야간 조명으로 인한 전력 소비와 지나친 빛공해를 줄여보고자 국제적으로 실행되고 있는 "조명 끄기 행사"이다. 매년 3월 마지막 토요일 저녁에 1시간 동안 각 가정과 기업들이 모든 조명을 끄고 잠시 동안이라도 전기의 소중함을 깨달음과 동시에 탄소 방출량을 줄여보고자 하는 뜻도 담겨 있다. Earth Hour 공식 영상을 시청하고, WWF에서 제안하는 탄소 배출을 줄이기 위해 자신이 할 수 있는 것을 영어로 작성해 보자.

관련학과
토목공학과, 도시공학과, 금속공학과, 자동차공학과, 전기공학과, 전자공학과, 제어계측공학과, 광학공학과, 에너지공학과, 원자력공학과, 반도체공학과, 세라믹공학과, 섬유공학과, 신소재공학과, 재료공학과, 산업시스템공학과, 화학공학과, 환경공학과

③ 기술의 발전은 우리의 삶을 편리하고 빠르게 만들어 주고 있다. 매일 새로운 기술을 장착한 제품들이 사람들의 선택을 기다리고 있다. 인터넷에서 'The coolest gadgets of the year'를 검색해 보자. 검색한 제품들 중에서 자신의 주변 사람들에게 유용한 물건이 있는지 생각해 보자. 유용한 기기가 있다면 이 제품이 필요한 이유와 경제적 합당성을 포함하여 제품을 추천하는 편지를 영어로 작성해 보자.

관련학과
로봇공학과, 금속공학과, 자동차공학과, 전기공학과, 전자공학과, 반도체공학과, 세라믹공학과, 섬유공학과, 신소재공학과, 재료공학과, 컴퓨터공학과, 소프트웨어공학과, 정보통신공학과, 산업공학과, 산업경영공학과, 산업시스템공학과, 화학공학과

활용 자료의 유의점

ⓘ 다양한 시청각 자료 및 웹 기반 동영상 등 정보통신기술 도구를 활용
ⓘ 정확성보다는 유창성을 강조하며 적절한 내용을 자신감 있게 말할 수 있는지에 중점
ⓘ 자기 주도적 학습이 가능하도록 다양한 읽기 전략을 활용
ⓘ 진로 및 관심 분야와 관련된 소재를 활용하여 쓰기에 흥미와 자신감을 갖도록 노력

영어 I

핵심키워드

☐ 헤어드라이어   ☐ What if   ☐ 여성의 성차별   ☐ 성차별 광고   ☐ 빛공해   ☐ 크라우드 소싱
☐ 그린피스   ☐ Black Lives Matter   ☐ 비폭력 시민불복종

영역 **말하기**

성취기준

[12영 I 02-05]   친숙한 일반적 주제에 관해 그림, 도표, 도식 등을 활용하여 의사소통 할 수 있다.

탐구주제

2.영어 I — 말하기

① Randall Munroe의 책 「What If」에서는 '이러면 어떨까?(What if?)'라는 가정의 질문에 과학이론에 근거하여 답을 제시하고 있다. 이 책의 질문 중 'What would happen if a hair dryer with continuous power were turned on and put it an airtight 1x1x1-meter box?(가로 세로 높이 1미터인 밀폐상자에 헤어 드라이어 바람을 계속 넣어주면 어떻게 될까?)'라는 질문에 대한 답변을 책을 보지 않고 이야기해 보자. 단, 과학적인 접근을 위해서 이 상황에서의 변수를 넣어 답을 도식화하고 이를 영어로 설명해 보자.

관련학과
기계공학과, 로봇공학과, 금속공학과, 자동차공학과, 전기공학과, 전자공학과, 제어계측공학과, 광학공학과, 에너지공학과, 원자력공학과

---

② Ogilvy의 UN 광고인 "The Autocomplete Truth(자동완성의 진실)"는 구글에서 여성을 검색하면 많은 차별적인 발언들이 자동완성 기능으로 되어있다는 것을 보여주며 여성의 성차별 문제를 해결해야 하고, 여성들은 권리를 가져야 한다는 내용이다. 이 광고가 의미하는 바를 공학도의 관점에서 영어로 이야기해 보자.

관련학과
컴퓨터공학과, 소프트웨어공학과, 정보통신공학과, 정보보안학과, 산업공학과, 산업경영공학과, 산업시스템공학과, 로봇공학과, 전기공학과, 전자공학과, 제어계측공학과

---

③ 빛공해(Light Pollution)란 대기오염물질과 인공 불빛 때문에 시야에서 별이 사라지는 현상으로 깊은 밤인데도 도심에 켜져 있는 각종 조명·가로등·네온사인 등은 도시 주변 식물의 광합성 작용에 혼란을 일으키며 곤충들의 바이오리듬을 해쳐 이상행동을 초래한다. 다음의 darksky.org에서 제작한 Light Pollution Infographic을 활용하여 Light Pollution의 문제점과 해결책을 영어로 이야기해 보자.

관련학과

건축학과, 건축공학과, 조경학과, 토목공학과, 도시공학과, 교통공학과, 항공우주공학과, 항공정비학과, 전자공학과, 제어계측공학과, 광학공학과, 환경공학과, 생명공학과, 유전공학과

영역

쓰기

성취기준

[12영 I 03-03] 친숙한 일반적 주제에 관해 자신의 의견이나 감정을 쓸 수 있다.

▶ 일상생활이나 학업과 관련된 친숙한 일반적 주제에 관해 생각, 주장, 느낌 등을 자신의 글로 표현할 수 있다는 의미이다.

탐구주제

2.영어 I — 쓰기

① 크라우드 소싱(Crowdsourcing)이란 기업활동의 전 과정에 소비자 또는 대중이 참여할 수 있도록 일부를 개방하고 참여자의 기여로 기업활동 능력이 향상되면 그 수익을 참여자와 공유하는 방법이다. '크라우드 소싱의 9가지 예(9 Great Examples of Crowdsourcing in the Age of Empowered Consumers)'를 읽고, 가장 인상 깊은 Crowdsourcing의 사례를 설명하고 그 이유를 짧은 영어 에세이로 작성해 보자.

관련학과

교통공학과, 기계공학과, 로봇공학과, 금속공학과, 자동차공학과, 전기공학과, 전자공학과, 제어계측공학과, 광학공학과, 에너지공학과, 원자력공학과, 반도체공학과, 세라믹공학과, 섬유공학과, 신소재공학과, 재료공학과, 컴퓨터공학과, 소프트웨어공학과, 정보통신공학과, 정보보안학과, 산업공학과, 산업경영공학과

② 국제환경보호단체 Greenpeace에서 제작한 'LEGO: Everything is NOT awesome'을 시청해 보자. 이 영상을 보고, 영상의 목적, 주제, 표현방식, 그리고 느낀 점을 짧은 영어 에세이로 작성해 보자.

관련학과

환경공학과, 생명공학과, 유전공학과, 조선해양공학과, 기계공학과, 로봇공학과, 전자공학과, 반도체공학과, 세라믹공학과, 섬유공학과, 신소재공학과, 산업공학과, 산업경영공학과

탐구주제

(3) Black Lives Matter(BLM, 흑인의 생명은 소중하다)는 아프리카계 미국인을 잔인하게 대한 경찰로 인해 발생한 사고에 대항하는 비폭력 시민불복종을 옹호하는 조직화된 움직임을 말한다. BLM과 관련하여 나이키(NIKE)는 8개의 문장으로만 구성된 광고 'For once, Don't Do It'를 배포했다. 현재 우리 사회의 관심이 필요한 이슈를 하나 선정해 보자. 이 광고문처럼 6~8개의 영어문장(부정명령문(Don't ~.) 혹은 긍정명령문(Do ~.))의 형식으로 광고문을 작성해 보자.

관련학과

전 공학계열

활용 자료의 유의점

- ! 자신의 진로 및 관심 분야와 관련된 소재를 활용한 쓰기 활동에 참여
- ! 협동학습 활동을 통해 학습자들의 자발적인 참여를 높이고 창의적이고 비판적인 사고 능력 신장
- ! 실제적인 의사소통능력을 신장할 수 있도록 듣기·말하기·읽기 기능과 연계

(··) MEMO

영어 독해와 작문

핵심키워드

☐ 그릿 ☐ 업사이클링 ☐ 업사이클링 활용 예술작품 ☐ 작은 습관의 비밀 ☐ 습관

영역 **읽기**

성취기준

[12영독04-03]   일반적 주제에 관해 자신의 의견이나 감정을 쓸 수 있다.

탐구주제

3.영어 독해와 작문 — 읽기

① 그릿(GRIT)이란 성장(Growth), 회복력(Resilience), 내재적 동기(Intrinsic Motivation), 끈기(Tenacity)의 줄임말로 성공에 결정적인 영향을 미치는 투지를 나타내는 말로 미국의 심리학자인 앤젤라 더크워스(Angela Duckworth)가 개념화한 용어이다. Angela Duckworth는 그릿(GRIT)은 투지, 끈기, 불굴의 의지를 모두 아우르는 개념으로 '열정과 집념이 있는 끈기'라는 의미이며, 단순히 열정과 근성만을 의미하는 것이 아니라 담대함과 낙담하지 않고 매달리는 끈기 등을 포함한다고 설명한다. 자신의 삶을 돌아보고, 'GRIT'을 발휘한 경험과 느낀 점을 영어로 작성해 보자.

관련학과
전 공학계열

---

② 업사이클링이란 기존에 버려지는 제품을 단순히 재활용하는 차원을 넘어서 디자인을 가미하는 등 새로운 가치를 창출하여 새로운 제품으로 재탄생시키는 것을 말한다. 최근 업사이클을 활용한 예술 작품들이 많은 주목을 받고 있는데, 이러한 예술 작품을 찾아 보자. 그중 가장 인상 깊은 작품을 골라 업사이클링 소재 및 방법과 이 작품을 통해 느낀 점을 영어로 작성해 보자.

관련학과
광학공학과, 에너지공학과, 원자력공학과, 반도체공학과, 세라믹공학과, 섬유공학과, 신소재공학과, 재료공학과, 컴퓨터공학과, 소프트웨어공학과, 정보통신공학과, 산업공학과, 산업경영공학과, 산업시스템공학과, 화학공학과, 환경공학과

탐구주제

③ 「아주 작은 습관의 비밀(Atomic Habits)」의 저자 James Clear는 아주 작은 습관이 극적인 삶의 변화를 만들어 낼 수 있다고 조언한다. 좋은 행동을 지속적으로 실행하기 위해서는 행동을 (1) 분명하게(make it obvious), (2) 매력적으로 (make it attractive), (3) 쉽게(make it easy), (4) 만족스럽게(make it satisfying) 만드는 것이 중요하다고 한다. 현재 자신의 삶에서 변화시킬 작은 습관이 무엇인지 생각해 보고, 어떻게 실천할 것인가에 대해 영어로 작성해 보자.

관련학과
전 공학계열

활용 자료의 유의점

ⓘ 진로 및 관심 분야와 관련된 소재를 활용하여 쓰기에 흥미와 자신감을 갖는 것이 중요

ⓘ 협동 학습 활동을 통한 자발적인 참여를 높이는 것이 중요

ⓘ 듣기·말하기·읽기 기능과 연계한 활동

ⓘ 창의적이고 융합적인 사고 능력을 배양할 수 있도록 창의적인 활동 및 다양한 매체 활용

💬 MEMO

영어과

4

영어Ⅱ

핵심키워드

☐ 인간의 직관　☐ 성공적인 삶　☐ 위기의 동물　☐ 페임랩　☐ 과학자 인터뷰　☐ 지구온난화
☐ 상업적 유전자 복제　☐ Space X　☐ 실패　☐ 스눕(Snoop)

영역 | ## 듣기

성취기준

[12영Ⅱ01-02] 　다양한 주제에 관한 말이나 대화를 듣고 주제 및 요지를 파악할 수 있다.

> ▶ 일상생활이나 학업과 관련된 다양한 주제의 말이나 대화를 듣고 주제나 요지와 같은 중심 내용을 이해
> 할 수 있다는 의미이다.

탐구주제

4.영어Ⅱ ― 듣기

① 「Factfulness」의 저자인 Hans Rosling과 Ola Rosling의 테드 강연 'How not to be ignorant'를 시청하고, 저자가 말하는 '인간의 직관력(Human intuition)'이 인간의 진화에 끼친 긍정적인 측면과 현재의 정확한 세계관을 형성하는데 미치는 부정적인 측면을 영어로 제시하고, 이에 관한 자신의 생각을 짧은 영어 글로 작성해 보자.

관련학과
컴퓨터공학과, 소프트웨어공학과, 정보통신공학과, 정보보안학과, 산업공학과, 산업경영공학과, 산업시스템공학과, 화학공학과, 환경공학과, 생명공학과,
유전공학과, 메카트로닉스공학과

② Michelle Obama의 'Best Advice For Students, How To Succeed In Life' 영상을 시청해 보자. 이 짧은 강연에서 Michelle Obama가 생각하는 직원을 고용할 때 중요하게 여기는 자질들은 무엇인지 알아보고, 그 자질들이 왜 중요한지 자신의 생각을 영어로 말해 보자.

관련학과
전 공학계열

탐구주제

(3) 'Animals Under Threat From Climate Change' 영상을 시청하자. 이 짧은 영상에서 위기에 처한 동물들의 이야기를 요약해서 카드뉴스의 형태로 제작해 보자. 카드뉴스란 짧은 글과 여러 컷의 이미지로 이루어진 스토리 형식의 뉴스이다. 영상에 나온 각 동물의 이미지와 짧은 설명을 바탕으로 'Animals Under Threat from Climate Change' 카드뉴스를 작성해 보자.

관련학과

항공우주공학과, 항공정비학과, 조선해양공학과, 제어계측공학과, 광학공학과, 에너지공학과, 원자력공학과, 반도체공학과, 컴퓨터공학과, 산업시스템공학과, 화학공학과, 환경공학과, 생명공학과, 유전공학과

영역 # 말하기

성취기준

[12영 II 02-04] 비교적 다양한 주제에 관하여 상황과 목적에 맞는 의사소통 전략을 사용하여 묻고 답할 수 있다.

▶ 효과적인 의미 교환 및 전달을 위하여 의미 확인, 화제 전환, 설명 다시 요청하기 등의 적절한 의사소통 전략을 선택하여 상황과 목적에 맞는 의사소통을 할 수 있다.

탐구주제

(1) 페임랩(Fame-lab)이란 과학, 수학, 공학 분야의 주제를 가지고 3분간 강연을 하면서 대중과 소통하는 국제적 행사를 말한다. 페임랩에 참가한 사람은 파워포인트는 사용할 수 없고 사물만을 활용하여 발표하여야 한다. 또한 쉽고 재미있게 전달하기 위하여 전문 용어의 사용은 최대한 줄여야 한다. 페임랩의 발표자가 되었다고 생각하고, 과학원리 또는 신기술을 알기 쉬운 영어로 표현하여 발표해 보자.

관련학과

전 공학계열

---

(2) 현재 우리 삶의 편리함 뒤에는 수없이 많은 과학자, 개발자, 연구자들의 노고가 있다. 여러분이 이러한 사람들을 인터뷰한다고 생각해 보자. 자신이 인터뷰하고 싶은 인물을 선정하고, 이 인물에 대한 소개와 인터뷰 질문을 영어로 작성해 보자.

관련학과

전 공학계열

---

(3) Sam Gosling의 책 「Snoop: What Your Stuff Says about You」는 상대방이 가진 작은 소지품을 통해서 그 사람의 성향을 알아낼 수 있다는 내용의 책이다. 이 책에서는 '우리는 소지품을 통해 자신을 드러내며, 자신의 물건에 감정을 담는다'라고 말한다. 자신의 소지품 중에서 자신을 보여주는 물건을 생각해 보자. 'Snooping Myself'를 주제로 자신의 성향을 담고 있는 물건을 선정하고, 이 물건과 자신의 성향 간 관계를 영어로 말해 보자.

관련학과

전기공학과, 전자공학과, 제어계측공학과, 광학공학과, 에너지공학과, 원자력공학과, 반도체공학과, 세라믹공학과, 섬유공학과, 신소재공학과, 재료공학과, 컴퓨터공학과, 소프트웨어공학과, 정보통신공학과, 정보보안학과, 산업공학과, 산업경영공학과

[12영 II 04-04]　　학업과 관련된 간단한 보고서를 작성할 수 있다.

탐구주제

① 지구온난화로 인해 생태계가 변화되면서 살 곳을 잃고 사라져가는 멸종위기 동물들이 많아지고 있다. 기후 변화로 멸종위기를 맞은 동물과 함께 기후 변화가 그들의 터전을 어떻게 파괴하고 있는지 살펴보고, 이를 막기 위해 우리가 어떤 노력을 해야 할지에 대해 조사해 보자. 지구온난화를 주제로 인포그래픽을 작성해 보자.

관련학과
산업시스템공학과, 화학공학과, 환경공학과, 생명공학과, 유전공학과, 메카트로닉스공학과, 제어계측공학과, 광학공학과, 에너지공학과, 원자력공학과, 반도체공학과

② 미국의 텍사스에 사는 줄리(Julie)라는 여성은 사랑하는 고양이가 죽고나서 캘리포니아에 있는 Genetics Savings & Clone이라는 회사에 고양이 복제 서비스를 신청했다. 5만달러에 복제에 성공한 그녀는 죽은 고양이와 유전적으로 동일한 '리틀 니키'를 품에 안고 "I have not been able to see one difference"라고 말했다 '고양이나 개의 상업적 복제(The commercial clonning of cats and dogs)'에 관한 자신의 생각을 짧은 영어 에세이를 써보자.

관련학과
환경공학과, 생명공학과, 유전공학과, 조선해양공학과, 기계공학과, 로봇공학과, 전자공학과, 반도체공학과, 세라믹공학과, 섬유공학과, 신소재공학과

③ 일론 머스크(Elon Musk)는 Space X와 관련한 인터뷰('I lost many battles')에서 '세상을 변화시킬 혁신적인 것을 이루어내는 것에는 엄청난 실패의 위험이 뒤따른다(If you want to make a breakthrough and change the world in anything innovative, it will have significant risk of failure)'고 이야기했다. 일론 머스크의 생각에 대한 자신의 생각 또는 이와 비슷한 사례에 관하여 영어 에세이를 써보자.

관련학과
전 공학계열

활용 자료의 유의점

(!) 자신의 진로 및 관심 분야와 관련된 소재를 활용한 쓰기 활동에 참여
(!) 과정 중심의 모둠별 글쓰기 활동 및 동료 수정 활동과 같은 협력 학습이 필요
(!) 실제적인 의사소통능력을 신장할 수 있도록 듣기·말하기·읽기 기능과 연계가 중요

실용 영어

핵심키워드

☐ 혁신적인 광고 ☐ 공상과학영화 예고편 ☐ 세계자연기금(WWF) ☐ 툰베리 ☐ 소설 서평
☐ 소설「The Martian」 ☐ 과학의 날 ☐ 행사초대장 ☐ 스마트폰 ☐ 앱 ☐ 앱 개발자

영역 **듣기**

성취기준

[12실영01-01] 실생활 중심의 다양한 주제에 관한 방송, 광고, 안내 등을 듣고 세부 정보를 파악할 수 있다.

▶ 주변에서 흔히 들을 수 있는 방송, 광고, 안내 등에 포함된 세부 정보를 다양한 듣기 전략을 사용하여
파악하는 학습 활동을 통하여 의사소통능력을 향상시키도록 한다.

탐구주제

5.실용 영어 ─ 듣기

① 1984년 미국의 수퍼볼 광고에 단 한번 등장했던 애플사의 매킨토시 광고 '1984 Apple Computer'를 시청해 보자.
그 광고는 조지오웰(George Orwell)의 소설「1984」를 연상시킨다. 광고 마지막 부분에 등장하는 "On January 24th
Apple computer will introduce Macintosh and you'll see why 1984 won't be like 1984"의 의미를 조지오웰의 소
설「1984」와 관련지어 말해 보자.

관련학과
기계공학과, 로봇공학과, 금속공학과, 자동차공학과, 전기공학과, 전자공학과, 제어계측공학과, 광학공학과, 에너지공학과, 원자력공학과, 반도체공학과,
세라믹공학과, 섬유공학과, 신소재공학과, 재료공학과, 컴퓨터공학과, 소프트웨어공학과, 정보통신공학과, 정보보안학과, 산업공학과, 산업경영공학과,
산업시스템공학과

② 세계자연기금(WWF)에서 제작한 'A #NatureNow message from Greta Thunberg' 영상을 시청해 보자. 이 영상에서
툰베리는 'PROTECT', 'RESTORE', 'FUND'의 3가지를 강조하고 있다. 이 영상을 시청한 후 자신의 생각을 친구와 영어
로 이야기해 보자.

관련학과
건축학과, 건축공학과, 조경학과, 토목공학과, 도시공학과, 교통공학과, 항공우주공학과, 항공정비학과, 조선해양공학과, 환경공학과, 생명공학과,
유전공학과, 메카트로닉스공학과

3 최고의 공상과학 영화 예고편으로 선정된 영화들은 'Edge of Tomorrow', 'Mars', 'Arrival', 'Interstellar', 'Blade runner 2'이다. 이 영화들의 예고편을 감상해 보자. 이 중에서 자신이 이미 보았던 영화가 있다면 예고편이 영화의 주로 전달하고자 하는 것이 무엇인지 영화 전체의 이야기와 비교하여 이야기해 보자.

관련학과
전 공학계열

영역 | 쓰기

성취기준

[12실영04-03] 서식, 이메일, 메모 등을 상황과 목적에 맞게 작성할 수 있다.

▶ 실생활에서 학습자들이 쉽게 접할 수 있는 다양한 주제에 관한 글을 상황과 목적에 맞게 작성할 수 있다는 의미이다. 일상생활에서 흔히 접할 수 있는 서식, 이메일, 메모 등을 작성하는 학습 활동을 통하여 일상생활에 필요한 효율적인 의사소통능력을 향상시키도록 한다.

탐구주제

5.실용 영어 — 쓰기

1 Andy Weir의 소설 「The Martian」은 미국인 우주비행사 Mark Watney가 화성에서 표류하여 생존하는 모습을 그렸다. 이 소설의 뒷면에는 "BRILLAINT... A CELEBRATION OF HUMAN INGENUITY (AND) THE PUREST EXAMPLE OF REAL-SCIENCE SCI-FI FOR MANY YEARS...UTTERLY COMPELLING" - WALL STREET JOURNAL이라는 서평이 있다. 위처럼 자신에게 큰 감동, 감명을 주었던 소설의 영어 서평(book feedback)을 작성해 보자.

관련학과
전 공학계열

---

2 1934년 발명학회는 찰스 다윈의 기일을 기념하고, 과학의 중요성을 강조하며 과학의 대중화를 통해 민족의 역량을 높이기 위해 4월 19일을 '과학데이'로 제정하였다. 그리고 1968년 과학기술에 대한 국민의 관심을 높이기 위해 4월 21일이 과학의 날로 제정되었다. 학교에서는 과학의 날에 많은 행사가 진행된다. 자신의 학교 과학행사 초대장(An Invitation Letter)을 영어로 작성해 보자.

관련학과
전 공학계열

---

3 요즘 자신의 스마트폰에서 가장 많이 사용하는 앱이 무엇인지 생각해 보자. 이 앱을 사용하면서 불편함을 느꼈던 부분이나 개선을 바랐던 점이 있었는지 생각해 보자. 이를 바탕으로 앱 개발자에게 사용상의 개선점을 제언하는 이메일을 영어로 작성해 보자.

관련학과
로봇공학과, 자동차공학과, 전기공학과, 전자공학과, 제어계측공학과, 광학공학과, 에너지공학과, 반도체공학과, 컴퓨터공학과, 소프트웨어공학과, 정보통신공학과, 정보보안학과, 산업공학과, 산업경영공학과, 산업시스템공학과

활용 자료의 유의점

ⓘ 다양한 시청각 자료 및 웹 기반 동영상 등을 활용

ⓘ 짝 활동, 모둠 활동, 토론 활동, 과업 중심 활동 등을 통해 학습자들의 자발적인 참여 및 협동심을 높이고 창의적이고
융·복합적인 사고 능력을 높이는 것이 중요

ⓘ 자신의 진로 및 관심 분야와 관련된 소재를 활용하는 것을 추천

💬 MEMO

영어권 문화

핵심키워드

☐ 문화 차이　☐ 타문화 존중　☐ 마스크 착용에 관한 동서양의 태도 차이　☐ 외국인의 관점으로 본 문화차이
☐ 확진자 동선 공개　☐ 국가 감시　☐ 방역망 구축

영역

쓰기

성취기준

[12영화04-06]　영어권 문화에 관해 비교·대조하는 글을 쓸 수 있다.

> ▶ 영어를 사용하는 여러 국가들의 문화의 차이점과 유사점을 파악하여 비교·대조하는 글을 작성할 수 있다는 의미이다. 영어를 사용하는 사람들의 다양한 문화와 우리 문화를 비교·대조하는 글을 쓰거나 여러 영어권 문화를 비교·대조하는 글을 쓰는 활동을 통하여 영어권 문화와 우리 문화를 올바르게 이해하고, 타 문화를 존중하는 공동체 역량을 함양시키도록 한다.

탐구주제

6.영어권 문화 — 쓰기

① Derek Siverse의 테드 강의 'Weird? Just Different'를 시청해 보자. 강연자는 미국과 아시아 국가들, 미국과 아프리카 국가 간의 다양한 차이점을 설명한다. 이러한 강연자의 강의를 시청하고 '문화적 차이를 어떻게 생각해야 하는가?(How should we see cultural differences?)'에 관하여 영어로 짧은 에세이를 작성해 보자.

관련학과
전 공학계열

---

② BBC의 기사 'Coronavirus: Why some countries wear face masks and others don't By Tessa Wong'을 읽고, 마스크 착용에 대한 동·서양의 태도의 차이가 생긴 이유가 무엇인지 알아보자. 아시아 국가들이 마스크 착용을 잘하는 이유에 대한 자신의 생각을 영어로 작성해 보자.

관련학과
전 공학계열

탐구주제

(3) 유튜브(Youtube)에는 외국인이 우리나라와 영어권문화 국가간의 문화적 차이에 대해 이야기하는 영상이 많이 있다. 이러한 영상들을 시청해 보고, 이 영상들 중에서 가장 인상 깊은 영상에 대한 자신의 생각(문화적 차이의 원인, 문화적 차이를 대하는 태도 등)을 영어로 작성해 보자.

관련학과
전 공학계열

(4) 프랑스 유력 경제신문이 한국의 코로나바이러스(코로나19) 확진자의 동선 추적을 통한 방역망 구축에 대해 "한국은 감시와 밀고에 있어서 세계 두 번째 국가"라고 비판했다. 이 기사에서 비판하고 있는 '확진자 동선 공개가 국가의 감시인가?'에 대한 자신의 생각을 찬성하는 입장과 반대하는 입장이 되어 영어로 이야기해 보자.

관련학과
전 공학계열

활용 자료의 유의점

- (!) 다양한 영어권 문화와 관련된 소재를 활용
- (!) 자신의 진로와 연계된 친숙한 주제를 선정하는 것이 필요
- (!) 문화와 관련된 주제에 관해 비판적 관점에서 논리적이면서도 창의적인 내용으로 쓰는 것이 중요
- (!) 다양한 멀티미디어 자료, 정보통신기술 도구 등을 수업에 활용

💬 **MEMO**

핵심키워드

☐ 알렉산더 플레밍   ☐ 페니실린   ☐ 최초의 항생제   ☐ 역사적 인물   ☐ 진로 인터뷰   ☐ 어린 과학도
☐ Gitanjali Rao   ☐ 동아리 지원서   ☐ MIT Piano Drop tradition   ☐ 제인구달

영역   말하기

성취기준

[12진영02-06]   다양한 직업 및 진로에 필요한 인터뷰를 적절하게 수행할 수 있다.

▶ 자신들의 직업 및 진로 분야의 면접 상황이나 성공한 사람과의 인터뷰 상황에서 자신의 생각을 적절하게 표현하는 활동을 통해 자신 있게 의사소통을 할 수 있도록 한다.

탐구주제

7.진로 영어 — 말하기

① 알렉산더 플레밍(Alexander Fleming)은 1928년 포도상구균 곰팡이의 배양물을 연구하여 최초의 항생제인 페니실린을 발명하였다. 플레밍처럼 인간 문명과 역사의 발전에 공헌한 인물들이 많다. 역사적 인물을 선정하고 그 인물에 대해 조사해 보자. 자신이 면접관(Interviewer)이 되어 인터뷰 질문을 작성해 보자. 그리고 그 역사적 인물이 되어 인터뷰 질문에 답변해 보자.

관련학과
전 공학계열

② 자신이 희망하는 진로 분야에서 일하고 있는 사람을 찾아 보자. 회사에서 근무하는 사람, 학교에서 연구하는 사람, 창업을 통해 자신의 길을 가는 사람 등 다양한 사람들이 있을 것이다. 자신이 희망하는 진로 분야의 한 사람에게 진로와 관련된 질문을 작성하여 이메일을 보내보자. 답변을 받았다면 질문과 답변을 영어 인터뷰로 만들어 보자.

관련학과
전 공학계열

3 Gitanjali Rao는 2020년 타임지가 선정한 Kid of the Year로 선정되었다. Gitanjali Rao는 AI와 크롬의 도움으로 사이버폭력/왕따를 찾아낼 수 있는 앱을 개발하는 등 우리 생활에 필요한 새로운 기술을 발명한 과학도이다. 영화배우 Angelina Jolie가 Gitanjali Rao를 인터뷰한 영상을 보고, 가장 인상 깊었던 Gitanjali Rao의 답변에 대해 자신의 생각을 이야기해 보자.

관련학과

기계공학과, 로봇공학과, 금속공학과, 자동차공학과, 전기공학과, 전자공학과, 제어계측공학과, 광학공학과, 에너지공학과, 원자력공학과, 반도체공학과, 세라믹공학과, 섬유공학과, 신소재공학과, 재료공학과, 컴퓨터공학과, 소프트웨어공학과, 정보통신공학과, 정보보안학과, 산업공학과, 산업경영공학과, 산업시스템공학과

영역

쓰기

성취기준

[12진영04-06] 자신의 직업 및 진로에 대한 계획서를 쓸 수 있다.

▶ 학습자들이 자신들의 흥미와 적성에 맞는 직업 및 진로에 대한 계획을 구체적으로 작성할 수 있다는 의미이다. 다양한 직업 분야에서 수행하는 업무에 관한 영어를 학습하고 자신의 향후 직업 및 진로에 대한 계획서를 체계적으로 작성하는 학습 활동을 통하여 영어를 활용한 실무 능력을 함양하도록 한다.

탐구주제

7.진로 영어 — 쓰기

1 자신의 진로와 관련된 동아리를 선택하여 지원서를 작성해 보자. 자신의 진로를 바탕으로 동아리 활동을 통해 어떠한 경험을 하고 싶은지, 그 경험이 자신의 진로와 어떤 관련이 있는지 등 동아리 지원서를 영어로 작성해 보자.

관련학과

전 공학계열

2 미국의 대학교 MIT에는 Piano Drop이라는 전통이 있다. 이 전통이 시사하는 의미는 공학도로서 진행 중인 프로젝트를 한번 끝까지 해보라는 것이다. 공학자에게 실패는 그 자체로 매우 소중한 자신이 되니 실패를 절대 두려워하지 말고 연구에서 다양한 시도 그 자체를 즐기라는 의미도 시사한다. 현재 자신의 학업에서 다양한 시도를 통해 성취하고자 하는 목표와 그 계획을 영어로 작성해 보자.

관련학과

전 공학계열

3 National Geographic에서 제작한 Jane Goodall's History 영상을 시청해 보자. 과학 분야의 학위 없이도 침팬지에 대

탐구주제

한 연구를 지속한 제인구달의 이야기를 보고, 미래의 진로 또는 연구해 보고 싶은 분야와 관련하여 연구자가 갖춰야 할 자질에 대해 영어로 짧은 에세이를 작성해 보자.

관련학과

조경학과, 토목공학과, 도시공학과, 교통공학과, 항공우주공학과, 항공정비학과, 조선해양공학과, 화학공학과, 환경공학과, 생명공학과, 유전공학과, 메카트로닉스공학과

활용 자료의 유의점

(!) 학습자의 흥미와 적성에 맞는 직업 및 진로에 관한 글을 쓰면서 자신을 효과적으로 표현하는 것이 중요

(!) 자신의 진로 및 관심 분야와 관련된 소재를 활용

(!) 다양한 직업 및 진로와 관련된 과업 중심 활동, 체험 활동 등을 추천

(!) 자기주도적 학습이 가능하도록 다양한 읽기 전략을 활용

💬 **MEMO**

※ 참고문헌

- K.메데페셀헤르만, F. 하마어, H-J.크바드베크제거. (2007). 화학으로 이루어진 세상 (pp. 1-455). 서울: 에코리브르.
- 가치를꿈꾸는과학교사모임. (2019). 정답을 넘어서는 토론학교 : 과학 (pp. 1-232). 서울: 우리학교.
- 강원도교육청. (2018). 전공 연계 선택과목 가이드북 - 고교학점제 연계 학생 선택중심 교육과정.
- 한국과학창의재단. 과학 교양 교수·학습자료.
- 교육부. (2015). 2015 개정 교육과정. 교육부 고시 제2015-74호. 교육부.
- 권숙자 외. (2020). 도덕수업, 책으로 묻고 윤리로 답하다 (pp. 1-320). 서울: 살림터.
- 금동화. (2006). 재미있는 나노 과학기술 여행 (pp. 1-192). 양문출판사.
- 길벗R&D 일반상식 연구팀. (2019). 시나공 일반상식 단기완성 (pp. 1-464). 서울: 길벗.
- 김난도 외. (2019). 트렌드 코리아 2020 (pp. 1-448). 서울: 미래의창.
- 김동겸 외. (2020). 취업에 강한 에듀윌 시사상식 9월호 (pp. 1-208), 서울: 에듀윌.
- 김미란, 정보근, 김승. (2018). 미래인재 기업가정신에 답이 있다. 미디어숲.
- 김범수. (2016). 진짜 공신들만 보는 대표 소논문 (pp. 1-242). 서울: 더디퍼런스.
- 김선옥, 박맹언. (2015). 광물성 약재(광물약)의 표준화에 관한 연구. 자원환경지질, 48(3), pp. 187-196.
- 김성원 외. (2020). 자유 주제 탐구 학생 안내서. 서울: 이화여대.
- 김성훈 외. (2020). 수학과 함께하는 AI 기초 (pp. 1-240). 경기도: EBS.
- 김영호. (2019). 플레밍이 들려주는 페니실린 이야기 (pp. 1-160). 서울: 자음과모음.
- 김응빈 외. (2017). 생명과학, 신에게 도전하다 (pp. 1-292). 동아시아.
- 김준호. (2017). 미래산업, 이제 농업이다 (pp. 1-164). 가인지캠퍼스.
- 김채화. (2020). 나는 탐구보고서로 대학간다 : 인문계 (pp. 1-288). 미디어숲.
- 김현. (2009). 한국문학의 위상 (pp. 1-256). 문학과지성사.
- 김형진, 윤원기, 김환묵. (2006). 전자변형생물체(GMO)의 인체위해성평가. 한국보건교육건강증진학회 학술대회 발표논문집, pp. 16-17.
- 김혜영, 정훈. (2016). 소논문을 부탁해 (pp. 1-236). 서울: 꿈결.
- 김혜원. (2017). 로봇수술을 담당하는 간호사의 직무 인식(석사학위논문). 경희대학교 공공대학원, 서울.
- 낸시포브스, 배질 마훈. (2015). 패러데이와 맥스웰 (pp. 1-408). 서울: 반니.
- 네사 캐리. (2015). 유전자는 네가 한 일을 알고 있다 (pp.1-480). 해나무.
- 데이비드 앳킨슨. (2020). 위험한 일본 경제의 미래 (pp. 1-280). 서울: 더난출판.
- 도나 디켄슨. (2012). 인체쇼핑 (pp. 1-312). 서울: 소담출판사.
- 라정찬. (2017). 고맙다 줄기세포 (pp. 1-344). 끌리는책.
- 랄프 뵌트. (2011). 전기로 세상을 밝힌 남자, 마이클패러데이 (pp. 1-392). 21세기북스.
- 레이첼 카슨. (2011). 침묵의 봄 (pp. 1-400). 서울: 에코리브르.
- 로버트 P 크리스. (2006). 세상에서 가장 아름다운 실험 열 가지. 경기도: 지호.
- 로버트 앨런 외. (2011). 바이오미메틱스 (pp. 1-192). 서울: 시그마북스.
- 롭던. (2018). 바나나 제국의 몰락 (pp. 1-400). 서울: 반니.
- 류대곤 외. (2016). 국어교과서로 토론하기 1 (pp. 1-328). C&A에듀.
- 박주희. (2016). 국어교과서로 토론하기 2 (pp. 1-288). C&A에듀.
- 마이클 샌델. (2014). 정의란 무엇인가 (pp.1-443). 와이즈베리.
- 메트 리들리. (2016). 생명 설계도, 게놈 (pp. 1-440). 서울: 반니.
- 명혜정. (2013). 토론의 숲에서 나를 만나다 (pp.1-308). 살림터.
- 바츨라프 스밀. (2011). 에너지란 무엇인가 (pp. 1-272). 삼천리.
- 박건영. (2012). 발효식품의 건강기능성 증진효과. 식품산업과 영양, 17(1), pp. 1-8.
- 박경미. (2009). 수학비타민 플러스 (pp.1-367). 김영사.
- 박경미. (2013). 박경미의 수학콘서트 플러스 (pp.1-372). 동아시아.
- 박규상. (2016). 중고등학생을 위한 처음 쓰는 소논문 쓰기 (pp. 1-272). 경기: 샌들코어.
- 박재용 외. (2020). 100가지 예상 주제로 보는 중고등학교 과학토론 완전정복 (pp. 1-400). MID.
- 배영준. (2019). 자신만만 학생부 세특 족보 - 전2권 (pp. 1-864). 예한.
- 백제헌, 유은혜, 이승민. (2019). 과제 연구 워크북 (pp. 1-260). 서울: 나무생각.
- 백제헌, 유은혜, 이승민. (2016). 진로선택과 학생부종합전형을 위한 고등학생 소논문 쓰기 워크북 (pp. 1-256). 서울: 나무생각.
- 법정스님. (2004). 무소유 (pp.1-142). 경기도: 범우사.
- 봉명고등학교 주제탐구프로젝트 누리집.
- 사이먼 싱. (2008). 우주의 기원 빅뱅 (pp.1-552). 영림카디널.
- 사토 겐타로. (2019). 세계사를 바꾼 12가지 신소재 (pp. 1-280). 북라이프.
- 샘 킨. (2011). 사라진 스푼 (pp. 1-500). 해나무.
- 서광선. (2016). 토크콘서트 과학 (pp. 1-240). 서울: 꿈결.
- 서대진, 장형유, 이상호. (2016). 소논문 작성법 (pp.1-320). 경기도: 북스타.
- 서울특별시교육청교육연구정보원. (2017). 수업-평가-기록 이렇게 바꿔볼까요(고등학교 통합사회).
- 헨리 데이비드 소로. (2011). 월든 (pp. 1-503). 서울: 은행나무.
- 손보미. (2011). 세상에서 가장 이기적인 봉사여행 (pp. 1-328). 서울: 쌤앤파커스.
- 수학동아 편집부. 수학동아(월간). 서울: 동아사이언스.
- 에르빈 슈뢰딩거. (2020). 생명이란 무엇인가 (pp. 1-234). 한울.
- 스티마. (2020). 2020 Stima 면접. 혜음출판사.
- 시사상식연구소(2020). 신문으로 공부하는 말랑말랑 시사상식. ㈜시대고시기획.
- 박문각 시사상식편집부. (2020). 2020 최신시사상식 200-205집. 서울: 박문각.
- 앤드루 H. 놀. (2007). 생명 최초의 30억 년 (pp. 1-391). 서울: 뿌리와이파리.
- 에리히프롬. (2020). 자유로부터 도피 (pp. 1-348). 서울: 휴머니스트.
- 엘리자베스 콜버트. (2014). 6번째 대멸종 (pp.1-344). 서울: 처음북스.
- 연세대 인문학연구원. (2014). 10대에게 권하는 인문학 (pp. 1-240). 서울: 글담출판.
- 오승종. (2019). 생각하는 십대를 위한 토론콘서트 법 (pp. 1-288). 서울: 꿈결.
- 오정근. (2016). 중력파 아인슈타인의 마지막 선물 (pp. 1-300). 동아시아사.
- 오중협. (2009). 항공우주의학의 이해와 한국의 항공우주의학 역사. 대한평형의학회지. 8(1). pp. 87-89.
- 와다 다케시 외. (2016). 함께 모여 기후 변화를 말하다 (pp. 1-240). 서울: 북센스.
- 유광수 외. (2013). 비판적 읽기와 소통의 글쓰기 (pp.1-242). 박이정 출판사.
- 유발 하라리. (2015). 사피엔스 (pp.1-636). 서울: 김영사.
- 육혜원, 이송은. (2018). 생각하는 십대를 위한 토론 콘서트 정치(pp. 1-260). 서울: 꿈결.
- 윤용아. (2014). 생각하는 십대를 위한 토론 콘서트 사회 (pp.1-288). 서울: 꿈결.
- 윤용아. (2015). 생각하는 십대를 위한 토론 콘서트 문화 (pp. 1-280). 서울: 꿈결.
- 이본 배스킨. (2003). 아름다운 생명의 그물 (pp. 1-352). 돌베개.
- 이상헌. (2018). 4차 산업혁명 시대의 의료계 현황 및 전망. 한국성인간호학회 춘계학술대회. pp. 8-33.
- 이소영. (2016). 생각하는 십대를 위한 토론콘서트 문학 (pp. 1-256). 서울: 꿈결.
- 이수빈, 차승한. (2014). 도덕교과서로 토론하기(pp. 1-320). C&A에듀.
- 이완배. (2016). 생각하는 십대를 위한 토론 콘서트 경제 (pp.1-260). 서울: 꿈결.
- 장 폴 사르트르. (1998). 문학이란 무엇인가 (pp. 1-444). 민음사.
- 정유희. 안계정. 김채화. (2020). 의학·생명계열 진로 로드맵 (pp. 1-256). 미디어숲.
- 제니퍼라이트. (2020). 세계사를 바꾼 전염병 13가지 (pp.1-384). 산처럼.
- 제리 브로턴. (2014). 욕망하는 지도 (pp. 1-692). 서울: 알에이치코리아.
- 제임스 러브록. (2008). 가이아의 복수 (pp. 1-263). 서울: 세종서적.
- 제임스 왓슨. (2019). 이중나선 (pp. 1-260). 경기도: 궁리출판.
- 조나단 월드먼. (2016). 녹 (pp.1-344). 서울: 반니
- 조명선 (2019) 재난 피해자의 삶의 질에 영향을 미치는 요인: 제3차 재난피해자 패널 자료 분석. 지역사회간호학회지, 30(2). pp. 217-225.
- 조앤 베이커. (2010). 물리와 함께하는 50일 (pp.1-336). 서울: 북로드.
- 즐거운 수학, EBS Math.
- 최재붕. (2019). 스마트폰이 낳은 신인류 포노 사피엔스 (pp. 1-336). 서울: 쌤앤파커스.
- 칼 포퍼. (2006). 삶은 문제해결의 연속이다 (pp. 1-302). 부글북스.
- 클라이브 해밀턴. (2018). 인류세 (pp. 1-272). 서울: 이상북스
- 태지원. (2020). 토론하는 십대를 위한 경제+문학 융합 콘서트 (pp. 1-235). 서울: 꿈결.
- 페니 르 쿠터. 제이 버레슨. (2007). 역사를 바꾼 17가지 화학 이야기 - 전 2권. 서울: 사이언스북스
- 폴 스트레턴. (2003). 멘델레예프의 꿈 (pp. 1-372). 몸과마음
- 피터 앳킨스. (2014). 원소의 왕국 (pp. 1-270). 서울: 사이언스북스.
- 한스 요나스. (1994). 책임의 원칙 (pp.1-378). 서광사.
- 한승배, 김강석, 허희. (2020). 학과바이블 (pp. 1-624). 캠퍼스멘토.
- 헤르만 헤세. (2006). 헤르만 헤세의 독서의 기술 (pp. 1-284). 뜨인돌.
- 후쿠오카 신이치. (2020). 생물과 무생물 사이 (pp. 1-251). 은행나무.

※ 참고사이트

- e-대학저널 http://www.dhnews.co.kr/
- LG 사이언스랜드 http://lg-sl.net/home.mvc
- LG사이언스랜드 http://lg-sl.net/home.mvc
- LG사이언스랜드 lg-sl.net/home.mvc
- NCIC 국가교육과정 정보센터 http://ncic.kice.re.kr/
- SCIENCE ON scienceon.kisti.re.kr
- The ScienceTimes https://www.sciencetimes.co.k
- YTN 사이언스 https://science.ytn.co.kr/
- 경기도 융합과학 교육원 https://www.gise.kr/index.jsp
- 경기도융합과학교육원 https://www.gise.kr
- 과학기술정보통신부블로그 https://blog.naver.com/with_msip
- 과학동아 dongascience.donga.com
- 과학문화포털 사이언스 올 https://www.scienceall.com/
- 과학창의재단 STEAM 교육 https://steam.kofac.re.kr/
- 교수신문 http://www.kyosu.net
- 교육부공식블로그 https://if-blog.tistory.com/
- 국가에너지국 www.nea.gov.cn
- 국가직무능력표준(NCS) https://www.ncs.go.kr
- 국립국어원 https://www.korean.go.kr
- 국립산림과학원 https://nifos.forest.go.kr
- 국립중앙과학관 https://www.science.go.kr/mps
- 내일 교육 재수 없다 https://nojaesu.com/
- 네이버 백과사전 https://terms.naver.com/
- 더 사이언스타임지 www.sciencetimes.co.kr
- 동북아역사재단 https://www.nahf.or.kr
- 동아사이언스 http://dongascience.donga.com/
- 두산백과 https://www.doopedia.co.kr/
- 문화재청 https://www.cha.go.kr
- 사이언스 타임즈 : https://www.sciencetimes.co.kr/
- 수학동아 http://www.polymath.co.kr/
- 에듀넷 www.edunet.net
- 위키백과 https://ko.wikipedia.org/
- 청소년 과학 탐수 소논문(밴드). 리더 바람난 과학자 https://band.us/
- 청소년과학탐구소논문 https://band.us/band/58305057
- 최강 자격증 기출문제 전자문제집 CBT http://www.comcbt.com
- 탐구스쿨 https://www.tamguschool.co.kr
- 통계지리정보서비스 https://sgis.kostat.go.kr/view/community/intro
- 통계청 http://kostat.go.kr/
- 통계청 전국 학생활용대회 http://www.xn--989a71jnrsfnkgufki.kr/report/main.do
- 한국과학교육학회 http://www.koreascience.org
- 한국과학창의재단 사이언스올 www.scienceall.com
- 한국교육학술정보원 http://www.keris.or.kr
- 한국생명공학연구원 https://www.kribb.re.kr/
- 한화사이언스첼린지 https://www.sciencechallenge.or.kr/main.hsc
- 해피학술 http://www.happyhaksul.com
- 환경공간정보서비스 https://egis.me.go.kr/main.do

교과세특 탐구주제 바이블 공학계열편

1판 1쇄 찍음   2021년 6월 23일
1판 8쇄 펴냄   2024년 5월 27일

출판   (주)캠퍼스멘토
제작   (주)모야컴퍼니
저자   한승배, 강서희, 근장현, 김강석, 김미영, 김수영, 김준희, 김호범, 노동기,
            배수연, 신경섭, 안병무, 위정의, 유현종, 이남설, 이남순, 최미경, 하희

총괄기획   박선경 (sk@camtor.co.kr)
책임편집   (주)엔투디
연구기획   김예솔, 민하늘, 최미화, 양채림
디자인   박선경, (주)엔투디
경영지원   지재우, 윤영재, 임철규, 최영혜, 이석기
커머스   이동준, 신숙진, 김지수, 조용근
발행인   안광배, 김동욱

주소   서울시 서초구 강남대로 557(잠원동, 성한빌딩) 9F
출판등록   제 2012-000207
구입문의   (02) 333-5966
팩스   (02) 3785-0901
홈페이지   www.campusmentor.co.kr (교구몰)
            smartstore.naver.com/moya_mall (모야몰)

ISBN 978-89-97826-71-1 (54080)

ⓒ 한승배 외 17인 2021